DALE CARNEGIE
HOW TO WIN FRIENDS
& INFLUENCE PEOPLE

데일 카네기 인간관계론

초판 1쇄 발행 2023년 6월 29일
초판 2쇄 발행 2023년 7월 11일

지은이 데일 카네기
옮긴이 김태훈

펴낸이 김현태
펴낸곳 책세상
등록 1975년 5월 21일 제2017-000226호
주소 서울시 마포구 잔다리로 62-1, 3층(04031)
전화 02-704-1251
팩스 02-719-1258
이메일 editor@chaeksesang.com
광고·제휴 문의 creator@chaeksesang.com
홈페이지 chaeksesang.com
페이스북 /chaeksesang   **트위터** @chaeksesang
인스타그램 @chaeksesang   **네이버포스트** bkworldpub

ISBN 979-11-5931-958-7 04320
        979-11-5931-957-0 (세트)

데일 카네기
인간관계론

김태훈 옮김

How to Win
Friends &
Influence
People

책세상

차례

내 생각을 설득하는 방법

PART 4

불쾌감이나 반발심을 자극하지 않고 변화시키는 방법

이 책이 나온 과정과 이유

20세기 첫 35년 동안 미국의 출판사는 20만 종이 넘는 책을 출간했다. 그중 대다수가 엄청나게 따분하며, 다수는 금전적 측면에서 실패했다. 내가 '다수'라고 말했나? 세계적인 규모의 출판사 대표는 자신의 회사가 75년 동안 출판업을 했지만, 여전히 열에 아홉 권은 손해를 본다고 내게 털어놓았다.

그런데 나는 왜 무모하게 또 다른 책을 쓰기로 작정했을까? 굳이 내가 쓴 책을 독자들이 읽어야 할 이유는 무엇일까?

둘 다 타당한 질문이다. 이제 답해보겠다.

나는 1912년부터 뉴욕의 직장인, 전문직 남녀를 대상으로 강좌를 진행했다. 처음에는 화술만 가르쳤다. 이 강좌는 실제 경험을 통해 즉흥적으로 생각하고, 면접과 발표 자리에서 자기 생각을 더 분명하고 효과적으로, 침착하게 표현하는 훈련을 하도록 기획했다.

그러나 시간이 흐르면서 그들에게 효과적인 화술 훈련이 필요한 만큼 일상적인 비즈니스와 사교적 접촉에서 사람들과 어울리는 기술을 더 훈련해야 한다는 사실을 깨달았다. 그리고 나 자신도 그런 훈련이 절실하다는 사실을 점차 깨달았다. 돌이켜 보면 스스로 종종 요령과 이해가 부족했다는 점에 놀라곤 한다. 이런 책을 20년 전에 손에 쥐었다면 얼마나 좋았을까! 그랬다면 실로 가치를 따질 수 없는 도움을 받았을 것이다.

사람을 상대하는 일이 우리에겐 가장 큰 문제일 것이다. 비즈니스를 하는 경우라면 더욱 그렇다. 가정주부나 건축가, 엔지니어라도 마찬가지다. 몇 년 전에 카네기교육진흥재단Carnegie Foundation for the Advancement of Teaching이 후원한 연구는 가장 중요하고 심대한 사실을 드러냈다. 이 사실은 카네기공과대학Carnegie Institute of Technology에서 실시한 추가 연구로 재차 확인됐다. 이런 연구는 엔지니어링 같은 기술 분야에서도 금전적 성공의 약 15퍼센트는 기술적 지식, 약 85퍼센트는 성격에 대한 인간공학적 기술과 사람을 이끄는 능력 때문임을 밝혀냈다.

나는 오랫동안 필라델피아엔지니어클럽Engineers' Club of Philadel-phia과 전미전기기술자협회American Institute of Electrical Engineers 뉴욕지부에서 학기마다 강좌를 진행했다. 1500명이 넘는 엔지니어가 내 강좌를 들었다. 그들이 나를 찾은 이유는 엔지니어링 분야에서 최고 연봉을 받는 사람이 엔지니어링을 가장 많이 아는 사람이 아닌 경우가 많다는 사실을 오랜 관찰과 경험으로 마침내 깨달았기 때문이다. 예를 들어 엔지니어링이나 회계, 건축 혹은 다른 분야에서 기술적 능력만 갖춘 사람은 아주 적은 급여로 채용할 수 있다. 그러나 기술적 지식에 더해 자기 생각을 표현하고, 리더십을 발휘하고, 다른 사람의 의욕을 불러일으키는 사람은 더 높은 급여를 받는 길로 향한다.

존 록펠러는 한창 왕성하게 활동하던 때, "사람을 상대하는 능력은 설탕이나 커피 같은 상품처럼 돈으로 살 수 있다. 나는 그 능력에 세상의 다른 무엇보다 비싼 값을 지불할 것이다"라고 말했다. 이 땅의 모든 대학이 세상에서 가장 비싼 능력을 개발하는 강좌를 제공해야 하지 않을까? 하지만 한 대학이라도 그런 실용적이고 상식적인 강좌를 만들었다는 이야기는 아직 듣지 못했다.

시카고대학교와 연합YMCA 학교들은 성인이 무엇을 공부하고 싶어 하는지 파악하기 위한 설문 조사를 했다. 이 조사에 2년간 2만 5000달러가 들었다. 마지막 대상 지역은 코네티컷주 메리던Meriden이다. 메리던은 전형적인 미국의 소도시로 선정됐다. 메리던의 모든 성인은 면접을 통해 156가지 질문에 답했다. 질문 내용은 사업 혹은 직업의 유형, 학력, 여가를 보내는 방식, 소득, 취업, 꿈, 당면한 문제, 가장 공부하고 싶은 분야 등에 대한 것이었다. 조사 결과 건강이 가장 큰 관심사로 드러났다. 두 번째 관심사는 사람, 즉 다른 사람을 이해하고 그들과 어울리는 방법이나 다른 사람의 호감을 얻는 법, 자기 생각을 다른 사람에게 설득하는 법 등이었다.

이 설문을 한 위원회는 메리던에서 성인을 대상으로 관련 강좌를 제공하기로 결의했다. 그들은 해당 주제에 맞는 실용적인 교재를 부지런히 찾았지만 하나도 찾지 못했다. 마침내 그들은 성인 교육에 대한 세계적인 권위자를 찾아가 해당 집단의 필요를 충족하는 책을 아는지 물었다. 그는 "모릅니다. 나도 그들이 무엇을 원하는지 알지만, 그들에게 필요한 책은 없습니다"라고 답했다.

나는 경험을 통해 이 말이 사실임을 안다. 나도 인간관계에 대한 실용적이고 효과적인 지침서를 오랫동안 찾았기 때문이다. 그런 책이 없기에 내 강좌에서 사용할 요량으로 직접 쓰려고 노력했다. 그 결실이 바로 이 책이다. 독자들의 마음에 들었으면 좋겠다.

이 책을 준비하면서 해당 주제를 다룬 신문 칼럼부터 잡지 기사, 가정법원 기록, 옛 철학자와 신진 심리학자의 글까지 섭렵했다. 또 전문 연구자를 고용해 내가 놓친 모든 것을 1년 반 동안 다양한 도서관에서 읽도록 했다. 그는 심리학 관련 학구적인 책을 힘들게 읽고, 수백 개 잡지 기사를 들여다보고, 수많은 전기를 훑어 모든 시대의 위대한 리더가 사람을 어떻게 상대했는지 확인하려고 노력했다. 우리는 그들의 전기를 읽고, 카이사르부터 에디슨까지 모든 위대한 리더의 인생 이야기를 읽었다. 시어도어 루스벨트의 전기만 100여 권 읽은 기억이 난다. 우리는 시대를 통틀어 친구를 얻고 사람들에게 영향을 미치는 데 활용된 모든 실용적 생각을 발견하기 위해 시간과 비용을 아끼지 않기로 마음먹었다.

나는 성공한 수많은 사람을 인터뷰했다. 그중에는 굴리엘모 마르코니와 에디슨처럼 세계적으로 유명한 발명가, 프랭클린 루스벨트와 제임스 팔리 같은 정치 지도자, 오언 영 같은 기업계 리더, 클라크게이블과 메리 픽포드 같은 영화계 스타, 마틴 존슨 같은 탐험가도 있었다. 나는 그들이 인간관계에서 활용하는 기법을 발견하려고 노력했다.

이 모든 자료를 토대로 짧은 강연을 준비했다. 강연 제목은 〈친구를 얻고 사람들에게 영향을 미치는 법〉이었다. 앞서 '짧은' 강연이라고 말했다. 실제로 처음에는 짧았다. 그러나 곧 1시간 30분짜리로 확대됐다. 오랫동안 뉴욕의 카네기연구소 강좌에서 학기마다 성인을 대상으로 이 강연을 했다.

나는 청중에게 비즈니스와 사교적 접촉에서 강연 내용을 시험해보고 그 경험과 결실에 관해 이야기해달라고 요청했다. 실로 흥미로운 과제였다! 자기 계발에 굶주린 남녀가 새로운 실험실에서 실험한다는 생각에 매료됐다. 그것은 인간관계에 대한 최초이자 유일한 실험실이었다.

이 책은 일반적인 의미로 쓴 것이 아니라 아이처럼 자라났다. 그 실험실에서, 수천 명의 경험에서 자라나고 개발됐다. 우리는 오래전, 엽서만 한 카드에 일련의 규칙을 적는 일부터 시작했다. 다음 학기에는 더 큰 카드에 인쇄했고, 뒤이어 팸플릿과 일련의 소책자에 인쇄했다. 각 소책자는 크기와 범위가 확대됐다. 15년에 걸친 실험과 연구 끝에 이 책이 나왔다.

우리가 여기에 제시한 원칙은 단순한 이론이나 추측에 따른 것이 아니다. 이 원칙은 마법처럼 통한다. 믿기 힘들겠지만 나는 이 원칙을 적용해 수많은 사람의 삶이 말 그대로 뒤바뀌는 것을 확인했다.

예를 들면, 직원 314명을 둔 남성이 우리 강좌를 들었다. 그는 오랫동안 절제력과 분별력 없이 직원들을 몰아붙이고, 비판하고, 질책했다. 그의 입에서 다정한 말이나 인정과 격려의 말이 나오는 경우는 드물었다. 그는 이 책에서 논의하는 원칙을 공부한 뒤 삶의 철학을 바꿨다. 이제 그의 회사는 새로운 충성심, 새로운 열의, 새로운 팀워크로 넘쳐난다. 314명이 적에서 우군이 됐다. 그는 수강생 앞에서 자랑스럽게 말했다. "전에는 회사를 돌아다녀도 누구 하나 내게 인사하지 않았습니다. 직원들은 나를 보면 시선을 돌렸어요. 하지만 지금은 모두 친구가 됐습니다. 심지어 청소부도 내 이름을 불러요." 그는 더 많은 수익을 올리고 더 많은 여가를 얻었다. 회사와 집에서 무엇보다 중요한 행복을 훨씬 많이 얻었다.

수많은 영업인이 이 원칙을 활용해 매출을 크게 늘렸다. 그중 다수는 이전에 설득하지 못한 사람을 신규 고객으로 확보했다. 임원들은 권위를 세우고 연봉을 높였다. 한 임원은 이 책에 담긴 진실을 활용한 덕분에 연봉이 크게 올랐다고 밝혔다. 필라델피아가스공사Philadelphia Gas Works에서 일하는 또 다른 임원은 호전적인 태도에 직원들을 능숙하게 이끌지 못해서 65세에 좌천 위기에 처했다. 이 훈련은 그를 위기에서 구하고, 연봉 인상과 승진까지 안겨줬다.

종강 파티에서 내게, 자신의 남편이나 아내가 이 훈련을 시작한 뒤로 가정이 훨씬 행복해졌다고 말하는 배우자도 많다.

사람들은 종종 자신이 이룬 새로운 결실에 놀란다. 모든 게 마법처럼 보인다. 너무나 들뜬 나머지, 일요일에 우리 집으로 전화를 거는 사람도 있다. 정규 수업 시간에 말하기까지 남은 48시간을 기다릴 수 없었기 때문이다.

한 사람은 이 원칙에 대한 강좌에 너무나 감화되어 다른 수강생들과 밤늦도록 토론했다. 사람들은 새벽 3시에 집으로 돌아갔다. 하지만 그는 자신의 실수에 대한 깨달음에 크게 흔들리고, 자기 앞에 열린 새롭고 풍부한 세상의 풍경에 대단한 의욕을 느낀 나머지, 잠을 이루지 못했다. 그는 그날 밤에도, 다음 날 밤에도, 다음다음 날 밤에도 잠들지 못했다.

그는 어떤 사람일까? 자신이 접한 새로운 이론에 쉽게 흥분하는 순진하고 미숙한 사람일까? 아니다. 그는 교양 있고 세련된 미술품 중개상이자 활발한 사교계 인사로 3개 국어를 능숙하게 구사했으며, 유럽 대학교 두 곳을 졸업했다.

이 글을 쓰고 있을 때 구시대 귀족인 한 독일인이 쓴 편지를 받았다. 그의 선조들은 여러 세대에 걸쳐 호헨촐레른Hohenzollern가를 장교로 섬겼다. 그가 대서양 횡단 증기선에서 쓴 편지는 이 원칙을 적용한 이야기를 들려주는 동안 거의 종교적 열정에 이르렀다.

하버드 졸업생이자 부자이며, 대규모 카펫 공장을 소유한 나이 많은 뉴욕 사람은 대학에서 4년 동안 배운 것보다 사람들에게 영향을 미치는 정교한 기술에 대한 이 훈련 시스템을 통해 14주 동안 더 많은 것을 배웠다고 단언했다. 이런 말이 터무니없는가? 우스운가? 이상한가? 물론 당신에게는 무엇이든 원하는 형용사를 붙여서 이런 말을 폄하할 권리가 있다. 나는 보수적이고 크게 성공한 하버드 졸업생이 1933년 2월 23일 목요일 저녁에 뉴욕의 예일클럽Yale Club에서 약 600명에게 한 말을 그대로 전할 뿐이다.

하버드대학교 윌리엄 제임스 교수는 말했다. "우리는 마땅히 그래야 하는 수준에 비해 절반만 깨어 있다. 우리는 신체적·정신적 자원을 일부만 활용한다. 폭넓게 보면 그래서 인간은 자신의 한계에 훨씬 못 미치게 살아간다. 인간은 다양한 능력이 있지만, 그 능력을 활용하는 데 습관적으로 실패한다." 자신이 '활용하는 데 습관적으로 실패하는' 능력을 생각해보라! 이 책의 목적은 아직 활용하지 않은 잠재된 자산을 발견하고, 개발하며, 활용하도록 돕는 것이다.

프린스턴대학교 총장을 지낸 존 히븐 박사는 "교육은 삶의 여러 상황에 대응하는 능력을 가르치는 것"이라고 말했다. 이 책의 첫 세 장을 읽은 뒤에도 삶의 여러 상황에 좀 더 잘 대응하는 능력을 갖추지 못한다면, 나는 이 책이 완전한 실패작이라 간주할 것이다. 허버트 스펜서는 "교육의 큰 목표는 지식이 아니라 행동에 있다"고 말했다.

이 책은 행동을 위한 책이다.

1936년
데일 카네기

이 책을 최고로 활용하는
9가지 방법

1 이 책에서 최대한 많은 것을 얻고 싶다면 필수인, 어떤 규칙이나 기법보다 훨씬 중요한 조건이 있다. 이 근본적인 필수 조건을 갖추지 않으면, 공부를 잘하기 위한 규칙 1000가지도 소용없다. 반대로 중요한 이 자질만 갖춘다면, 내가 제안하는, 책을 최고로 활용하는 방법 같은 건 읽지 않아도 놀라운 성과를 얻을 수 있다.

그 마법과도 같은 요건은 무엇일까? 바로 배우겠다는 깊고 강렬한 열의, 사람을 상대하는 능력을 키우겠다는 강한 의지다.

어떻게 하면 이런 의욕을 갖출 수 있을까? 그 방법은 이 원칙이 나 자신에게 얼마나 중요한지 끊임없이 상기하는 것이다. 이 원칙을 터득해 더 풍부하고, 충만하고, 행복하고, 보람찬 삶에 도움이 되는 양상을 그려보라. "나의 인기와 행복, 자존감은 사람을 상대하는 기술로 좌우된다"고 거듭 자신에게 말하라.

2 처음에는 각 장을 빠르게 읽으면서 전반적으로 조망하라. 아마 바

로 다음 장으로 넘어가고 싶을 것이다. 그러면 안 된다. 단지 재미로 읽는 것이 아니라면 말이다. 대인기술을 향상하기 위해 이 책을 읽는다면 처음으로 돌아가서 장마다 꼼꼼히 읽어라. 길게 보면 그 편이 시간을 아끼고 결실을 안겨준다.

3 중간에 자주 멈춰서 읽고 있는 부분을 생각하라. 각 제안을 언제, 어떻게 적용할 수 있을지 스스로에게 질문하라.

4 연필이나 볼펜, 형광펜을 손에 들고 읽어라. 활용할 만한 제안이 나오면 밑줄을 그어라. 별 4개짜리 제안이라면 문장 전체에 밑줄을 긋거나 색을 칠하거나 별표를 하라. 이런 표시나 밑줄 긋기는 독서를 더 흥미롭게 하고, 빠르게 다시 살펴보는 작업도 훨씬 쉽게 만들어준다.

5 대형 보험회사에서 15년 동안 사무직 간부로 일한 여성이 있다. 그녀는 매달 회사가 맺은 모든 보험계약을 읽었다. 매달, 매년 다수의 같은 계약을 읽고 또 읽었다. 왜 그랬을까? 그것이 계약 조항을 머릿속에 분명히 담아두는 유일한 방법이란 걸 경험을 통해 알았기 때문이다. 나는 화술에 관한 책을 쓰기 위해 2년 가까이 공들인 적이 있다. 내가 쓴 내용인데도 다시 확인하려고 가끔 앞부분으로 돌아가야 했다. 우리는 놀라울 만큼 빠르게 잊는다.

그러니 이 책에서 진정한, 장기적인 혜택을 얻고 싶다면 한 번 훑어보면 된다고 쉽게 생각하지 마라. 꼼꼼히 읽은 뒤 매달 몇 시간 동안 다시 살펴보고, 매일 책상 위에 둬야 한다. 자주 들여다보라.

여전히 앞에 놓인 개선의 가능성을 자신에게 끊임없이 각인하라. 이 원칙을 습관으로 만들려면 복습과 적용을 줄기차고 활발하게 해야 한다. 다른 방법은 없다.

6 버나드 쇼가 "사람은 절대 가르침으로는 배우지 못한다"고 말했다. 그의 말이 옳다. 배움은 적극적인 과정이다. 우리는 행동함으로써 배운다. 그러니 이 책에서 배운 원칙을 터득하고 싶다면 행동으로 옮겨라. 기회가 생길 때마다 해당 규칙을 적용하라. 그러지 않으면 금방 잊는다. 지식은 활용할 때만 머릿속에 남는 법이다.

항상 이 제안을 적용하기는 어려울 것이다. 내가 이 책을 썼지만, 여기서 주장한 것을 적용하기 어려운 경우도 많았다. 예를 들어 불쾌할 때는 다른 사람의 관점을 이해하기보다 비판하고 비난하기 쉽다. 칭찬할 점보다 잘못한 점을 찾기 쉬울 때도 있다. 다른 사람이 원하는 것보다 내가 원하는 것을 이야기하게 마련이다. 그러니 이 책을 읽을 때 단지 정보를 습득하려는 게 아님을 명심하라. 당신은 분명 새로운 습관을 들이려고 시도하는 중일 것이다. 그건 새로운 삶의 방식을 시도하는 것이다. 그러려면 시간과 끈기, 일상에 적용이 필요하다.

그러니 자주 이 책을 참고하라. 인간관계에 대한 실질적인 지침서로 삼아라. 아이를 대하거나, 배우자를 설득하거나, 짜증 난 고객을 진정시키는 등 구체적인 문제에 직면할 때마다 자연스럽게 나오는 반응, 충동적인 반응을 억제하라. 그런 반응은 대개 잘못된 것이다. 대신 이 책을 찾아서 밑줄 친 구절을 다시 읽고, 새로운 방식을 시도하면 마법이 일어나는 것을 볼 수 있을 것이다.

7 배우자나 자녀, 동료가 당신이 특정한 원칙을 어기는 것을 잡아낼 때마다 조금이라도 돈을 주어라. 이 원칙을 터득하는 일을 재미있는 게임이 될 것이다.

8 월스트리트 주요 은행의 회장이 수강생들에게 자기 계발을 위해 활용할 수 있는 대단히 효율적인 시스템을 설명한 적이 있다. 그는 정식 교육을 거의 받지 않았는데도 미국에서 중요한 금융인이 됐다. 그는 자신이 거둔 성공의 많은 부분이 직접 만든 시스템을 꾸준하게 적용한 덕분이라고 밝혔다. 그가 하는 일은 다음과 같다. 최대한 그의 말을 옮긴다.

....

저는 매일의 약속을 정리한 수첩을 오래전부터 갖고 다닙니다. 우리 가족은 토요일 밤에는 절대 저와 어떤 일을 할 계획을 세우지 않습니다. 제가 토요일 밤마다 자기 성찰과 검토, 평가를 통해 깨달음을 얻는 시간을 보낸다는 걸 아니까요. 저는 저녁을 먹은 뒤 혼자 시간을 보냅니다. 수첩을 펴고 그 주에 한 모든 면담, 논의, 회동에 대해 생각합니다. 그리고 이렇게 자문합니다.

'그때 어떤 실수를 했지? 잘한 일은 무엇이고, 어떻게 하면 더 잘할 수 있을까? 거기서 얻을 수 있는 교훈은 무엇일까?'

이런 주간 검토는 저를 자주 불편하게 만듭니다. 제가 저지른 잘못에 놀라는 경우가 많습니다. 물론 시간이 지날수록 그런 잘못은 점차 줄었습니다. 때

데일 카네기 인간관계론

로는 검토 시간 후 내 등을 토닥이고 싶은 마음이 들기도 합니다.

이런 자기분석과 자기교육 시스템은 오랫동안 지속했고, 제가 시도한 다른 어떤 것보다 큰일을 해줬습니다. 이 시스템은 결정 능력을 키우는 데 도움이 됐습니다. 인간관계에도 엄청난 보탬이 됐습니다. 그래서 강력하게 추천합니다.

....

여러분도 비슷한 시스템을 활용해 이 책에서 논의한 원칙을 잘 적용했는지 점검하는 게 어떨까? 그러면 두 가지 결과를 얻을 수 있다.

첫째, 흥미롭고 값을 매길 수 없는 교육적 과정을 거치게 된다.

둘째, 사람들을 만나 상대하는 능력이 엄청나게 개선된다.

9 이 책 마지막에는 앞서 나온 원칙을 성공적으로 적용한 사례를 메모할 페이지가 있다. 그곳에 구체적인 사례를 적어라. 이름, 날짜, 결과를 제시하라. 이런 기록은 스스로 더 많이 노력하도록 자극할 것이다. 몇 년이 지난 어느 날 저녁, 우연히 그 내용을 보면 얼마나 뿌듯하겠는가!

9가지 방법을 마음에 새겨라

* 인간관계의 원칙을 터득하려는 깊고 강렬한 열의를 품어라.

* 각 장을 두 번씩 읽고 다음 장으로 넘어가라.

* 책을 읽는 동안 자주 멈춰서 각 제안을 어떻게 적용할지 자문하라.

* 중요한 내용에 밑줄을 그어라.

* 매달 이 책을 복습하라.

* 기회가 생길 때마다 배운 원칙들을 적용하라. 이 책을 일상 문제를 해결하는 데 도움을 주는 실질적인 지침서로 삼아라.

* 친구가 당신이 이 원칙을 어기는 것을 잡아낼 때마다 조금이나마 돈을 줘 배움을 재미있는 게임으로 만들어라.

* 당신이 이룬 진전을 매주 점검하라. 어떤 실수를 저질렀는지, 어떻게 개선했는지, 미래를 위해 어떤 교훈을 얻었는지 자신에게 물어라.

* 책 뒤에 이 원칙을 언제, 어떻게 적용했는지 기록하라.

PART 1

사람을 다루는
근본적인 방법

FUNDAMENTAL TECHNIQUES
IN HANDLING PEOPLE

01

"꿀을 모으려면 벌집을 발로 차지 마라"

1931년 5월 7일, 뉴욕시에서 벌어진 가장 놀라운 검거 작전이 절정으로 치달았다. 몇 주에 걸친 추적 끝에 '쌍권총'으로 불리던 살인자 크롤리Francis Crowley(담배와 술을 멀리했음)가 궁지에 몰렸다. 그는 웨스트엔드 가에 있는 애인의 아파트에 갇혀 있었다.

경찰과 형사 150명이 꼭대기 층에 있는 그의 은신처를 포위했다. 그들은 지붕에 구멍을 뚫고 최루탄으로 '경찰 살인범' 크롤리를 밖으로 끌어내려 했다. 뒤이어 주변 건물에 기관총을 설치했다. 뉴욕에서 가장 좋은 거주지에 한 시간 넘게 권총과 기관총 소리가 울렸다. 크롤리는 두꺼운 의자 뒤에 웅크린 채 경찰을 향해 계속 총을 쐈다. 흥분한 시민 1만 명이 총격전을 지켜봤다. 뉴욕 거리에서 이런 총격전이 벌어진 적은 한 번도 없었다.

크롤리가 체포된 후 에드워드 멀루니 경찰국장은 이 쌍권총 무법자가 뉴욕 역사상 가장 위험한 범죄자라고 선언했다. 그리고 "그는 아무 거리낌 없이 사람을 죽인다"고 덧붙였다.

쌍권총 크롤리는 자신을 어떻게 봤을까? 우리는 그가 자신을 어떻게 생각하는지 안다. 경찰의 총격이 이어지는 와중에 그가 '관계자분'에게 편지를 썼기 때문이다. 편지를 쓰는 동안 상처에서 흘러나온 피가 종이에 붉은 자국을 남겼다. "제 코트 안에는 지쳤지만 따뜻한 가슴이, 아무에게도 해를 끼치지 않을 가슴이 있습니다."

이 일이 있기 바로 전에 크롤리는 여자 친구와 롱아일랜드의 시골길에서 애정 행각을 즐겼다. 그때 갑자기 경찰관이 차로 다가와 면허증을 보여달라고 했다. 크롤리는 말 한마디 없이 총을 꺼내 경찰관에게 총알을 퍼부었다. 죽어가는 경찰관이 쓰러진 뒤, 크롤리는 차에서 뛰쳐나와 경찰관의 권총을 들었다. 그리고 엎드린 그에게 다시 총알을 발사했다. 그런 살인범이 "제 코트 안에는 지쳤지만 따뜻한 가슴이, 아무에게도 해를 끼치지 않을 가슴이 있습니다"라고 한 것이다.

크롤리에게 전기의자형이 선고됐다. 싱싱Sing Sing교도소 사형장에 도착한 그는 "이렇게 된 건 사람을 죽였기 때문이에요" 대신 "이렇게 된 건 나 자신을 방어했기 때문이에요"라고 변명했다.

이 이야기의 요점은 쌍권총 크롤리가 자신을 탓하지 않았다는 것이다. 이게 범죄자 사이에서 드문 태도일까? 그렇다고 생각한다면 다음을 읽어보라.

"나는 사람들에게 가벼운 즐거움을 주고, 그들이 좋은 시간을 갖도록 도우면서 인생의 가장 귀한 시절을 보냈습니다. 그런데 내가 얻은 것이라고는 모욕과 도망치는 신세뿐입니다."

데일 카네기 인간관계론

알 카포네의 말이다. 알다시피 그는 미국에서 가장 악명 높은 공공의 적, 시카고에 큰 해를 끼친 가장 사악한 폭력단 두목이다. 카포네는 자신을 비판하지 않았다. 자신이 사람들에게 혜택을 제공했다고 여겼다. 그런데도 고맙다는 말을 듣지 못하고 오해만 받는다고 생각했다.

더치 슐츠도 뉴어크Newark에서 갱의 총탄에 죽기 전에 같은 태도를 보였다. 파렴치한 중 한 명인 슐츠는 한 신문 인터뷰에서 자신이 "공적 은인"이라고 말했다. 정말 그렇게 믿었다.

나는 이 문제에 대해 싱싱교도소에서 오랫동안 소장으로 일한 루이스 로스와 흥미로운 서신을 주고받았다. 그는 다음과 같이 말했다.

"싱싱교도소에서 자신이 나쁜 사람이라고 생각하는 범죄자는 거의 없습니다. 그들은 우리와 같은 인간일 뿐이에요. 그래서 합리화하고 해명하려 들죠. 그들은 자신이 왜 금고를 털어야 했는지, 성급하게 방아쇠를 당겨야 했는지 둘러대요. 대다수는 자신의 반사회적 행위를 정당화하려고 말이 되든 안 되든 나름의 논리적인 설명을 시도합니다. 심지어 자기 자신한테도요. 자신이 애초에 감옥에 갇혀선 안 된다는 입장을 고수합니다."

알 카포네, '쌍권총' 크롤리, 더치 슐츠 그리고 철창에 갇힌 절박한 남성과 여성은 자신을 탓하지 않는다. 그렇다면 우리가 접하는 사람들은 어떨까?

자신의 이름을 딴 백화점을 만든 존 워너메이커는 고백했다.

"다른 사람을 질책하는 일이 어리석은 짓이라는 걸 30년 전에 깨달았습니다. 저 자신의 한계를 극복하는 일만 해도 벅찹니다. 신이 지성이라는 재능을 공평히 나누는 게 적절치 않다고 생각했다는 사실까지 근심하고 싶지 않습니다."

워너메이커는 일찌감치 이 교훈을 얻었다. 반면 나는 이 세상에서 30년 넘게 숱한 실수를 저지른 뒤에야 겨우 깨달았다. 사람들은 아무리 잘못된 일이라도 99퍼센트는 자신을 탓하지 않는다는 사실을 말이다.

비판은 헛되다. 상대를 수세로 몰고, 대개 정당화에 매달리도록 만들기 때문이다. 비판은 위험하다. 상대의 귀중한 자존심에 상처를 주고, 자존감을 무너뜨리며, 반감을 불러일으키기 때문이다.

독일 군대는 병사들이 어떤 일에 대해 바로 비난하거나 불만을 토로하지 못하도록 한다. 불만이 있어도 다음 날까지 시간을 갖고 마음을 가라앉혀야 한다. 섣불리 행동하면 처벌을 받는다. 일반 사회에도 이런 법이 있어야 한다. 짜증을 쏟아놓는 부모, 잔소리하는 아내, 질책하는 고용주, 모든 흠을 남 탓으로 돌리는 사람들을 위한 법으로 말이다.

비판이 쓸모없음을 말해주는 사례는 역사에 수없이 많다. 시어도어 루스벨트 대통령과 태프트 대통령의 다툼이 그 예다. 이 다툼은 공화당을 분열시키고, 토머스 우드로 윌슨Thomas Woodrow Wilson을 대통령 자리에 앉혔다. 1차 세계대전에 크고 선명한 영향을 미쳤으며, 역사의 흐름도 바꿨다. 사실관계부터 간략히 보자. 시어도어 루스벨트는 1909년에 퇴임하면서 차기 당선자 태프트를 지지했다. 이후 그는 아프리카로 사자 사냥을 떠났다. 아프리카에서 귀국한 그는 분노를 표출했다. 그는 태프트의 보수주의적 태도를 비난했고, 다시 대선 후보로 지명받으려고 시도했다. 진보당Bull Moose party을 창당 하면서 공화당을 거의 무너뜨릴 뻔도 했다. 뒤이은 선거에서 태프트 와 공화당은 버몬트와 유타 주에서만 의석을 확보했다. 창당 이래 가 장 파국에 가까운 패배였다.

루스벨트는 태프트를 비난했다. 하지만 태프트 대통령이 자신을 탓했을까? 당연히 아니다. 그는 눈물 어린 눈으로 "그게 최선이었습 니다"라고 말했다.

그러면 누구 탓일까? 루스벨트나 태프트의 탓일까? 모르겠고 관 심도 없다. 말하려는 요점은 루스벨트가 수많은 비판을 했지만, 태프 트가 틀렸음을 설득하지 못했다는 것이다. 오히려 태프트가 자신을 정당화하려 애쓰고, 눈물을 머금은 눈으로 그럴 수밖에 없었단 말을 하게 만들었을 뿐이다.

또 다른 사례로 티포트 돔Teapot Dome 유전 스캔들이 있다. 1920년대 초반에 언론을 분노에 떨게 만든 사건이다. 나라를 뒤흔들 정도였다! 당시 기억으로는 미국 공직 사회에서 그런 일이 일어난 적은 한 번도 없었다. 스캔들의 기본적인 내용은 이렇다. 하딩 정부 의 내무부 장관 앨버트 폴은 정부 소유인 엘크 힐Elk hill과 티포트 돔 유전을 임차하는 일을 맡았다. 두 유전은 해군이 향후 사용할 수 있 도록 확보해둔 것이었다. 폴 장관이 경쟁 입찰을 허용했을까? 아니 다. 그는 친구 에드워드 도헤니에게 돈이 되는 계약을 노골적으로 안겨줬다. 도헤니는 무엇을 했을까? 그는 폴 장관에게 10만 달러를 본인의 표현으로 '빌려'줬다. 뒤이어 폴 장관은 고압적인 자세로 해당 지역 해병대에게 인근 유전이 엘크 힐 유전의 원유를 뽑아 가지 못하도록 경쟁 업체를 몰아내라고 명령했다. 총칼의 위협에 자기 유전에서 쫓겨난 경쟁 업체들은 법원으로 달려갔다. 이렇게 해서 티포트 돔 스캔들이 터졌다. 이 스캔들은 너무나 악취를 풍겨서 하딩 행정부를 무너뜨렸고, 전 국민을 메스껍게 만들었다. 결국 공화당을 몰락 위기에 몰았고, 앨버트 폴을 감옥에 가뒀다.

그는 심한 비난을 당했다. 공직자로서 그 정도 비난을 당한 사람은 드물었다. 그가 잘못을 뉘우쳤을까? 아니다! 수년 뒤 허버트 후버는 한 연설에서 하딩 대통령의 죽음이 친구의 배신에 따른 정신적 고통 때문이라고 암시했다. 그 말을 들은 폴의 부인은 눈물을 흘리며 자리에서 벌떡 일어나더니 분통을 터뜨리며 소리쳤다. "뭐라고요? 하딩이 폴에게 배신을 당했다고요? 아니에요! 내 남편은 아무도 배신하지 않았어요. 남편은 금덩어리로 유혹해도 잘못된 행동을 하지 않아요. 배신을 당해서 도살장에 끌려가고 십자가에 못 박힌 건 내 남편이에요!"

이것이 인간의 본성이다. 잘못한 사람은 자신을 제외한 모두를 비난한다. 우리 모두 그렇다. 그러니 다른 사람을 비판하고 싶으면 알 카포네, 쌍권총 크롤리, 앨버트 폴을 기억하자. 비판은 연락용 비둘기와 같다. 비판은 언제나 돌아온다. 우리가 바로잡고 비난하려는 사람이 자신을 정당화하려 들 것을, 오히려 우리를 비난하거나 점잖은 태프트처럼 "최선이었다"라고 말할 것임을 깨닫자.

1865년 4월 15일, 링컨은 포드극장 맞은편에 있는 허름한 하숙집 문간방에서 죽어가고 있었다. 존 부스John Wilkes Booth가 쏜 총에 맞았기 때문이다. 링컨의 긴 사지가 그에게는 너무 짧고 푹 꺼진 침대에 대각선으로 널브러졌다. 침대 위에는 로자 보뇌르Rosa Bonheur가 그린 유명한 작품의 싸구려 복제품이 걸려 있었다. 부실한 가스등은 깜박이는 노란빛을 발했다.

링컨이 죽어갈 때, 육군 장관 스탠턴은 "저기에 역사상 가장 완벽한 통치자가 누워 있다"고 말했다. 링컨이 사람을 상대하는 데 성공한 비법은 무엇일까? 나는 10년 동안 링컨의 삶을 연구했고, 꼬박 3년을 들여《데일 카네기 나의 멘토 링컨Lincoln the Unknown》이란 책을 다시 썼다. 나는 링컨의 성격과 가정생활에 대해 최대한 자세하고 포괄적으로 연구했다고 믿는다. 특히 사람을 상대한 방법을 깊이 연구했다. 그는 비판을 즐겼다. 인디애나주 피전 크리크 밸리Pigeon Creek Valley에 살던 어린 시절에 사람들을 비판했고, 조롱하는 편지와 시를 써서 당사자의 눈에 띌 만한 길에 뒀다. 그중 한 편지는 평생 상대의 적개심을 불러일으켰다.

링컨은 일리노이주 스프링필드에서 변호사로 일하게 된 뒤에도 신문에 실리는 서신으로 상대를 공격했다. 문제는 그런 짓을 자주 했다는 것이다. 1842년 가을, 허영심 강하고 호전적인 정치인 제임스 실즈를 조롱할 땐《스프링필드저널Springfield Journal》에 실리는 익명의 서신을 이용했다. 주민들은 폭소를 터뜨렸다. 예민하고 자만심 강한 실즈는 분노가 치밀었다. 그는 누가 서신을 썼는지 알아낸 뒤, 말을 타고 링컨을 찾아가 결투를 신청했다. 링컨은 싸우고 싶지 않았다. 결투에 반대하는 입장이었지만, 체면을 구기지 않고 상황을 모면할 길이 없었다. 무기 선택권이 있다는 점이 그나마 다행이었다. 팔이 긴 그는 기병용 장검을 선택하고, 육군사관학교 졸업생에게 검술 교습을 받았다. 드디어 약속한 날이 됐다. 링컨과 실즈는 미시시피강 모래톱에서 만났다. 두 사람은 죽을 때까지 싸울 준비가 돼 있었다. 그러나 마지막 순간에 입회인들이 끼어들어 결투를 중단했다.

링컨의 삶에서 가장 끔찍한 이 사건은 사람을 상대하는 기술에 대해 값진 교훈을 줬다. 그는 다시는 남을 모욕하는 편지를 쓰지 않았다. 아무도 조롱하지 않았고, 이후 어떤 일이나 사람에 대해 비판하지 않았다.

링컨은 남북전쟁 동안 포토맥 군Army of the Potomac(주로 동부전선에서 활동한 북군의 주력군—옮긴이) 수장으로 연이어 신임 장성을 앉혔다. 매클렐런, 포프, 번사이드, 후커, 미드는 차례로 치명적인 실수를 저질렀다. 링컨은 절망감에 사로잡혀 집무실을 서성거렸다. 국민 절반은 무능한 장군들을 가혹하게 비난했다. 그러나 '아무에게도 악의를 품지 않고, 모두에게 자비심을 베푸는' 링컨은 침묵을 지켰다. 그가 좋아하는 글귀 중 하나는 '비판을 받지 아니하려거든 비판하지 말라'였다.

링컨은 아내를 비롯해 다른 사람들이 남부인에 대해 거칠게 말하

데일 카네기 인간관계론

면 "그들을 비난하지 말아요. 우리도 그들과 같은 입장이 되면 다를 게 없어요"라고 대꾸했다. 정작 다른 사람을 비판할 만한 일을 당한 사람이 있다면 단연코 링컨이었다. 한 가지 예를 들어보자.

게티즈버그 전투는 1863년 7월 첫 3일 동안 벌어졌다. 7월 4일 밤, 리Robert E. Lee 장군은 남쪽으로 후퇴하기 시작했다. 먹구름이 전 지역을 비로 적셨다. 리 장군이 패잔병을 이끌고 포토맥강에 이르렀다. 앞에는 비로 불어나 건널 수 없는 강이, 뒤에는 승기를 잡은 북군이 있었다. 진퇴양난이었다. 링컨은 그 사실을 알았다. 하늘이 내려준 천금 같은 기회, 리 장군의 부대를 포획하고 즉시 전쟁을 끝낼 기회였다. 링컨은 부푼 희망을 안고 미드 장군에게 전략 회의를 소집하지 말고 즉시 리 장군을 공격하라고 명령했다. 그는 명령을 전보로 하달하고 전령을 보내서 미드 장군에게 즉각적인 행동을 요구했다.

미드 장군은 어떻게 했을까? 그는 정반대로 행동했다. 링컨의 명령을 노골적으로 어기고 전략 회의를 소집했다. 망설이고 지체했다. 그는 전보로 온갖 핑계를 댔고, 리 장군을 공격하라는 명령을 단도직입적으로 거부했다. 그러는 동안 마침내 강의 수위가 내려갔고, 리 장군은 병력을 이끌고 포토맥강을 건너 탈출했다.

링컨은 분노했다. 그는 아들 로버트에게 소리쳤다. "이게 대체 무슨 일이야? 세상에! 그들을 잡을 기회였어. 손만 뻗으면 잡을 수 있었는데 군을 움직이기 위해 내가 할 수 있는 일이 없었어. 이런 상황에서는 누구도 리 장군을 무찔렀을 거야. 거기 있었다면 나라도 그를 쓰러뜨릴 수 있었어."

링컨은 쓰라린 실망감을 안고 미드 장군에게 편지를 썼다. 그 무렵 링컨은 대단히 보수적이고 절제된 어법을 따랐다. 1863년 링컨이 쓴 이 편지는 가장 준엄한 질책과 다르지 않았다.

> 미드 장군,
>
> 당신은 리 장군이 탈출한 것이 얼마나 엄청난 불행인지 모르는 것 같군요. 우리는 그를 쉽게 잡을 수 있었습니다. 그를 처리했다면 근래의 다른 성공과 더불어 전쟁을 끝낼 수 있었을 겁니다. 현 상황에서 전쟁은 무한정 길어질 겁니다. 당신은 지난 월요일에도 리 장군을 안전하게 공격하지 못했습니다. 그런데 당신이 확보한 병력의 3분의 2에 못 미치는 소수만 데리고 강의 남쪽에서 공격할 수 있겠습니까? 그럴 수 있다고 기대하는 것은 불합리하며, 지금 당신이 할 수 있는 일이 있다고 기대하지도 않습니다. 당신이 천금 같은 기회를 놓쳐 저는 무척 괴롭습니다.

미드 장군이 이 편지를 읽고 어떤 행동을 했을까? 그는 이 편지를 본 적이 없다. 링컨이 보내지 않았기 때문이다. 이 편지는 사후에 그가 남긴 문서에서 발견됐다.

내 추측으로(추측에 불과하지만) 링컨은 편지를 쓴 뒤 창밖을 보며 혼잣말했을 것이다. "잠깐, 성급하게 행동하지 말아야 해. 여기 조용한 백악관에 앉아서 미드 장군에게 공격하라고 명령하기는 쉬워. 하지만 내가 게티즈버그에 있었다면, 지난주에 미드 장군이 본 것만큼 많

데일 카네기 인간관계론

은 피를 봤다면, 다치고 죽어가는 병사들의 비명과 외침을 들었다면, 나 역시 공격하고 싶어서 안달하지 않았을 거야. 내가 미드 장군처럼 소심한 사람이라면 같은 식으로 행동했을 거야. 어차피 다 지나간 일이야. 이 편지를 보내면 내 감정은 해소되겠지만 미드 장군이 자신의 행동을 정당화하려고 애쓰게 할 거야. 나를 비난하게 할 거야. 악감정을 초래하고, 지휘관으로서 그가 앞으로 이바지할 모든 역량을 약화하고, 어쩌면 군을 떠나게 할지도 몰라."

링컨은 편지를 그냥 넣어뒀다. 날카로운 비판과 질책은 거의 언제나 헛되이 끝난다는 교훈을 쏩쓸한 경험으로 배웠기 때문이다.

시어도어 루스벨트는 대통령으로서 난처한 문제에 직면했을 때, 의자에 기대어 책상 위에 걸린 커다란 링컨의 초상화를 올려다보며 "링컨이라면 어떻게 했을까, 이 문제를 어떻게 해결했을까'라고 자문했다"고 말했다.

앞으로 누군가를 책망하고 싶은 생각이 들면 주머니에서 5달러 지폐를 꺼내자. 그리고 거기에 있는 링컨의 얼굴을 보고 묻자. "링컨이라면 이 문제에 어떻게 대처했을까?"

마크 트웨인은 가끔 이성을 잃고 편지에 분노를 쏟아냈다. 그는 화를 돋운 사람에게 이런 편지를 쓴 적이 있다. "당신은 매장되어야 마땅하오. 말만 하시오. 내가 그렇게 만들어줄 테니." 교정자가 '철자와 구두법을 개선하려고' 시도한 것에 대해 편집자에게 이런 편지도 썼다. "지금부터 내 원고를 그대로 싣고 교정자의 제안은 그 사람의 썩은 머릿속에 담아두게 하시오."

트웨인은 이런 신랄한 편지를 쓰고 나면 기분이 한결 나아졌다. 그는 편지로 분노를 발산했고, 실질적으로 아무런 해를 끼치지 않았다. 그의 아내가 몰래 빼내, 발송한 적이 없기 때문이다.

당신이 바꾸고, 규제하고, 개선하고 싶은 사람이 있는가? 좋다! 괜찮다. 나는 전적으로 그런 태도를 지지한다. 다만 그 일을 당신 자신에게 먼저 하면 어떨까? 순전히 이기적인 관점에서 보면 그것이 다른 사람을 개선하려고 애쓰는 것보다 훨씬 이득이고, 덜 위험하다. 공자가 말했다. "자기 집 문간이 더러운데 이웃집 지붕에 눈이 쌓였다고 욕하지 마라."

나는 아직 젊고 다른 사람들에게 강한 인상을 주려고 애쓰던 시절, 리처드 데이비스에게 어리석은 편지를 썼다. 그는 한때 미국 문학계에서 떠오르던 사람이다. 작가들에 관한 기사를 준비하던 나는 그에게 집필 작업을 어떻게 하는지 물었다. 그 일이 있기 몇 주 전에 어떤 편지를 받았는데, 하단에 '구술로 작성했으며, 교정하지 않음'이라고 표시되어 있었다. 그게 인상적이었다. 편지를 보낸 사람이 대단하고, 바쁘고, 중요한 사람이란 생각이 들었다. 나는 전혀 바쁘지 않았지만, 데이비스에게 강한 인상을 주고 싶었다. 그래서 짧은 편지 끝에 '구술로 작성했으며, 교정하지 않음'이라고 적었다.

데이비스는 구태여 답장을 쓰지 않았다. 대신 내 편지를 반송하면서 하단에 '당신의 무례함은 누구와도 견줄 수 없군요'라고 휘갈겨 썼다. 맞다. 나는 실수를 저질렀다. 그런 훈계를 들을 만했는지도 모른다. 그러나 나도 인간인지라 반감이 들었다. 그 반감이 얼마나 컸

데일 카네기 인간관계론

는지 10년 뒤 데이비스의 사망 기사를 읽었을 때 (인정하기 부끄럽지만) 여전히 머릿속에는 그가 내게 준 상처에 대한 생각이 남아 있었다.

앞으로 수십 년 동안 마음에 사무치고, 죽을 때까지 남에게 적개심을 불러일으키고 싶다면 따끔하게 비판하라. 그게 정당한 비판이라고 얼마나 확신하는지는 중요치 않다. 사람을 상대할 때 논리적인 동물을 상대하는 게 아님을 명심하자. 사람은 감정의 동물, 편견으로 가득하고 자만심과 허영심에 휘둘리는 동물이다. 날카로운 비판은 영문학을 풍부하게 만든 소설가이자 성격이 예민한 토머스 하디Thomas Hardy가 절필하게 만들었다. 또 비판은 영국의 시인 토머스 채터턴Thomas Chatterton을 자살에 이르게 했다.

벤저민 프랭클린Benjamin Franklin은 젊은 시절에 요령이 없었다. 그러나 나중에는 외교적인 태도로 노련하게 사람들을 다룬 덕분에 프랑스 주재 대사가 됐다. 그가 성공한 비결이 무엇일까?

"저는 아무도 험담하지 않으며, 모든 사람에 대해 제가 아는 좋은 점을 모두 말합니다."

어떤 바보라도 비판하고 비난하고 불평할 수 있다. 대다수 바보는 그렇게 한다. 이해하고 용서하려면 인격과 자제력이 필요하다. 칼라일Thomas Carlyle은 "위인은 평범한 사람을 대하는 방식을 통해 위대함을 드러낸다"고 말했다.

남을 비난하기 전에 이해하려고 노력하자. 그들이 왜 그런 행동을 했는지 파악하려고 노력하자. 이런 노력은 비판보다 훨씬 이득이 되고 흥미롭다. 공감과 관용, 인정도 불러일으킨다. "모든 걸 알면 모든 걸 용서하게 된다."

대문호 새뮤얼 존슨Samuel Johnson은 "하느님도 죽음의 날까지는 사람을 심판하지 않는다"고 말했다.

그런데 우리가 왜 그래야 할까?

원칙 1

비판하거나
비난하거나
불평하지 마라.

데일 카네기 인간관계론

02

사람을 다루는 핵심 비법

사람이 어떤 일을 하게 만드는 방법은 하늘 아래 하나뿐이다. 그 방법을 생각해본 적 있는가? 그 일을 하고 싶게 만드는 것이다. 명심하라. 다른 방법은 없다.

물론 상대의 가슴에 총을 겨누면 당신에게 시계를 주고 싶게 만들 수 있다. 해고하겠다고 위협하면 (당신이 뒤돌아서기 전까지) 직원들이 협조하게 만들 수 있다. 때리고 겁주면 아이가 당신이 원하는 일을 하도록 만들 수 있다. 하지만 이런 거친 수단은 바람직하지 못한 여파를 불러온다.

어떤 일을 하게 만드는 유일한 방법은, 그 사람이 원하는 것을 주는 것이다. 당신은 무엇을 원하는가?

프로이트에 따르면, 우리의 모든 행동은 성적 충동과 위대해지고 싶은 욕구라는 동기에서 기인한다. 미국의 심오한 철학자 존 듀이John Dewey는 이를 약간 다르게 표현했다. 그는 인간 본성에서 가장 깊은 욕구는 "중요한 존재가 되고 싶은 욕구"라고 했다. '중요한 존재가 되고 싶은 욕구'라는 구절을 기억하라. 중요한 구절이라 앞으로 자주 등장할 것이다.

사람은 많은 걸 원하진 않을 것이다. 다만 원하는 몇 가지, 거부할 수 없이 끈질기게 갈망하는 몇 가지가 있을 것이다. 대다수가 원하는 것은 다음과 같다.

- 건강과 안전
- 음식
- 잠
- 돈과 돈으로 살 수 있는 것
- 사후의 삶
- 성적 만족
- 자녀의 안녕
- 중요한 존재라는 느낌

이 바람은 거의 모두 충족된다. 음식이나 수면에 대한 욕구만큼 깊고 긴박하지만 충족되는 일이 드문 바람이 있다. 바로 프로이트가 말한 '위대해지고 싶은 욕구'다. 듀이의 표현으로는 '중요한 존재가 되고 싶은 욕구'다.

링컨은 "모두가 칭찬을 좋아한다"는 구절로 시작되는 편지를 썼다. 윌리엄 제임스는 "인간 본성의 가장 깊은 원칙은 인정받고 싶다는 갈망이다"라고 했다. 여기서 인정받고 싶다는 바람이나 욕구 혹은 소망이 아니라 '갈망'이라고 한 점에 주의하라. 이 갈망은 통렬하고도 흔들림 없는 인간적 굶주림이다. 이 마음의 굶주림을 진심으로 충족해주는 몇몇 사람은 강한 영향력을 발휘하며 '그가 죽으면 장의

데일 카네기 인간관계론

사조차 슬퍼할 것'이다.

중요한 존재라는 느낌에 대한 욕구는 인류와 동물을 나누는 핵심적인 차이 중 하나다. 내가 미주리주 농장에서 자라던 어린 시절에 아버지는 좋은 두록저지 종의 돼지와 순종인 소를 키웠다. 우리는 중서부 전역에서 열리는 지역 축제와 가축 쇼에 키우던 소와 돼지를 출품해 1등 상을 많이 받았다. 아버지는 흰 모슬린 시트에 상으로 받은 파란 리본을 핀으로 꽂아뒀다가 친구나 손님이 오면 꺼냈다. 아버지가 모슬린 시트 한쪽 끝을 잡고 내가 다른 쪽 끝을 잡으면 아버지는 리본을 보여줬다.

돼지들은 자신이 딴 상을 신경 쓰지 않았지만, 아버지는 달랐다. 그 상은 아버지에게 중요한 존재라는 느낌을 줬다. 우리 조상들에게 중요한 존재라는 느낌에 대한 타오르는 욕구가 없었다면, 문명은 발생하지 않았을 것이다. 그런 욕구가 없었다면 우리는 동물과 같았을 것이다.

못 배우고 가난에 짓눌린 식료품점 점원은 자신이 중요한 존재라는 느낌에 대한 욕구 때문에, 잡동사니 틈에서 발견한 50센트짜리 법학 서적을 사서 공부했다. 그의 이름은 링컨이다.

중요한 존재라는 느낌에 대한 욕구는 디킨스에게 불멸의 소설을 쓸 영감을 불어넣었다. 이 욕구는 크리스토퍼 렌 경Sir Christoper Wren이 교향곡 같은 석조건물을 설계하게 했고, 록펠러가 쓰지도 못할 수백만 달러를 벌게 했다! 그리고 도시에서 가장 부유한 가문이 필요 이상으로 큰 집을 짓게 했다. 이 욕구는 사람들이 최신 스타일

옷을 입고, 최신 자동차를 몰고, 똑똑한 자녀들을 자랑하고 싶도록 만든다.

이 욕구는 많은 청소년이 범죄 집단에 들어가 범죄를 저지르도록 유혹하기도 한다. 뉴욕시 경찰국장을 지낸 E. P. 멀루니에 따르면, 일반적인 청소년 범죄자는 자만심으로 가득하다. 이들은 체포된 후 가장 먼저 자신을 영웅으로 만들어줄, 끔찍한 기사가 실린 신문을 보여달라고 한다. 스포츠계 인사, 영화나 TV 스타, 정치인과 나란히 실린 자신의 얼굴을 흡족하게 바라볼 수 있다면, 감옥에 갇히는 일쯤 별것 아닌 모양이다.

스스로 중요한 존재라는 느낌을 어떤 방식으로 얻는지 알면, 자신이 어떤 사람인지 알 수 있다. 그것은 인성을 결정하는 가장 중요한 요소다. 존 록펠러는 본 적도 없고, 볼 일도 없는 수백만 명의 가난한 사람들을 돌보는 현대식 병원을 베이징에 세울 돈을 기부해 중요한 존재라는 느낌을 받았다. 반면 딜린저는 무법자, 은행 강도, 살인자가 되어 중요한 존재라는 느낌을 받았다. 그는 FBI 요원들에게 쫓길 때 미네소타주의 한 농장에 뛰어들어가 "나 딜린저야!"라고 소리쳤다. 자신이 공공의 적이라는 사실을 자랑스럽게 여겼다. "당신들을 해치지 않겠어. 하지만 나 딜린저야!" 그렇다. 딜린저와 록펠러의 중대한 차이점은 중요한 존재라는 느낌을 받는 방식이다.

역사는 유명인들이 그런 느낌을 받으려고 애쓰는 재미있는 사례로 가득하다. 조지 워싱턴은 '대통령 각하'라 불리기를 원했고, 콜럼버스는 '대양 제독이자 인도 총독'이라는 직위를 달라고 간청했다.

예카테리나 대제는 자신을 '여황 폐하'로 칭하지 않은 편지는 열어보지도 않았고, 링컨 부인은 백악관에서 그랜트 부인에게 달려들어 소리쳤다. "허락하지도 않았는데 감히 내 앞에서 앉아요?"

미국의 백만장자들은 1928년에 버드 제독의 남극 탐험을 후원했다. 그들은 남극의 얼음 덮인 산맥에 자기 이름을 남기고 싶었다. 빅토르 위고는 파리가 자기 이름으로 바뀌길 바랐다. 대문호 셰익스피어조차 가문의 문장을 만들어 자기 이름에 위엄을 더하고자 했다.

사람들은 때로 동정심과 관심을 얻고 중요한 존재라는 느낌을 받기 위해 나약해진다. 매킨리 부인은 남편인 대통령이 중요한 국정을 제쳐두고 몇 시간 동안 옆에 누워 자신을 안은 채 잠들 때까지 달래도록 만드는 식으로 중요한 존재라는 느낌을 받았다. 그녀는 치과 치료를 받는 동안에도 남편이 옆에 있어야 한다고 고집을 부리며 관심에 대한 끈질긴 욕구를 충족했다. 남편이 국무부 장관 존 헤이와 예정된 회동을 위해 치과 의사와 그녀를 두고 자리를 떠나야 했을 때, 한바탕 소란을 피우기도 했다.

작가 메리 로버츠 라인하트는 쾌활하고 생기 넘치는 젊은 여성이 중요한 존재라는 느낌을 받으려고 나약해진 이야기를 들려줬다.

"어느 날 그 여성은 자신이 나이 들었다는 사실에 직면해야 했어요. 앞으로 외로운 나날이 있을 뿐, 별로 기대할 게 없었죠. 그녀는 자리에 누웠어요. 노모는 10년 동안 3층을 오가며 음식을 나르고 딸을 간호했어요. 그러던 어느 날, 병간호에 지친 노모가 몸져누웠다가 사망했어요. 그녀는 몇 주 동안 쇠약해졌다가, 일어나 옷을 챙겨 입고 다시 살아가기 시작했어요."

일부 전문가는 현실이라는 냉엄한 세계에서 주어지지 않은 중요한 존재라는 느낌을 광기라는 비현실적 세계에서 얻기 위해 실제로 미치는 사람도 있다고 주장한다. 미국에는 다른 모든 질환자를 합친 것보다 정신질환자가 많다.

정신질환의 원인은 무엇일까? 아무도 이런 포괄적인 질문에 답할 수 없다. 하지만 우리는 매독 같은 특정 질환이 뇌세포를 고장 내고 파괴하여 정신질환을 초래한다는 사실을 안다. 실제로 정신질환 가운데 절반은 뇌 병변, 알코올, 독성 물질, 부상 같은 물리적 요인에서 기인한다. 하지만 나머지 절반(끔찍한 부분이다)은 뇌세포에 유기적인 문제가 없는 것으로 나온다. 부검해서 현미경으로 살펴보면 그들의 뇌세포는 우리의 뇌세포만큼 건강해 보인다. 그런데 왜 미치는 걸까?

나는 미국에서 손꼽히는 정신병원 의사에게 이 질문을 했다. 해당 주제에 대한 지식으로 최고 영예를 얻고 가장 선망하는 상을 받은 이 의사는 사람들이 왜 미치는지 모른다고 솔직하게 말했다. 확실하게 아는 사람은 아무도 없다. 다만 그는 많은 정신이상자가 현실 세계에서 얻지 못한 중요한 존재라는 느낌을 광기 속에서 찾는다고 말했다. 그리고 덧붙였다.

....

지금 결혼 생활이 비극으로 끝난 환자를 치료하고 있습니다. 그녀는 사랑, 성적 만족, 자녀, 사회적 명성을 원했어요. 하지만 삶은 모든 희망을 날려버렸습니다. 남편은 그녀를 사랑하지 않았어요. 밥도 같이 먹지 않으려고 식사를 자기 방으로 가져오게 했죠. 그녀에게는 자식도, 사회적 지위도 없었어요. 결국 미치고 말았습니다. 그녀는 상상 속에서 남편과 이혼하고 결혼하기 전의 성을 되찾았어요. 지금은 자신이 영국 귀족과 결혼했다고 믿으면서 '레이디 스미스'라 불리기를 고집해요. 매일 밤 아이를 낳았다고 상상하고요. 제가 회진할 때마다 "선생님, 어젯밤에 아기를 낳았어요"라고 말하죠.

....

삶은 현실이라는 날카로운 암초에 그녀가 탄 꿈의 배를 난파시켰다. 하지만 화창하고 환상적인 광기의 섬에서 그녀의 돛단배는 잔뜩 부푼 돛과 함께 바람이 돛대를 지나며 노래 부르는 가운데 항구로 달려간다.

비극적이라고? 나는 잘 모르겠다. 의사가 내게 말했다. "제가 노력해서 이성을 되찾게 해줄 수 있다 해도 그러지 않을 겁니다. 그녀는 지금이 훨씬 행복해요."

중요한 존재라는 느낌에 굶주린 나머지, 그것을 얻으려고 실제로 미치는 사람도 있다. 그러니 그전에 사람들의 가치를 진심으로 인정해주는 일이 어떤 기적을 이룰 수 있을지 상상해보라.

미국 기업계에서 (소득세가 없고, 매주 50달러를 받으면 많이 번다고 여기던 시절에) 연봉 100만 달러를 받은 사람 중 찰스 슈와브가 있다. 앤드루 카네기는 그를 영입해 1921년에 US스틸United States Steel Company 초대 회장에 앉혔다. 그때 슈와브는 38세였다. (슈와브

는 나중에 US스틸을 떠나 당시 어려움을 겪던 베슬리헴스틸Bethle-
hem Steel을 인수했다. 그는 베슬리헴스틸을 재건해 미국에서 높은
순익을 내는 기업으로 만들었다.)

앤드루 카네기는 왜 1년에 100만 달러 혹은 하루에 3000달러가
넘는 돈을 찰스 슈와브에게 줬을까? 슈와브가 천재라서? 다른 사람
들보다 제철에 대해 잘 알아서? 말도 안 된다. 슈와브는 내게 많은 직
원이 자신보다 제철에 대해 잘 안다고 했다.

슈와브는 자신이 그 많은 연봉을 받은 가장 큰 이유는 사람을 상
대하는 능력 때문이라고 말한다. 나는 그에게 사람을 어떻게 상대하
는지 물었다. 다음은 그가 직접 밝힌 비법이다. 이 말은 영원히 남을
동판에 새겨서 이 땅의 모든 가정과 학교, 매장, 사무실에 걸어야 한
다. 아이들은 라틴어 동사 활용이나 브라질의 연간 강수량을 외우느
라 시간을 낭비할 게 아니라, 이걸 외워야 한다. 우리가 실천하면 삶
을 거의 바꿔놓을 말이다.

....

제가 가진 가장 큰 자산은 직원의 열의를 불러일으키는 능력이라고 생각합니
다. 사람의 능력을 개발하는 방법은 인정과 격려입니다. 상사의 비판만큼 직원
의 의욕을 꺾는 것은 없습니다. 저는 아무도 비판하지 않습니다. 일할 동기를
부여하는 게 중요하다고 생각해, 잘못을 지적하는 건 피합니다. 저는 진심으로
인정하고 후하게 칭찬하길 좋아합니다.

....

슈와브는 이런 식으로 행동했다. 일반인은 정반대로 행동한다. 마음에 들지 않으면 부하를 호되게 꾸짖는다. 마음에 들면 아무 말도 하지 않는다. 오랜 2행시처럼 "한 번 잘못하면 영원히 타박을 듣지만, 두 번 잘해도 절대 칭찬을 듣지 못한다".

슈와브는 단언한다. "저는 인맥이 넓어 세상의 다양한 지역에서 대단한 사람을 많이 만납니다. 하지만 아무리 신분이 높아도 인정받을 때보다 비판받을 때 일을 잘하고 더 많이 노력하는 사람은 만나지 못했습니다."

그는 이것이 앤드루 카네기가 엄청나게 성공한 이유 중 하나라고 말했다. 카네기는 직원을 사적으로 칭찬했을 뿐만 아니라 공적으로도 칭찬했다. 카네기는 비문에서도 조력자를 칭찬하고 싶어 했다. 그는 자신을 위해 이런 비문을 썼다.

여기 자신보다 똑똑한 사람들을 주위에 둘 줄 아는 사람이 잠들다.

진심 어린 인정은 존 록펠러 1세가 사람을 다루는 데 성공한 비결 중 하나다. 동업자 에드워드 베드퍼드가 남아프리카에서 부실한 구매로 회사에 100만 달러 손실을 끼친 적이 있었다. 그때 록펠러는 베드퍼드를 비판할 수도 있었지만, 그가 최선을 다했다는 사실을 알았고 이미 일어난 일이었다. 록펠러는 칭찬할 만한 것을 찾았다. 그는 투자한 돈의 60퍼센트를 건진 걸 축하했다. "잘했네. 위에서도 항상 그만큼 잘하지는 못해."

줄곧 브로드웨이를 감탄하게 만든 가장 탁월한 프로듀서 플로렌츠 지그펠드는 '미국 여성을 아름답게 꾸미는' 섬세한 능력 덕분에 명성을 얻었다. 그는 아무도 눈여겨보지 않는 평범한 여성을 무대 위에서 수수께끼와 유혹의 매혹적인 이미지로 거듭 변신시켰다. 인정과 자신감의 가치를 아는 그는 정중하고 사려 깊은 태도의 강력한 힘으로 여성에게 자신이 아름답다는 생각을 심어줬다. 그는 합리적인 사람으로, 코러스를 맡은 여성의 주급을 30달러에서 최대 175달러까지 올렸다. 뮤지컬 〈폴리스Follies〉를 초연하는 날 밤에는 출연진에게 축전을 보냈고, 코러스 전원에게 아메리칸 뷰티American Beauty 종 장미꽃 다발을 안겼다.

나는 금식 유행에 굴복해 엿새 동안 아무것도 먹지 않고 버틴 적이 있다. 그리 힘들진 않았다. 이틀째 지날 때보다 엿새째 지날 때 덜 배고팠다. 나는 (여러분처럼) 가족이나 직원이 엿새 동안 음식을 먹지 못하면 크게 잘못했다고 생각하는 사람들을 안다. 정작 그들은 가족이나 직원이 거의 음식만큼이나 갈망하는 후한 인정 없이 6일, 6주 때로는 6년을 흘려보낸다.

당대의 뛰어난 배우 앨프리드 런트는 〈빈에서의 재회Reunion in Vienna〉에서 주연을 맡았을 때 말했다. "제 자존감을 돌보는 게 무엇보다 필요한 일입니다." 우리는 자녀와 친구, 직원의 건강을 신경 쓴다. 하지만 그들의 자존감을 신경 쓰는 경우는 얼마나 드문가. 우리는 기운이 나도록 그들에게 로스트비프와 감자를 주지만, 그들의 기억 속에서 샛별의 노래처럼 오랫동안 들려올 다정한 인정의 말을 하는 일은 게을리한다.

혹자는 이렇게 말할 것이다. "아부나 입에 발린 말은 나도 해봤지만, 똑똑한 사람들한테는 통하지 않았어." 물론 아부는 분별력 있는 사람에게 잘 통하지 않는다. 얄팍하고, 이기적이고, 진실하지 않기 때문이다. 실패할 수밖에 없고, 대개 실패한다. 어떤 사람은 인정에 굶주리고 목말라서 무엇이라도 삼킨다. 굶주린 사람이 풀과 지렁이까지 먹는 것처럼 말이다.

결혼 전력이 꽤 화려한 므디바니 형제가 결혼 시장에서 그런 인기를 끈 이유는 무엇일까? '왕자들'로 불린 그들이 미모의 유명 여배우들과 세계적인 프리마돈나, 백만장자 사업가 바버라 허튼과 결혼한 이유는 무엇일까? 어떻게 그럴 수 있었을까?

《리버티》지에서 아델라 로저스 세인트 존은 다음과 같이 전했다.

....

그들이 여성들에게 인기를 끈 이유는 오랫동안 풀리지 않는 미스터리다. 세상사에 밝고 남성에 대해 많이 알고 위대한 예술가이기도 한 폴라 네그리가 이유를 이렇게 말해준 적이 있다. "이들은 아부하는 방법을 누구보다 잘 알아요. 지금처럼 현실적이고 유머가 중요한 시대에는 크게 인정받지 못하는 기술이죠. 확신하는데, 이게 그들이 매력적으로 보이는 비결이에요."

....

빅토리아 여왕조차 아부에 약했다. 벤저민 디즈레일리Benjamin

Disraeli 총리는 여왕을 대할 때 아첨을 떨었다고 고백했다. 그의 표현을 빌리면 "한껏 알랑거렸다". 하지만 디즈레일리는 방대한 대영제국을 통치한 세련되고, 기민하며, 노련한 사람이다. 그는 자기 분야의 천재다. 그에게 통한 방식이라고 해서 반드시 우리에게도 통하리라는 법은 없다. 장기적으로 아부는 득보다 실이 많다. 아부는 위조한 것이다. 그래서 위조지폐처럼 다른 사람에게 줬다가는 곤경에 처한다.

인정과 아부의 차이는 무엇일까? 간단하다. 하나는 진정성이 있고, 다른 하나는 없다. 하나는 가슴에서 우러나오고, 다른 하나는 입에 발린 말이다. 하나는 이기적이지 않고, 다른 하나는 이기적이다. 하나는 보편적으로 칭송되고, 다른 하나는 보편적으로 비난받는다.

나는 근래에 멕시코시티의 차풀테펙Chapultepec 궁전에서 멕시코 영웅 알바로 오브레곤Álvaro Obregón 장군의 흉상을 봤다. 흉상 아래 오브레곤의 철학이 담긴 말이 새겨져 있었다.

당신을 공격하는 적을 두려워 말고, 당신에게 아부하는 아군을 두려워하라.

절대 아부하라는 말이 아니다! 내가 말하는 것은 새로운 삶의 방식이다. 다시 말하겠다. 나는 지금 새로운 삶의 방식을 말하고 있다.

영국 국왕 조지 5세는 버킹엄궁전에 있는 서재 벽에 6가지 격언을 걸어뒀다. 하나는 '값싼 칭찬은 주지도 받지도 말도록 나를 가르쳐라'다. 값싼 칭찬이 아부의 본질이다. 나는 여기에 소개할 가치가 있는 아부의 정의를 읽은 적이 있다. '아부는 상대가 자신에 대해 생각하는 바를 그대로 말하는 것'이다. 랠프 월도 에머슨은 "어떤 언어를 쓰든 당신의 정체성과 어긋나는 말은 절대 할 수 없다"고 했다.

아부로 충분하다면 모두가 요령을 익혀서 인간관계 전문가가 될 것이다. 우리는 특정한 문제에 대해 생각하지 않는 때는 95퍼센트의 시간을 자신을 생각하는 데 쓴다. 잠시 자신에 대한 생각을 멈추고 다른 사람의 좋은 점을 생각해보자. 그러면 굳이 값싸고 가식적이어서 입 밖에 내기도 전에 표시가 나는 아부에 기댈 필요가 없다.

에머슨은 말했다. "내가 만나는 모든 사람은 어떤 면에서든 나보다 우월하며, 그렇기에 그들에게서 배운다."

위대한 에머슨에게 이 말이 맞다면, 우리에게는 훨씬 더 맞지 않을까? 우리의 성취나 욕구는 그만 생각하자. 다른 사람들의 좋은 점을 알아내려고 노력하자. 아부는 잊어라. 정직하고 진실하게 그들의 좋은 점을 인정하라.

"진심으로 인정하고 후하게 칭찬하라." 그러면 사람들은 당신의 말을 소중하고 귀하게 받아들이고, 평생 그 말을 곱씹을 것이다. 정작 당신은 잊어버린 뒤에도 오랫동안.

원칙 2

정직하고 진실하게
다른 사람의 가치를 인정하라.

03

상대의 마음속 욕구를 자극하라

나는 여름에 메인주로 낚시를 하러 자주 갔다. 나는 딸기와 크림을 좋아하는데, 물고기는 이상하게도 지렁이를 좋아한다. 그래서 낚시하러 갈 때는 내가 원하는 것 대신 물고기가 원하는 것을 생각했다. 낚싯바늘에 딸기를 꿰지 않고 지렁이나 메뚜기를 물고기 앞에 내밀며 말했다. "먹고 싶지 않니?"

사람을 낚을 때도 같은 상식을 따르지 말아야 할 이유가 있을까? 1차 세계대전 당시 훌륭한 영국 총리 로이드 조지Lloyd George가 바로 그런 일을 했다. 그는 윌슨이나 오를란도, 클레망소 같은 전쟁의 리더들이 잊힌 뒤에도 권력을 유지하는 비결에 관한 질문을 받았을 때, 최고위직에 머물 수 있는 요인을 하나 꼽는다면 "물고기에 맞는 미끼를 달아야 한다는 사실을 배운 덕분"이라고 답했다.

왜 우리가 원하는 것을 이야기하는가? 유치하고 불합리하다. 물론 사람은 자신이 원하는 것에 관심이 있다. 항상 그렇다. 하지만 누구

데일 카네기 인간관계론

도 거기에 관심이 없다. 다른 사람도 당신과 같다. 우리는 우리가 원하는 것에 관심이 있다.

다른 사람에게 영향을 미치는 유일한 방법은 그들이 원하는 것을 이야기하고, 그것을 어떻게 얻는지 보여주는 것이다. 앞으로 다른 사람이 뭔가 하게 만들려고 할 때 이를 명심하라. 자녀가 담배를 피우지 않게 하려면 훈계하지 마라. 원하는 것을 말하지 말고, 담배를 피우면 농구팀에 들어가지 못하거나 100미터 달리기에서 1등을 하지 못한다는 것을 알려줘라.

이는 아이를 대하거나 송아지 혹은 침팬지를 대할 때도 기억해야 할 점이다. 어느 날 랠프 월도 에머슨이 아들과 함께 송아지를 축사에 넣으려고 애썼다. 두 사람은 자신이 원하는 것만 생각하는 실수를 저질렀다. 에머슨은 밀고, 아들은 당겼다. 송아지는 하던 대로 다리에 힘을 주고 버티며 풀밭을 떠나지 않으려 했다. 아일랜드 출신 가정부가 이 상황을 목격했다. 그녀는 글을 쓸 줄 몰랐지만, 이런 경우에 대한 상식은 에머슨보다 많았다. 손가락을 송아지의 입에 물려 빨게 하면서 부드럽게 축사로 유도했다.

인간이 태어난 뒤에 한 모든 행동은 뭔가를 원했기 때문이다. 적십자에 거액을 기부한 것도 그럴까? 예외는 없다. 당신은 도움의 손길을 베풀고 싶어서, 아름답고 이타적이고 신성한 행동을 하고 싶어서 적십자에 기부했다. "너희가 여기 내 형제 중에 지극히 작은 자 하나에게 한 것이 곧 내게 한 것이니라"(〈마태복음〉 25장 40절—옮긴이).

당신이 돈보다 그 느낌을 원하지 않았다면 기부하지 않았을 것이다. 기부를 거절하기 부끄럽거나 고객이 요청해서 했을 수도 있다. 하지만 뭔가를 원해서 기부했다는 사실은 확실하다.

해리 오버스트리트Harry A. Overstreet는《인간 행동에 영향을 미치는 법Influencing Human Behavior》에서 말했다. "행위는 우리가 근본적으로 욕망하는 것에서 나온다…. 사업, 가정, 학교, 정치에서 상대를 설득하려는 사람에게 줄 수 있는 최선의 조언은 상대의 마음속에 강렬한 욕구를 불러일으키라는 것이다. 이 일을 할 수 있는 사람은 온 세상을 가질 것이며, 하지 못하는 사람은 외로운 길을 걸을 것이다."

앤드루 카네기는 가난에 찌든 스코틀랜드 출신 소년으로 시급 2센트를 받고 일하기 시작했지만, 나중에 3억 6500만 달러를 기부했다. 그는 사람들에게 영향을 미치는 방법은 그들이 원하는 것을 기준으로 말하는 것뿐임을 일찍이 깨달았다. 그는 학교를 4년밖에 다니지 못했지만, 사람을 다루는 방법을 익혔다.

카네기의 제수는 두 아들 걱정에 애를 태웠다. 예일대학교에 다니던 그들은 공부하느라 바빠 집에 편지를 쓰지 않았고, 엄마가 조급하게 보낸 편지에도 전혀 주의를 기울이지 않았다. 카네기는 굳이 요청하지 않아도 조카들에게 답장이 올 거라는 데 100달러 내기를 걸었다. 누군가가 그의 내기에 응했다. 그는 조카들에게 보내는 편지에서 잡담을 늘어놓은 다음 추신으로 5달러를 보낸다고 썼다. 하지만 돈을 넣지 않았다.

얼마 뒤 '앤드루 삼촌에게' 다정한 편지를 보내줘서 감사하다는 답장이 왔다. 본론이 무엇인지는 말하지 않아도 알 것이다.

오하이오주 클리블랜드에 사는 강좌 수강생 스탠 노박은 설득의 또 다른 예를 보여준다. 어느 날 저녁, 집으로 돌아온 스탠은 막내아들 팀이 거실 바닥에서 발버둥 치며 소리 지르는 모습을 봤다. 이튿날이 유치원에 처음 가는 날인데, 가지 않겠다고 시위 중이었다. 이럴 때 스탠은 대개 아이를 방으로 끌고 가서 생각을 고쳐먹는 게 좋다고 윽박질렀다. 다른 방법이 없었다. 그날 밤 스탠은 그래 봐야 올바른 마음가짐으로 유치원 생활을 시작하게 하는 데 도움이 되지 않는다는 걸 알았다. 그는 소파에 앉아 생각했다. '내가 팀이라면 유치원에 가는 게 별로 기대되지 않을 거야.' 스탠은 아내와 함께 손가락으로 그림 그리기, 노래 부르기, 새 친구 만들기 등 유치원에서 할 수 있는 온갖 신나는 일을 목록으로 만들었다. 그런 다음 둘이 그 일을 하기 시작했다. 스탠의 말을 들어보자.

....

저와 아내 릴, 큰아들 밥은 식탁에서 손가락으로 그림을 그리며 재미있게 놀았어요. 곧 팀이 모퉁이에서 얼굴을 빼꼼히 내밀고 우리를 보더군요. 그러더니 같이 하게 해달라고 빌었어요. 우리는 말했죠. "안 돼! 먼저 유치원에 가서 손가락으로 그림 그리기를 배워야 해." 저는 팀이 이해할 수 있게 목록에 있는 것을 열성적으로 설명했어요. 유치원에 가면 이 모든 재미있는 일을 할 수 있다고요. 다음 날 아침, 제가 가장 먼저 일어난 줄 알았는데, 아래층에 내려가니 팀이 거실 의자에서 잠들어 있더군요. "여기서 뭘 하니?"라고 물었더니 팀이 말했어요. "유치원에 가려고 기다리고 있어요. 늦고 싶지 않아요." 가족의 열정적인

모습이 어떤 대화나 위협으로도 끌어내지 못할 강렬한 욕구를 팀에게서 끌어
낸 겁니다.

....

우리는 내일 다른 사람이 어떤 일을 하도록 설득하고 싶을 수 있
다. 그렇다면 말하기 전에 잠시 멈춰서 자문하라. '어떻게 하면 그 사
람이 이 일을 하고 싶게 만들 수 있을까?' 이 질문은 우리가 자신이
바라는 것에 대해 쓸데없는 잡담을 하며 부주의하게 서두르지 않도
록 해줄 것이다.

나는 학기마다 20일 동안 강연할 목적으로 뉴욕에 있는 한 호텔
의 대연회장을 빌린 적이 있다. 그런데 학기를 시작하려던 차에 이전
보다 거의 3배 많은 임대료를 내야 한다는 통보를 받았다. 이 소식을
접했을 때는 이미 입장권을 배포하고 강연 공지까지 한 상태였다.

나는 추가 비용을 지불하고 싶지 않았다. 하지만 내가 원하는 걸
호텔에 이야기해봐야 무슨 소용이 있을까? 그들은 자신이 원하는 데
만 관심이 있었다. 며칠 뒤 지배인을 만나러 가서 말했다.

"통지서를 받고 약간 놀랐습니다. 하지만 당신을 탓하고 싶지 않
습니다. 저라도 비슷한 통지서를 썼을 겁니다. 이 호텔 지배인으로서
당신의 의무는 최대한 수익을 많이 내는 거겠죠. 그러지 않으면 해고
될 테니까요. 임대료 인상을 고집할 경우 당신에게 생기는 이익과 불
이익을 써봅시다."

나는 편지지를 꺼내서 중간에 선을 긋고 한쪽에는 '이익', 다른 쪽

에는 '불이익'이라고 썼다. 나는 '이익' 쪽에 '연회장 가용'이라고 쓴 다음 말했다.

"제가 임차를 포기하면 연회장을 다른 무도회나 컨벤션에 임대할 수 있을 겁니다. 그건 아주 큰 이익이죠. 그런 행사는 강연회보다 임대료가 훨씬 비싸니까요. 제가 강연회를 하는 20일 동안 연회장을 쓰면, 당신은 많은 수익을 잃을 겁니다. 이제 불이익을 따져봅시다. 일단 제게서 얻는 수익이 줄어듭니다. 실제로는 아예 없어질 겁니다. 당신이 요구하는 임대료를 낼 수 없으니까요. 아마 다른 곳에서 강연회를 진행할 수밖에 없을 겁니다. 다른 불이익도 있습니다. 제 강연회는 학식과 교양을 갖춘 사람들을 이 호텔로 불러들여 좋은 광고 효과를 낼 겁니다. 솔직히 5000달러를 들여 신문 광고를 내도 제 강연회만큼 많은 사람을 끌어들이지 못할걸요. 이 호텔에 아주 가치 있는 일입니다."

나는 말하는 동안 두 가지 '불이익'을 적은 다음 종이를 지배인에게 건네며 말했다. "생겨날 이익과 불이익을 잘 따져본 뒤에 최종 결정을 알려주셨으면 합니다."

다음 날, 임대료를 300퍼센트가 아니라 50퍼센트만 올린다는 통지서가 왔다. 여기서 내가 원하는 것은 한마디도 하지 않고 임대료를 깎았다는 점을 명심하라. 나는 줄곧 상대가 원하는 것과 그것을 얻는 방법만 이야기했다.

내가 지배인의 사무실로 쳐들어가서 감정적이고 본능적으로 행동했다고 가정해보라. "이미 입장권을 배포하고 공지까지 한 걸 알

면서 임대료를 300퍼센트나 올린다는 게 말이 됩니까? 무려 300퍼
센트예요! 터무니없고 불합리한 처사입니다! 그렇게 많이 낼 수 없
어요!" 그랬다면 어떤 일이 일어났을까? 말다툼이 점차 심해졌을 것
이다. 우리는 말다툼이 어떻게 끝나는지 안다. 설령 지배인이 잘못
했다는 사실을 설득했다 해도, 그는 자존심 때문에 물러서지 않았을
것이다.

다음은 인간관계에 대한 기업인 헨리 포드Henry Ford의 조언이다.
"성공의 비법이 있다면 다른 사람의 관점으로 당신과 그 사람의 입
장에서 상황을 바라보는 능력이다." 너무나 좋은 말이라 한 번 더 반
복하고 싶다. "성공의 비법이 있다면 다른 사람의 관점으로 당신과
그 사람의 입장에서 상황을 바라보는 능력이다."

이 말은 단순하고 명백해서, 여기에 담긴 의미를 모두가 안다. 하
지만 백이면 백, 이 말을 무시한다. 예를 들어보자. 미국 전역에 지사
가 있는 광고대행사의 라디오 광고부장이 쓴 서신이다. 이는 전국의
지역 라디오 방송국 경영자들에게 보낸 것이다. 각 문단에 대한 나의
평가를 괄호에 넣었다.

인디애나주 블랭크빌Blankville의 존 블랭크 씨에게

안녕하십니까.
저희는 라디오 광고 부문을 선도하는 광고대행사가 되고자 노력하고
있습니다.

(자기 회사가 뭘 원하는지 누가 신경 쓸까? 나는 내 문제를 걱정할 뿐이다. 은행이 주택 담보대출 연체 때문에 내 집을 압류하는 것, 벌레들이 접시꽃을 갉아 먹는 것, 어제 주가가 폭락한 것 같은 문제 말이다. 나는 오늘 아침에 8시 15분 기차를 놓쳤고, 어젯밤에 존스 부부가 주최한 댄스파티에 초대받지 못했으며, 의사에게 고혈압과 신경염, 비듬이 있다는 말을 들었다. 그런 상황에서 무슨 일이 생겼는가? 이런저런 근심 속에 출근해서 어떤 서신을 열었더니, 뉴욕의 한 건방진 애송이가 자기 회사의 야심에 대해 떠들고 있다. 정말로 못마땅하다! 이 서신이 어떤 인상을 주는지 알았다면 그는 광고 일을 그만두고 다른 일을 알아봤을 것이다.)

전국에 있는 저희 고객은 라디오 방송 광고의 보루였습니다. 저희는 충분한 광고 시간을 확보한 덕분에 해를 거듭하며 최고의 자리를 지킬 수 있었습니다.
(회사가 크고, 돈 많고, 최고라고? 그래서 뭐? 당신 회사가 제너럴모터스, 제너럴일렉트릭, 미 육군 참모진을 합친 것보다 커도 아무 관심이 없다. 조금이라도 생각이 있다면, 나는 당신이 아니라 내가 얼마나 큰지에 관심 있다는 걸 알았어야지. 당신 회사가 엄청나게 성공했다는 말은 나를 주눅 들게 하고 내가 보잘것없는 사람이라는 느낌을 준다.)

저희는 정확한 방송 정보를 토대로 고객에게 서비스를 제공하기를 원합니다.
(또 '저희는' '원한단다'! 멍청이 같으니. 당신 회사나 미국 대통령이 뭘 원하는지

관심이 없다. 마지막으로 말하는데, 나는 내가 원하는 것에 관심이 있다. 당신은 이 말도 안 되는 서신에서 아직 그 얘기는 한마디도 하지 않았다.)

그러니 저희를 주간 방송 정보에 대한 우선 통보 대상에 올려주시기 바랍니다. 방송 시간을 효율적으로 예약하는 데 유용할 것입니다.
('우선 통보 대상'이라… 뻔뻔하기도 하지! 거창한 회사 자랑으로 내가 보잘것없 다는 느낌을 받게 하더니, 자기를 우선 통보 대상에 넣어달란다. 그러면서도 '부 탁한다'는 표현조차 쓰지 않는군.)

이 서신을 즉시 확인하고 최신 방송 내용을 알려주시면 서로에게 도 움이 될 것입니다.
(바보 같으니! 내게 낙엽처럼 사방에 흩뿌린 싸구려 서신을 보내놓고 주택 담보 대출과 접시꽃과 혈압을 걱정하는 내게 잘 받았다는 답장을 써달라고? 그것도 '즉시'? 이게 무슨 뜻이지? 내가 당신만큼 바쁘다는 걸, 적어도 그렇다고 생각 하고 싶어 한다는 걸 모르나? 이왕 이야기가 나왔으니 말인데, 누가 애초에 당 신한테 이래라저래라 잘난 체할 권리를 줬지? '서로에게 도움이 될 거'라며 이 제야 내 입장을 살피지만, 그게 나한테 어떤 이득이 될지 밝히진 않는군.)

감사합니다.

라디오 광고부장 아무개

추신: 동봉한 《블랭크빌저널Blankville Journal》 복사본이 귀하에게 흥미

로울 겁니다. 귀하의 방송국에서 방송하셔도 좋습니다.

(마침내 추신에서 내 문제 하나를 해결하는 데 도움이 될 만한 내용을 언급했군. 왜 처음부터 그러지 않았지? 하지만 이런 말이 무슨 소용일까? 당신처럼 허튼 소리를 늘어놓는 광고쟁이는 머리가 나쁜 게 틀림없어. 당신에게는 우리의 최신 방송이 뭔지가 아니라, 아둔한 머리를 고칠 약이 필요해.)

광고에 평생을 바쳤고 물건을 사게 만드는 기술의 전문가라는 사람들이 이런 서신을 쓴다면, 정육점 주인이나 제빵사, 자동차 수리공에게서 무엇을 기대할 수 있을까?

다음은 대형 화물 터미널 감독관이 강좌 수강생 에드워드 버밀렌에게 쓴 편지다. 이 편지는 받는 사람에게 어떤 효과를 미칠까? 읽어보고 말하자.

수신자: 에드워드 버밀렌 씨

화물 상당수가 늦은 오후에 배달되는 바람에 저희 철도 화물 터미널의 운영에 차질이 생기고 있습니다. 적체, 초과 근무, 트럭 운행 지연, 일부 화물 지연으로 이런 사태가 초래됐습니다. 저희는 귀사가 보낸 510개 화물 중 다수를 11월 10일 오후 4시 20분에 받았습니다.

화물을 늦게 받은 데 따른 문제 해결을 위해 귀사의 협조를 요청합니다. 앞으로 화물을 보낼 때는 트럭을 더 일찍 도착하게 해주시거나, 일부를 오전에 배달해주실 수 있을까요? 그렇게 해주시면 귀사의 트럭을 더 빨리 돌려보내고, 귀사의 화물을 받은 날 바로 처리할 수 있을 것입니다.

감사합니다.

감독관 아무개

A. 제레가스 선즈의 영업부장 버밀렌은 이 편지를 읽고, 다음과 같은 평가를 내게 보냈다.

이 편지는 의도한 바와 달리 역효과를 냈습니다. 먼저 우리에게는 대체로 관심이 없는 터미널의 애로사항부터 말하고 있습니다. 그다음 우리에게 어떤 불편을 초래할지 전혀 고려하지 않은 채 협조를 요구하고 있습니다. 마지막에야 우리가 협조하면 우리 트럭을 더 빨리 돌려보낼 수 있고, 우리 화물을 받은 날 처리할 수 있다고 했습니다.

다시 말해, 우리가 가장 관심 있는 내용을 마지막에 언급했습니다. 그에 따라 협조하고 싶은 마음이 아니라 반발하고 싶은 마음이 들었습니다.

이 편지를 나은 방향으로 고쳐 써보면 어떨까? 우리 문제만 거론하며 시간을 낭비하지 말자. 헨리 포드가 충고한 대로 "다른 사람의 관점으로 우리와 그 사람의 입장에서 상황을 바라보자". 다음은 이 편지를 수정한 내용이다. 최선은 아닐지 몰라도 훨씬 나을 것이다.

버밀렌 귀하

귀사는 14년 동안 저희의 좋은 고객이었습니다. 그 점에 깊이 감사드리며, 마땅히 신속하고 효율적인 서비스를 제공하고자 애쓰고 있습니다. 안타깝게도 귀사의 트럭이 11월 10일처럼 늦은 오후에 대량 화물을 가져오면 저희가 바라는 서비스를 제공하기가 어렵습니다. 다른 많은 고객사도 늦은 오후에 화물을 가져오기 때문에 적체가 발생합니다. 결국 귀사의 트럭은 부두에서 발이 묶일 수밖에 없고, 때로는 화물 처리까지 지연됩니다.

이런 좋지 않은 상황을 피하는 방법이 있습니다. 귀사가 가능한 경우 오전에 화물을 배달하면 귀사의 트럭은 계속 이동할 수 있고, 귀사의 화물은 즉시 처리될 것입니다. 저희 직원들도 일찍 귀가해 귀사가 만드는 맛있는 마카로니와 스파게티로 저녁을 먹을 수 있을 것입니다.

귀사의 화물이 언제 도착하든, 저희는 신속하게 처리하도록 전력을 기울일 것입니다. 바쁘실 테니 굳이 답장을 쓰지 않으셔도 됩니다.

감사합니다.

감독관 아무개

지금도 수천 명에 이르는 영업인이 낮은 급여를 받으며 지치고 낙담한 채 거리를 걷고 있다. 가장 큰 이유는 자신이 원하는 것만 생각하기 때문이다. 그들은 사람들이 아무것도 사고 싶어 하지 않는다는 걸 모른다. 사고 싶은 게 있다면 당연히 매장에 가서 살 것이다. 반면 우리는 항상 자신의 문제를 해결하는 데 관심이 있다. 영업인이 자사 상품이나 서비스가 우리 문제를 해결하는 데 어떻게 도움이 되는지 보여준다면, 굳이 설득할 필요가 없을 것이다. 당연하게 그냥 살 테니까. 고객은 설득에 넘어가 사는 게 아니라 필요하다 느껴야 사고 싶어진다.

많은 영업인이 고객의 입장에서 바라보지 않고 영업하며 평생을 보낸다. 나는 오랫동안 뉴욕시 중앙의 작은 개인 주택단지인 포레스트힐스Forest Hills에 살았다. 어느 날 지하철역으로 서둘러 가다가 오랫동안 우리 지역에서 주택을 사고판 부동산업자를 만났다. 그는 동네를 잘 안다. 나는 치장 벽토로 장식한 우리 집이 철망을 썼는지, 속 빈 타일을 썼는지 급히 물었다. 그는 모르겠다며, 포레스트힐스가든 주택협회에 연락하면 된다고 말했다. 그건 나도 이미 아는 사실이다. 다음 날, 그의 편지를 받았다. 그는 내가 원하는 정보를 알려줬을까? 그는 60초만 통화하면 그 정보를 얻을 수 있지만, 그러지 않았다. 그저 또 주택협회에 전화하면 알 수 있다며, 자기한테 주택보험을 맡겨 달라고 청했다. 그는 나를 돕는 데 관심이 없고, 자신의 필요에만 관심 있었다.

나는 그에게 배시 영Vash Young의 《나누는 기쁨A Fortune to Share》과 《부의 나눔The Go-Giver》을 선물하고 싶었다. 그가 이 책을 읽고 내용을 실천했다면, 나의 보험 가입으로 얻는 수익보다 수천 배는 이익을 낼 수 있었을 것이다.

전문가도 이런 실수를 한다. 몇 해 전, 나는 필라델피아에 있는 유명한 이비인후과에 간 적이 있다. 의사는 진료하기 전에 내가 어떤 일을 하는지 물었고, 나의 수입에만 관심이 많았다. 나에게 어떤 도움이 될지가 중요한 게 아니라 내게서 얼마를 받아낼 수 있을지가 그의 관심사였다. 하지만 그는 내게서 한 푼도 받지 못했다. 그의 인성에 경멸감이 들어 병원을 그냥 나와버렸기 때문이다.

세상은 자신의 이익만 챙기려는 사람으로 가득하다. 그래서 이타적으로 다른 사람을 도우려는 몇몇 사람이 엄청난 우위를 누린다. 그런 사람에게는 경쟁자가 거의 없다. 유명한 변호사이자 미국의 뛰어난 기업계 리더인 오언 영은 말했다.

"다른 사람 입장에 설 줄 아는 사람, 그들의 사고방식을 이해하는 사람은 미래를 전혀 걱정할 필요가 없다."

이 책을 읽고 단 하나를 건질 수 있다면, 즉 매사 다른 사람의 관점에서 생각하고 그들의 시각으로 상황을 바라보는 태도를 키울 수 있다면 그 태도는 경력을 쌓는 토대가 될 것이다.

대다수 사람은 대학에 가서 로마 시인 베르길리우스Publius Vergilius Maro의 책을 읽고 미분의 수수께끼를 푸는 법을 배운다. 그러나 자신의 뇌가 어떻게 작동하는지는 전혀 알지 못한다. 나는 대형 에어컨 제조사 캐리어Carrier Corporation의 대졸 신입사원을 대상으로 화술 강좌를 진행한 적이 있다. 당시 한 참가자가 자유시간에 농구를 하자고 다른 참가자들을 설득하려 했다. "우리가 같이 나가서 농구를 했으면 좋겠어요. 저는 농구를 좋아합니다. 지금까지 몇 번 체육관에 갔지만 농구를 하기에는 인원이 부족했어요. 며칠 전 저녁에는 두세 명이 농구공을 던지면서 놀았는데, 공에 맞아서 눈에 멍이 들었습니다. 내일 밤에는 모두가 체육관에 가면 좋겠어요. 같이 농구를 하고 싶어요."

그가 당신이 원하는 것을 말했는가? 아무도 체육관에 가지 않으면 당신도 그러고 싶지 않을 것이다. 당신은 그가 원하는 것에 관심이 없다. 눈에 멍이 들기도 싫다.

그는 체육관을 이용하면 당신이 원하는 것을 얻는 방법을 보여줄 수 있었을까? 당연하다. 운동을 하면 더 많은 활력을 얻고, 식욕이 좋아지고, 머리가 맑아진다. 재미있고, 여러 게임도 할 수 있다. 농구가 그중 하나다.

오버스트리트 교수의 현명한 조언을 반복하자면, 먼저 상대의 마음속에 강렬한 욕구를 불러일으켜라. 이 일을 할 수 있는 사람은 온 세상을 가질 것이며, 하지 못하는 사람은 외로운 길을 걸을 것이다.

우리 강좌에 참가한 수강생은 아들 걱정에 시달렸다. 저체중에다 밥을 제대로 먹지 않아서였다. 부모는 꾸짖고 잔소리를 하는 일반적인 방법을 썼다. "엄마는 네가 음식을 골고루 먹었으면 좋겠어"라거나 "아빠는 네가 덩치가 큰 사람으로 자라면 좋겠어"라고 말이다.

아이가 이런 간청에 주의를 기울였을까? 당신이 백사장 모래알에 전혀 관심 없듯 아이도 그랬다.

상식이 있는 사람이라면 세 살짜리 아이가 서른 살 먹은 아버지의 관점에 반응하리라고 기대하지 않을 것이다. 아이 아버지는 그런 기대를 했다. 마침내 그는 그 기대가 불합리하다는 사실을 깨닫고 '아이가 원하는 게 뭘까? 어떻게 하면 애가 원하는 것과 내가 원하는 것을 일치시킬 수 있을까?' 자문했다.

진지하게 생각하니 답을 찾기 쉬웠다. 아들은 집 앞에서 세발자전거를 타고 왔다 갔다 하길 좋아했다. 몇 집 건너에 아들의 자전거를 빼앗아서 타는 덩치 큰 아이가 살았다. 당연히 아들은 울면서 엄마에게 달려갔고, 엄마는 다시 세발자전거를 빼앗아 아들을 태웠다. 이런 일이 거의 매일 일어났다.

아들이 무엇을 원할까? 셜록 홈스가 아니라도 알 수 있다. 자존심, 분노, 중요한 존재라는 느낌에 대한 욕구는 '복수하라'고, '덩치 큰 아이를 때리라'고 부추겼다. 아버지는 엄마가 먹으라는 음식만 먹으면 언젠가 그 아이를 실컷 때려줄 수 있다고 했다. 아버지가 그렇게 될 거라고 장담하자, 밥을 잘 먹지 않는 문제는 사라졌다. 아이는 덩치를 키워서 자신에게 자주 수모를 안긴 이웃 아이를 이기기 위해 시금치, 양배추, 고등어 등 가리지 않고 먹었다.

식습관 문제가 해결된 후 부모는 다른 문제 해결에 나섰다. 아이에게는 자다가 소변을 보는 습관이 있었다. 아이는 할머니와 같이 잤다. 아침에 할머니가 침대 시트를 만져보며 "너 또 오줌 쌌구나!"라고 말하는 일이 잦았다. 그러면 아이는 "내가 안 그랬어요! 할머니가 그랬어요!"라고 했다. 꾸짖고, 엉덩이를 때리고, 창피를 주고, 안 그랬으면 좋겠다고 거듭 말해도 모두 허사였다. 부모는 자문했다. '어떻게 하면 자다가 소변을 안 보게 할 수 있을까?'

아이가 원하는 건 무엇일까? 첫째, 아이는 할머니가 입는 나이트가운이 아니라 아빠가 입는 파자마를 입고 싶어 했다. 할머니는 아이가 밤마다 침대를 더럽히는 데 진절머리가 났다. 그래서 밤에 실수하지 않으면 파자마를 사주겠다고 제안했다. 둘째, 아이는 자기 침대를 원했다. 할머니는 그것도 반대하지 않았다.

엄마는 아이를 브루클린에 있는 백화점에 데려가 판매원에게 눈으로 신호를 주며 말했다. "여기 이 작은 신사가 쇼핑하고 싶다네요." 판매원은 "신사분, 무엇을 보여드릴까요?"라며 아이의 자존감을 높여줬다. 아이는 까치발을 딛고 말했다. "내가 쓸 침대를 사고 싶어요." 엄마는 자신이 원하는 침대를 보고 판매원에게 눈으로 신호를 보냈다. 아이는 판매원의 설득으로 그 침대를 골랐다.

다음 날 침대가 배달됐다. 아빠가 퇴근하자 아이는 문으로 달려가며 소리쳤다. "아빠! 아빠! 위층에 올라가서 내가 산 침대를 봐요!" 아이 아버지는 침대를 보며 찰스 슈와브의 조언에 따라 '진심으로 인정하고 후하게 칭찬했다'. 아버지가 "이 침대에서는 오줌 안 쌀 거지?"라고 하자, 아이는 "절대 안 쌀 거예요"라고 했다.

아이는 약속을 지켰다. 자존심이 걸려 있었기 때문이다. 그 침대는 직접 고른 자기 것이고, 아이는 어른처럼 파자마를 입었다. 그래서 어른처럼 행동하고 싶었고, 그렇게 행동했다.

K. T. 더치먼은 강좌 수강생이자 통신 엔지니어다. 그의 세 살 난 딸은 도무지 아침을 먹으려 하지 않았다. 꾸짖고, 간청하고, 꼬드기는 흔한 방법은 소용이 없었다. 부모는 자문했다. '어떻게 하면 아침을 먹고 싶게 만들까?'

아이는 엄마를 따라 하며 어른 같은 느낌을 받길 좋아했다. 어느 날 아침, 두 사람은 딸을 의자에 앉히고 아침을 만들게 했다. 아버지는 심리적 효과가 가장 클 순간에 주방으로 들어섰다. 그러자 딸은 아버지를 보며 말했다. "아빠, 이거 봐요. 내가 시리얼을 만들고 있어요." 딸은 부모가 유도하지 않았는데도 시리얼을 두 그릇이나 먹었다. 시리얼에 관심이 있었기 때문이다. 아이는 자신이 중요한 존재라는 느낌을 받았다. 시리얼 만드는 일을 자기표현의 수단으로 삼았기 때문이다.

정치가 윌리엄 윈터William Winter는 "자기표현은 인간 본성의 지배적인 필요조건이다"라고 말했다. 우리는 왜 이 철학을 사업적 관계에 적용하지 못할까? 좋은 아이디어가 있으면 다른 사람들에게 당신의 것이라고 내세우지 말고 그들이 직접 살을 붙이게 하자. 그들은 그 아이디어를 자기 것이라고 여길 것이다. 그래서 좋다며 두 그릇을 먹어 치울지도 모른다.

명심하라. "먼저 상대의 마음속에 강렬한 욕구를 불러일으켜라. 이 일을 할 수 있는 사람은 온 세상을 가질 것이며, 하지 못하는 사람은 외로운 길을 걸을 것이다."

원칙 3

상대의 마음속에
강렬한 욕구를 불러일으켜라.

사람을 다루는 근본적인 방법

* 원칙 1_비판하거나 비난하거나 불평하지 마라.

* 원칙 2_정직하고 진실하게 다른 사람의 가치를 인정하라.

* 원칙 3_상대의 마음속에 강렬한 욕구를 불러일으켜라.

나를
좋아하게 만드는
방법

01

이렇게 하면 어디서나 환영받는다

친구 사귀는 법을 알기 위해 왜 굳이 이 책을 읽는가? 친구를 가장 잘 사귄다고 알려진 이의 기법을 공부하는 게 낫지 않을까? 그는 누구일까? 당신은 내일 거리를 걷는 그와 마주칠지 모른다. 그는 당신이 다가가면 꼬리를 흔들기 시작할 것이다. 당신이 멈춰서 쓰다듬으면 그는 당신을 얼마나 좋아하는지 보여주려고 거의 날뛸 것이다. 당신은 그런 애정 표현 뒤에 아무 속셈도 없다는 걸 안다. 그는 당신에게 부동산을 팔려는 것도 아니고, 당신과 결혼하려는 것도 아니다.

개가 먹고살기 위해 일할 필요가 없는 유일한 동물이라는 생각을 해본 적 있는가? 닭은 달걀을 낳아야 하고, 소는 우유를 제공해야 하고, 카나리아는 노래를 불러야 한다. 하지만 개는 오로지 당신에게 애정을 주는 것으로 먹고산다.

내가 다섯 살 때 아버지가 50센트를 주고 털이 노란 강아지를 사 왔다. 그 강아지는 내 유년기의 빛이자 기쁨이었다. 매일 오후 4시반이면, 강아지는 앞마당에 앉아 예쁜 눈으로 길만 바라봤다. 그러다가 내 목소리가 들리거나 떡갈나무 사이로 내가 도시락을 흔드는 모습이 보이면 총알같이 튀어나와 정신없이 언덕길을 달렸다. 그러고는 기쁨에 겨워 깡충깡충 뛰며 마구 짖으면서 나를 반겼다.

티피는 5년 동안 나의 동반자였다. 그러다가 어느 비극적인 밤(그날을 결코 잊지 못할 것이다), 나와 불과 3미터 떨어진 곳에서 번개를 맞고 말았다. 티피의 죽음은 내 유년기의 비극이었다.

"티피, 넌 심리학책을 읽은 적이 없어. 그럴 필요가 없었지. 너는 어떤 신성한 본능에 따라 알고 있었어. 다른 사람에게 진정으로 관심을 가지면, 다른 사람이 너에게 관심을 가지도록 2년 동안 노력할 때보다 많은 친구를 두 달 만에 만들 수 있다는 걸 말이야."

알다시피 사람들은 다른 사람이 자신에게 관심을 갖도록 만들려고 애쓰면서 평생 실수를 저지른다. 그런 방법은 통하지 않는다. 사람들은 당신에게 관심이 없다. 그들은 자신에게 관심이 있다. 아침에도, 한낮에도, 저녁을 먹은 뒤에도.

뉴욕텔레폰컴퍼니New York Telephone Company는 고객의 통화 내역을 자세히 분석해 어떤 단어가 가장 많이 쓰이는지 조사했다. 짐작하듯 그 단어는 인칭대명사 '나'로, 500회 통화에서 3900번이나 쓰였다. 온통 '나', '나', '나', '나'였다.

당신은 자신이 포함된 단체 사진을 볼 때 누구를 가장 먼저 찾는가? 다른 사람이 당신에게 관심이 있다고 생각한다면 다음 질문에 답해보라.

　데일 카네기 인간관계론

당신이 다른 사람에게 관심을 보이지 않는데, 다른 사람이 왜 당신에게 관심을 갖겠는가. 이제 질문의 답을 적어보자.

그저 사람들에게 돋보이려 들고 사람들이 당신에게 관심을 갖게 하려 들면 절대로 참되고 진정한 친구를 많이 사귈 수 없다. 진정한 친구는 그런 식으로 만들어지지 않는다. 하지만 나폴레옹은 그렇게 하려고 시도했다. 그는 아내 조세핀과 마지막으로 만나는 자리에서 말했다. "조세핀, 나는 세상 어떤 남자보다 운이 좋았소. 하지만 지금은 당신이 세상에서 내가 의지할 수 있는 유일한 사람이오." 역사학자들은 그가 그녀조차 의지할 수 있었을지 의심한다.

빈 출신 심리학자 알프레트 아들러Alfred Adler는 《다시 일어서는 용기What Life Should Mean to You》에서 말한다. "타인에게 관심이 없는 사람은 삶에서 큰 어려움을 겪고, 타인에게 큰 아픔을 안긴다. 그런 사람들에게서 인간이 저지르는 모든 잘못이 생겨난다." 현학적인 심리학책을 아무리 읽어도 이보다 의미 있는 구절을 접하긴 어렵다. 아들러의 말은 너무나 큰 의미를 담고 있어 반복한다.

타인에게 관심이 없는 사람은 삶에서 큰 어려움을 겪고, 타인에게 큰 아픔을 안긴다. 그런 사람들에게서 인간이 저지르는 모든 잘못이 생겨난다.

나는 뉴욕대학교에서 단편소설 창작 수업을 들은 적이 있다. 한번은 주요 잡지 편집자가 초청 강연을 했다. 그는 매일 자기 책상에 쌓이는 소설 수십 편 중에서 하나를 집어 몇 문단만 읽어보면 작가가 사람을 좋아하는지 알 수 있다고 했다. 그의 말에 따르면 "작가가 사람을 좋아하지 않으면 사람들도 그의 글을 좋아하지 않을 것이다".

냉철한 이 편집자는 소설 창작 강연 중에 두 번 말을 끊으며 설교해서 미안하다고 사과했다. "목사들이 할 법한 말이지만, 소설가로 성공하고 싶다면 사람에게 관심을 가져야 한다는 걸 명심하세요." 소설 창작에 적용되는 진실은 인간관계에도 적용된다.

나는 하워드 서스턴이 브로드웨이 무대에 섰을 때, 그의 분장실에서 저녁을 보냈다. 서스턴은 마술계의 대부로 40년 동안 전 세계를 몇 번이나 순회하면서 환영幻影을 창조하고, 관중을 어리둥절하게 만들고, 놀라움에 숨이 멎게 했다. 6000만 명 넘게 그의 공연을 관람했다. 흥행 수익이 무려 200만 달러에 이르렀다.

나는 서스턴에게 성공의 비결이 무엇인지 물었다. 학업은 분명 그의 성공과 아무 관련이 없다. 그는 소년 시절에 가출해 떠돌이 생활을 했기 때문이다. 그는 화물열차를 탔고, 건초 더미에서 잤으며, 음식을 구걸했고, 화물열차에서 철로 변에 설치된 알림판을 내다보며 읽는 법을 익혔다.

그에게 마술에 대한 월등한 지식이 있을까? 아니다. 그는 손재주를 이용한 속임수에 관한 책이 수백 권이고, 마술을 자신만큼 아는 사람이 아주 많다고 했다. 하지만 그는 다른 사람들이 갖지 못한 두 가지 요소를 갖췄다. 첫째, 무대에서 개성을 드러내는 능력이 있다. 그는 쇼의 달인이다. 무엇보다 인간의 본성을 안다. 그는 모든 행동과 몸짓, 발성, 눈썹을 올리는 것조차 세심하게 준비한다. 그의 행동은 초 단위로 계산한 것이다. 게다가 사람들에게 진정한 관심이 있다. 그는 내게 많은 마술사가 관객을 보며 '호구들이 많이 왔군. 시골 뜨기들이야. 제대로 속여주지'라고 생각한다고 말했다. 서스턴은 완전히 달랐다. 그는 무대에 오를 때마다 '날 보러 이렇게 와주니 정말 고마운 일이야. 이분들 덕분에 내가 잘살 수 있는 거야. 그러니 최선을 다해야지'라고 생각했다.

그는 속으로 '나는 관객을 사랑해. 나는 관객을 사랑해'라고 거듭 되새긴 뒤에야 무대에 오른다고 밝혔다. 이 말이 우스꽝스러운가? 이상한가? 마음대로 생각해도 좋다. 나는 사상 최고 인기를 누리는 마술사의 비법을 있는 그대로 전할 뿐이다.

성악가 에르네슈티네 슈만하잉크도 내게 같은 이야기를 했다. 그녀는 굶주림과 실연에 고통받아 자살 시도까지 했다. 그래도 노래를 멈추지 않고 끝내 전설적인 바그너 오페라 가수가 되었다. 그녀는 그런 성공의 비결을 자신이 사람들에게 가진 관심이라고 했다.

이는 시어도어 루스벨트가 놀라운 인기를 누린 비결이기도 하다.

하인들도 그를 좋아했다. 그의 집사 제임스 에이머스James E. Amos는 《시어도어 루스벨트, 집사의 영웅Theodore Roosevelt, Hero to His Valet》에서 상징적인 일화를 들려준다.

··················

한번은 아내가 대통령에게 메추라기에 관해 물었다. 그녀는 메추라기를 본 적이 없었다. 대통령은 자세히 설명해줬다. 얼마 후 우리가 사는 오두막의 전화벨이 울렸다(에이머스 부부는 오이스터 베이Oyster Bay 루스벨트 저택 부지에 있는 오두막에서 살았다). 아내가 전화를 받았다. 전화를 건 사람은 대통령이었다. 그는 지금 창밖에 메추라기가 있으니 직접 볼 수 있다고 알려주기 위해 전화한 것이다. 이런 사소한 마음 씀씀이가 그의 성격을 잘 보여준다. 그는 우리 오두막을 지날 때 우리가 보이지 않아도 "애니, 있어요?", "어이, 제임스!"라며 친근하게 인사했다.

··················

아랫사람들이라도 어떻게 이런 사람을 좋아하지 않을 수 있을까? 모두가 좋아했을 것이다. 루스벨트는 어느 날 후임 태프트 대통령과 태프트 부인이 없을 때 백악관에 들렀다. 그가 지위가 낮은 사람도 진심으로 좋아한다는 사실은 과거의 모든 하인, 주방 하녀까지 이름을 부르며 인사한 데서 드러난다. 아치 버트는 당시 상황을 다음과 같이 전한다.

....

그는 앨리스를 보자 요즘도 옥수수빵을 만드는지 물었다. 앨리스는 가끔 하인들을 위해 만들지만. 위층 분들은 드시지 않는다고 했다. 그러자 루스벨트가 큰 소리로 말했다. "그 사람들은 뭐가 맛있는지 몰라. 대통령을 만나면 내가 그걸 알려주겠네." 앨리스가 접시에 옥수수빵을 한 조각 담아 가져왔다.

빵을 건네받은 그는 집무실로 가는 동안 그것을 먹으면서, 정원사와 인부들에게 인사를 건넸다…. 그는 모두를 이전처럼 불렀다. 40년 동안 백악관에서 문지기로 일한 아이크 후버는 눈에 눈물이 고인 채 말했다. "그날은 거의 2년 만에 유일하게 행복한 날이었습니다. 우리는 그 기쁨을 100달러와도 바꾸지 않을 겁니다."

....

찰스 엘리엇Charles W. Eliot 박사가 대학 총장으로서 성공할 수 있었던 이유도 다른 사람의 문제에 보인 관심 덕분이었다. 그는 남북전쟁이 끝나고 4년 후부터 세계대전이 터지기 5년 전까지 하버드의 운명을 좌지우지했다. 그의 업무 방식을 보여주는 일화가 있다. 어느날 크랜든이란 신입생이 총장실을 찾아가 학자금 대출 기금에서 50달러를 빌려달라 했다. 대출은 허가되었고, 다음이 그가 한 말이다.

....

저는 고마운 마음으로 총장실을 나가려 했습니다. 그때 총장님이 앉으라고 하시더군요. 그리고는 다음과 같이 놀라운 말씀을 하셨어요. "자취를 해서 요리해 먹는다고 들었어요. 괜찮은 음식을 배불리 먹는 거면 나쁘지 않죠. 나도 대학 때 그랬어요. 미트 로프 만들어봤어요? 송아지 고기를 숙성해서 익히면 정말 최고의 요리가 되죠. 남길 게 없답니다. 내가 해 먹던 방식이에요." 그리고는 송아지 고기를 고르는 방법, 국물이 젤리처럼 될 때까지 졸이는 방법, 고기를 써는 방식과 팬에 눌러 구워서는 식혀 먹으라는 팁까지 모두 알려주셨습니다.

....

나는 아무리 찾는 이가 많은 사람이라도 진정한 관심을 가지면 그들의 주의와 시간, 협조를 얻어낼 수 있다는 사실을 경험으로 깨달았다. 예를 들어보자.

오래전 브루클린예술과학협회Brooklyn Institute of Arts and Sciences에서 소설 창작 강좌를 진행했다. 우리는 캐슬린 노리스Kathleen Norris, 패니 허스트Fannie Hurst, 아이다 타벨Ida Tarbell, 앨버트 터훈Albert Payson Terhune, 루퍼트 휴스Rupert Hughes 같은 저명하고 바쁜 작가들이 와서 자신의 경험담으로 도움을 주기를 바랐다. 우리는 그들의 작품을 높이 평가한다며, 당신들의 조언을 듣고 성공 비결을 배우는 데 깊은 관심이 있다는 편지를 썼다.

각 편지에는 수강생 약 150명이 서명했다. 우리는 그들이 강연을 준비할 시간이 없을 만큼 바쁘다는 사실을 안다고 밝히고, 그들이 자신과 작업 방식에 대해 답할 질문 목록을 동봉했다. 그들은 그 점을 좋아했다. 그러지 않을 이유가 있을까? 덕분에 그들은 브루클린까지 와서 우리에게 도움을 줬다. 나는 같은 방법으로 시어도어 루스벨트

행정부의 재무부 장관 레슬리 쇼, 태프트 행정부의 법무부 장관 조지 위커샴, 윌리엄 브라이언, 프랭클린 루스벨트 그리고 다른 유력 인사들이 우리 강좌에서 강연하도록 설득했다.

우리는 공장에서 일하는 노동자든, 사무실에서 일하는 서기든, 왕좌에 앉은 왕이든 우리를 존중하는 사람을 좋아한다. 독일의 황제를 예로 들어보자. 1차 세계대전이 끝났을 때 그는 아마 세상에서 가장 혹독하게, 보편적으로 멸시받는 사람이었을 것이다. 그가 목숨을 부지하려고 네덜란드로 도주했을 때는 독일 국민조차 등을 돌렸다. 그에 대한 반감은 실로 극심했다. 수백만 명이 그의 사지를 찢거나 불태워 죽이고 싶어 할 정도였다. 이처럼 분노의 불길이 타오르는 와중에 한 소년이 그에게 다정함과 존중이 가득 담긴 단순하고 진심 어린 편지를 썼다. 소년은 다른 사람들이 어떻게 생각하든 자신은 언제나 그를 황제로 사랑할 것이라고 말했다. 황제는 이 편지에 깊은 감명을 받아 소년을 자신이 있는 곳으로 초대했다. 소년은 엄마와 함께 황제를 방문했고, 황제는 소년의 엄마와 결혼했다. 소년은 친구를 얻고 사람에게 영향을 미치는 방법에 관한 책을 읽을 필요가 없었다. 본능적으로 그 방법을 알았기 때문이다.

친구를 사귀고 싶다면 다른 사람을 위해 일하도록 노력하자. 시간과 에너지, 이타심, 배려가 필요한 일을 하자. 에드워드 8세는 황태자 시절에 남미 순방에 나섰다. 그는 출발하기 전에 그 나라 말로 연설하기 위해 몇 달 동안 스페인어를 배웠다. 남미 사람들은 바로 그 점 때문에 그를 좋아했다.

나는 오랫동안 친구들의 생일을 애써서 알아냈다. 어떤 방법을 썼을까? 나는 점성술을 전혀 믿지 않는다. 그래도 친구에게 태어난 날이 성격이나 기질과 관계가 있다고 믿는지 묻고 나서 태어난 날을 알려달라고 말했다. 예를 들어 생일이 11월 24일이라고 하면 속으로 '11월 24일, 11월 24일'이라고 반복했다. 그러다가 친구가 자리를 떠나는 순간 이름과 생일을 적어두고, 나중에 생일을 기록하는 수첩으로 옮겼다. 해마다 연초가 되면 자동으로 알 수 있도록 친구들의 생일을 달력에 표시했다. 생일을 맞은 친구에게는 편지나 축전을 보냈다. 덕분에 얼마나 많은 인기를 얻었는지 모른다! 내가 세상에서 그들의 생일을 기억한 유일한 사람인 경우도 많았다.

친구를 얻고 싶다면 반갑고 활기차게 인사를 건네자. 누군가가 전화를 걸어도 같은 마음을 갖자. 그 사람이 전화를 걸어줘서 얼마나 기쁜지 알려주는 말투로 "여보세요"라고 하자.

많은 기업이 관심과 열의가 드러나는 말투로 인사하도록 교환원을 훈련한다. 전화를 건 사람은 해당 기업이 자신을 중시한다는 느낌을 받는다. 내일 전화를 받을 때 그 점을 명심하자.

뉴욕의 대형 은행 직원이던 찰스 월터스는 특정 기업에 대한 기밀 보고서를 작성하란 지시를 받았다. 그가 필요로 하는 정보를 말해줄 사람은 딱 한 명이라 그를 찾아갔다. 안내를 받아 들어간 사장실 밖에서 비서가 머리만 들이밀고 오늘은 드릴 우표가 없다고 말했다. 사장은 그에게 열두 살 난 아들을 위해 우표를 모은다고 했다. 그는 자신이 온 목적을 밝히고 질문했다. 사장은 애매모호하고 뻔한 대답만 했다. 그가 별로 말하고 싶지 않은 눈치라, 면담은 아무것도 얻지 못한 채 끝났다.

월터스는 강좌에서 이런 말을 했다.

"사실 어떻게 해야 할지 몰랐어요. 그때 문득 비서의 말이 기억났죠. 우표와 아들⋯ 그리고 우리 은행 해외팀에서 우표를 모으고 있다는 생각이 났어요. 세계 각지에서 날아온 편지봉투에서 떼어낸 것들 말이죠. 다음 날 저는 아이에게 줄 우표가 있다고 말했습니다. 그가 반겼을까요? 당연하죠. 국회위원 선거에 출마한 후보자보다 열심히 악수해주더군요. 얼굴에는 미소와 호의가 가득했죠. 그는 우표를 쓰다듬으며 "아들이 무척 좋아할 거예요! 정말 귀한 거네요!"라며 좋아했습니다. 우리는 반 시간쯤 같이 아들 사진도 보고 우표 이야기를 하며 보냈습니다. 그 후 반 시간은 제가 부탁하지도 않았는데 원하는 정보를 알려줬죠. 아랫사람과 통화해서 정보를 얻었어요. 그리고 통계자료, 보고서, 편지 등의 많은 자료도 줬습니다. 기자들 말로는 '특종'을 문 거죠."

또 다른 예가 있다. 필라델피아에 사는 C. M. 내플 주니어는 대형 체인점에 연료를 판매하려고 오랫동안 애썼다. 하지만 해당 기업은 계속 시외 대리점에서 연료를 사서 내플의 사무실 앞으로 지나갔다. 어느 날 저녁, 그는 수강생들 앞에서 해당 기업에 대한 분노를 토하며 그들은 이 나라에 내린 저주라고 매도했다. 그러면서도 왜 그들에게 연료를 판매하지 못하는지 알지 못했다.

나는 전술을 바꿔보라고 제안했다. 우리는 수강생을 대상으로 그

체인점의 확산이 나라에 득보다 해가 큰지 토론을 벌였다. 내플은 내 제안에 따라 그렇지 않다는 태도를 취해, 체인점을 변호하려 했다. 그는 바로 체인점 임원을 찾아가 토론에 관해 이야기했다. "연료를 팔려는 게 아니라 부탁하려고 왔습니다. 당신에게 도움을 구하려고요. 제게 필요한 정보를 줄 수 있는 다른 사람이 생각나지 않아요. 꼭 토론에서 이기고 싶어요. 어떤 도움이든 주신다면 정말로 고맙겠습니다."

다음은 내플이 전하는 나머지 이야기다.

....

저는 그에게 정확히 1분만 달라고 부탁했습니다. 그는 그 시간만 내주는 조건으로 나를 만나는 데 동의했어요. 내가 입장을 설명하자, 그는 앉으라고 손짓한 다음 정확히 1시간 47분 동안 이야기해줬습니다. 그는 체인점에 대한 책을 쓴 다른 임원에게 전화를 걸었어요. 전국체인점협회에 편지를 보내서 해당 주제에 관한 토론의 사본도 구해줬습니다. 그는 체인점이 사람들에게 진정한 도움을 준다고 생각했죠. 자신이 수백 개 지역사회를 위해 하는 일을 자랑스러워했습니다. 이야기할 때 그의 눈이 밝게 빛났어요. 솔직히 그의 얘기 덕분에 제가 생각조차 못 한 것들에 눈을 떴습니다. 제 마음가짐을 완전히 바꿨어요. 떠날 때 그는 문까지 따라와 어깨동무했습니다. 토론에서 잘하라고 빌어주며 다시 들러 결과를 알려달랬어요. 마지막으로 한 말은 "봄에 꼭 다시 와요. 연료를 주문할게요"입니다.

기적 같은 일이었습니다. 제가 제안하지도 않았는데 연료를 사겠다니요. 그와 그의 문제에 진정한 관심을 가진 덕에, 그가 저와 우리 회사 제품에 관심을 갖게 하려고 10년 동안 노력한 것보다 많은 진전을 이뤘습니다. 단 두 시간 만에요.

....

내플은 새로운 진리를 발견한 것이 아니다. 예수가 태어나기 100년 전에 로마 시인 푸블릴리우스 시루스Publilius Syrus가 말했다. "우리는 다른 사람들이 우리에게 관심을 가질 때만 그들에게 관심을 가진다."

더욱 효과적인 대인기술을 배우고 싶다면, 헨리 링크Henry Link 박사의 《종교로의 귀의The Return to Religion》를 읽어보라. 제목만 보고 신앙심을 요구하는 책이라 오해하지 마라. 저자는 저명한 심리학자로, 3000명 이상이 찾아와 상담하고 그의 조언을 들었다. 그는 이 책을 '성격을 계발하는 방법'이라 말한 적 있다. 그런 주제를 다루기 때문이다. 흥미롭고 배울 게 많은 책이다. 저자의 제안대로 실천한다면 반드시 대인기술을 연마할 수 있다.

다른 사람이 당신을 좋아하게 만들고 싶다면 이 원칙을 명심하라.

원칙 1

상대에게 진정한 관심을 가져라.

좋은 첫인상을 남기는 간단한 방법

뉴욕에서 열린 디너파티에 손님으로 참석한 한 상속녀는 모두에게 좋은 인상을 남기고 싶었다. 그녀는 모피와 다이아몬드, 진주를 사는 데 상당한 돈을 썼다. 하지만 얼굴에는 아무 표정도 없었다. 그녀의 표정에는 쌀쌀맞음과 이기심이 배어 나왔다. 그녀는 모두가 아는 사실을 깨닫지 못했다. 얼굴에 드러나는 표정이 몸에 걸치는 옷보다 훨씬 중요하다는 사실 말이다.

찰스 슈와브는 내게 자신의 웃음이 100만 달러짜리라고 말했다. 그는 아마 진실을 이해했을 것이다. 슈와브의 성품과 매력, 사람의 호감을 사는 능력은 그가 거둔 엄청난 성공에 거의 전적으로 이바지했다. 그의 성품에서 가장 매력적인 요소는 사람의 마음을 사로잡는 웃음이다.

행동은 말보다 크게 말한다. 웃음은 "당신을 좋아합니다. 당신은 나를 행복하게 합니다. 당신을 만나서 기쁩니다"라고 말한다. 개들이 그토록 인기가 많은 까닭이 거기에 있다. 개는 우리를 만나면 기뻐서 펄쩍펄쩍 뛴다. 그래서 우리도 개를 보면 기분이 좋다. 아기의 웃음도 같은 효과가 있다.

마음이 담기지 않은 억지웃음으로는 아무도 속일 수 없다. 우리는 그런 웃음이 기계적이라는 걸 알고 못마땅하게 여긴다. 내가 말하는 건 진정한 웃음, 마음을 따스하게 만드는 웃음, 내면에서 우러나는 웃음, 시장에서 좋은 값을 받을 수 있는 웃음이다.

뉴욕에 있는 한 대형 백화점의 채용 담당자는 내게 판매원으로 표정이 어두운 철학 박사보다 밝게 웃는 초등학교 중퇴자를 뽑겠다고 말했다.

웃음의 효과는 강력하다. 표정이 보이지 않을 때조차 그렇다. 미국 전역의 전화 회사는 '전화의 힘'이라는 교육 프로그램을 운영한다. 이 프로그램은 전화로 서비스나 제품을 판매하는 직원에게 제공된다. 이 프로그램은 통화할 때 미소를 지으라고 제안한다. '미소'는 목소리로도 전달된다.

미국에서 손꼽히는 고무 회사의 이사회 의장은 내게 자신이 관찰한 바에 따르면, 어느 분야든 일을 즐기지 않으면 성공하는 경우가 드물다고 말했다. 그는 노력만이 성공의 문을 여는 마법의 열쇠라는 격언을 믿지 않았다. "처음에 신명 나게 일한 덕분에 성공한 사람들을 압니다. 하지만 그들은 점점 일에서 재미를 느끼지 못하며 변해가죠. 일이 따분해지고, 일에서 아무런 즐거움을 얻지 못하는 겁니다. 그러다가 결국 실패합니다." 다른 사람들이 당신을 만나 즐겁게 보내기를 원하면 당신부터 그들을 만나는 자리를 즐겨야 한다.

나는 직장인 수천 명에게 일주일 동안 항상 웃는 얼굴로 사람들을 대한 뒤, 그 결과를 알려달라고 요청했다. 어떤 효과가 있었는지 알아보자. 다음은 뉴욕의 주식 중개인 윌리엄 스타인하르트가 보낸 편지다. 다른 수강생 수백 명과 비슷한 전형적인 사례다.

> 저희 부부는 결혼한 지 18년이 넘었습니다. 그 오랜 시간 동안 저는 아침에 일어나 출근할 때까지 아내에게 미소 짓거나, 말을 많이 거는 경우가 드물었습니다. 아마 브로드웨이를 걸어 다니는 사람 중 최고로 퉁명스러운 남편이었을 겁니다.
>
> 하루의 경험을 미소와 함께 이야기해보라는 선생님의 권유를 받고 일주일 동안 시도해봤습니다. 이튿날 아침, 머리를 빗으며 거울 속에서 어두운 표정을 한 저에게 말했습니다. "오늘은 그렇게 찡그린 얼굴 하지 말고 미소를 지어. 지금부터." 아침을 먹으려고 식탁에 앉으며 아내에게 미소 띤 얼굴로 "좋은 아침!"이라고 했습니다.
>
> 선생님은 달라진 모습에 사람들이 놀랄지 모른다고 하셨죠. 아내의 반응은 그냥 놀라는 정도가 아니라 거의 어리둥절한 수준이었습니다. 충격을 받은 거죠. 아내에게 앞으로 항상 이렇게 하겠다고 약속하고, 매일 아침 지켰습니다. 이런 제 변화는 두 달 만에 작년 한 해 동안 누린 것보다 많은 행복을 저희 가정에 안겨줬습니다.
>
> 저는 아파트를 나설 때 엘리베이터 보이에게 웃으며 "안녕하세요"라고 인사합니다. 도어맨에게도 웃으며 인사합니다. 지하철 매표구에서

잔돈을 바꿀 때도 직원에게 미소 짓습니다. 증권거래소에서도 근래 제가 웃는 모습을 본 적 없는 사람들에게 미소 짓습니다.

그러니 모두가 제게 미소 지어줬습니다. 제게 불평불만을 털어놓는 사람도 밝게 대합니다. 웃는 얼굴로 그들의 말을 들어주니 조정이 훨씬 쉬웠습니다. 미소는 매일 제게 많은 돈까지 벌어줍니다.

저는 다른 중개인과 한 사무실을 씁니다. 그의 부하직원 중 한 명은 호감형 청년입니다. 저는 미소 덕분에 많은 것을 얻은 게 너무나 기뻤습니다. 그래서 그에게 인간관계에 대한 저의 새로운 철학을 말해줬습니다. 그는 처음에 저를 엄청난 불평꾼이라 생각했고, 근래에야 생각이 바뀌었다고 털어놨습니다. 그는 제가 웃을 때 정말 따뜻한 느낌을 받는다고 말했습니다.

저는 비판적인 태도도 버렸습니다. 비난하기보다 인정하고 칭찬합니다. 제가 원하는 것만 말하는 것도 중단했습니다. 이제 상대방의 관점을 헤아리려고 노력합니다. 이런 일은 말 그대로 제 삶을 바꿨습니다. 저는 완전히 다른 사람, 더 행복한 사람, 더 풍요로운 사람, 더 풍요로운 우정과 행복을 누리는 사람이 됐습니다. 이것이 삶에서 중요한 유일한 것이죠.

이 편지의 주인이 배울 만큼 배웠고 세상물정에 밝은 주식 중개인이란 사실을 잊지 말자. 그의 업무는 주식거래로 이익을 내는 것이며, 이는 백에 한 명만 성공하는 매우 힘든 일이다.

웃고 싶지 않다고? 그러면 어떻게 하냐고? 두 가지 일을 해야 한다. 첫째, 억지로라도 웃어라. 혼자 있을 때 억지로라도 휘파람을 불거나 콧노래를 불러라. 행복한 것처럼 꾸며라. 그러면 실제로 행복해지는 경우가 많다. 심리학자이자 철학자인 고 윌리엄 제임스William James는 말했다.

"행동이 감정을 뒤따르는 것 같지만, 사실 행동과 감정은 같이 간다. 더 직접적으로 의지의 통제를 받는 행위를 조절하면 의지의 통제를 받지 않는 감정을 간접적으로 조절할 수 있다. 따라서 유쾌함을 잃었을 때 스스로 되찾는 길은 유쾌하게 똑바로 앉아서 유쾌한 것처럼 말하고 행동하는 것이다."

세상 모든 사람이 행복을 추구한다. 행복을 찾는 확실한 방법은 생각을 통제하는 것이다. 행복은 내면적 조건에 좌우된다.

당신을 행복하거나 불행하게 만드는 것은 당신이 무엇을 가졌는지, 어떤 사람인지, 어떤 위치에 있는지, 무엇을 하는지가 아니다. 당신의 사고방식이다. 두 사람이 같은 곳에서 같은 일을 한다고 가정하자. 가진 돈과 위신도 비슷하다. 그런데 한 사람은 불행하고 다른 사람은 행복하다. 왜 그럴까? 정신적 태도가 다르기 때문이다. 나는 열대의 땡볕 아래 조악한 농기구로 일하는 가난한 농부의 얼굴에서 뉴욕이나 시카고, 로스앤젤레스의 시원한 사무실에서 본 것만큼 행복한 표정을 봤다.

셰익스피어는 "원래 좋거나 나쁜 것은 없으며, 생각이 그렇게 만들 뿐이다"라고 했다.

링컨은 말했다. "대다수 사람은 행복하리라 마음먹는 만큼 행복하다." 나는 뉴욕에 있는 롱아일랜드 기차역 계단을 올라가다, 그 말이 진리임을 알려주는 사건을 목격했다. 내 앞에는 지팡이나 목발을 짚은 소년 30~40명이 계단을 힘들게 오르고 있었다. 한 소년은 다른 사람에게 안겨야 했다. 그런데 소년들은 흥겹게 웃고 있었다. 나는 한 인솔자에게 무슨 일인지 물었다. 그가 말했다.

"맞아요, 아이들은 평생 불구가 될 거라는 사실을 깨달으면 처음에는 충격에 빠집니다. 하지만 시간이 지나면 대개 충격에서 벗어나 자기 운명을 받아들이죠. 그러면 평범한 아이들만큼 행복하게 지냅니다."

나는 그 소년들에게 모자를 벗어 경의를 표하고 싶었다. 그들은 내게 결코 잊고 싶지 않은 교훈을 줬다.

영화배우 메리 픽포드Mary Pickford가 남편과 이혼을 준비하던 때, 오후 나절을 같이 보낸 적 있다. 분명 사람들은 그녀가 불행한 나날을 보낼 거라 생각했을 것이다. 하지만 그날 그녀는 그때까지 내가 본 중 제일 차분하고 씩씩했다. 그 비결을 48쪽의 소책자에서 밝혔다. 도서관에서 그녀의 《하나님을 믿어볼까?Why not Try the God?》를 빌려 보라.

세인트루이스 카디널스의 전 3루수 프랭크 베트거Frank Bettger는 현재 최고로 잘나가는 보험설계사다. 그는 미소 짓는 사람이 언제나 환영받는다는 사실을 일찌감치 깨달았다고 한다. 그래서 모든 사무실에 들어갈 때마다 잠깐 멈춰서 감사할 것을 떠올리며 마음에서 우러나오는 미소를 짓는다. 그 미소가 채 사라지기 전에 사무실로 들어간다. 그는 단순하지만 이것이 자신에게 성공을 가져다줬다고 믿는다.

작가 엘버트 허버드Elbert Hubbard가 들려주는 현명한 조언을 눈여겨보자. 읽기만 하고 실천하지 않으면 아무 도움이 되지 않는다는 사실을 명심하라.

．．．．．．．．．．．．．．．．．

밖에 나갈 때는 턱을 끌어당기고, 고개를 높이 들고, 최대한 가슴을 부풀려라. 햇빛을 즐겨라. 웃으며 친구들에게 인사하라. 마음을 담아 악수하라. 오해받을까 두려워하지 마라. 적들을 생각하느라 잠시라도 낭비하지 마라.

무엇을 하고 싶은지 확실하게 마음을 정하라. 그리고는 샛길로 빠지지 말고 목표를 향해 직진하라. 당신이 하고 싶은 훌륭하고 멋진 일에 집중하라. 그렇게 살아가다 보면 당신의 욕구를 충족하는 데 필요한 기회를 자신도 모르게 무의식적으로 잡게 될 것이다. 마치 산호가 조류 속에서 필요한 영양분을 얻는 것처럼 말이다.

머릿속에서 당신이 되고자 하는 유능하고, 성실하고, 유용한 사람이 된 자신을 그려라. 이런 생각은 매시간 당신을 그런 사람으로 바꿔간다….

생각은 우월한 힘이 있다. 올바른 정신적 태도, 용기와 솔직함, 유쾌함이 담긴 태도를 유지하라. 올바로 생각하는 것은 곧 창조하는 것이다. 모든 일이 바라는 대로 이뤄지고, 모든 진실한 기도는 화답을 얻는다. 우리는 마음먹은 대로 살아간다.

턱을 끌어당기고 고개를 높이 들어라. 우리는 고치 속에 있는 신이다.

．．．．．．．．．．．．．．．．．

고대 중국인은 지혜로웠다. 그들은 지혜롭게 살아갔다. 중국 격언 중에 메모해서 항상 갖고 다녀야 할 것이 있다.

'웃을 줄 모르는 사람은 장사해선 안 된다.'

웃음은 선의를 알리는 전령이다. 웃음은 보는 모든 사람의 삶을 밝게 만든다. 찡그리거나, 찌푸리거나, 고개를 돌리는 모습을 숱하게 본 사람에게 당신의 웃음은 구름을 뚫고 비치는 햇살과 같다. 특히 상사, 고객, 교사, 부모나 자녀에게서 압박을 받을 때 웃음은 희망이 없는 게 아님을, 세상에는 기쁨이 있음을 깨닫게 해준다.

몇 년 전, 뉴욕시의 한 백화점은 크리스마스 시즌에 판매원이 받는 압박을 덜어주려고 광고지에 다음과 같이 따뜻한 철학을 담았다.

....

크리스마스에 접하는 웃음의 가치

웃음은 비용이 전혀 들지 않지만 많은 것을 창조합니다.

웃음은 주는 사람을 가난하게 만드는 일 없이 받는 사람을 풍요롭게 만듭니다.

웃음은 순간적으로 지나가지만, 그 기억은 때로 영원히 남습니다.

아무도 웃음 없이 살 수 있을 만큼 부자가 아닙니다. 아무리 가난해도 웃음의 혜택으로 더 풍요로워질 수 있습니다.

웃음은 가정에서 행복을 만들고, 직장에서 선의를 북돋우며, 우정을 확인해줍니다.

웃음은 지친 사람에게 휴식을, 낙담한 사람에게 희망을, 슬픈 사람에게 위로를 주며, 어려움을 이겨내는 최고의 자연 치료제입니다.

하지만 웃음은 사거나, 구걸하거나, 빌리거나, 훔칠 수 없습니다. 웃음은 주어질 때까지 아무에게도 도움이 되지 않으니까요.

크리스마스를 목전에 둔 지금, 저희 판매원 몇 명은 웃는 얼굴을 보이기 힘들 만큼 지쳤을 것입니다.

그들에게 당신의 웃음을 나눠주면 어떨까요?

웃을 기운조차 없는 사람들만큼 웃음이 필요한 사람은 없으니까요!

....

다른 사람이 당신을 좋아하게 만들고 싶다면 이 두 번째 원칙을 명심하라.

원칙 2	
	미소 지어라.

03

이름을 꼭 기억하라

1898년 뉴욕주 로클랜드Rockland에서 아이가 죽는 비극적인 일이 일어났다. 동네 사람들은 아이의 장례식에 갈 준비를 하고 있었다. 짐 팔리는 말을 마차에 묶으려고 마구간에 갔다. 땅은 눈으로 덮이고, 공기는 차갑고 쌀쌀했다. 며칠 동안 움직이지 못한 말은 물이 담긴 구유로 끌려가다가 장난스레 몸을 돌려 뒷다리로 세게 발길질했다. 그런데 거기에 짐 팔리가 맞아서 죽고 말았다. 스토니포인트Stony Point 마을은 그 주에 장례식을 두 번 치렀다.

짐 팔리에게는 아내와 세 아들이 있었다. 그가 남긴 돈은 보험금 수백 달러뿐이었다. 이제 열 살인 장남 짐은 벽돌 공장에서 모래를 수레로 날라 틀에 붓고, 벽돌이 햇볕에 잘 마르도록 돌려놓는 일을 했다. 짐은 학교교육을 제대로 받지 못했다. 하지만 타고나 붙임성으로 사람들의 호감을 얻는 재능이 있었다. 그는 정계에 입문했고, 시간이 지나며 사람들의 이름을 기억하는 탁월한 능력을 개발했다. 짐은 고등학교가 어떻게 생겼는지조차 몰랐다. 그래도 46세가 되기 전에 4개 대학에서 명예 학위를 받았고, 민주당전국위원회 의장과 미국 체신부 장관이 됐다.

나는 짐 팔리를 인터뷰하는 자리에서 성공의 비결이 무엇인지 물었다. "노력입니다"라는 답에 "뻔한 대답은 하지 마시고요"라고 했다. 그러자 그는 내 생각에 자신이 성공한 이유가 무엇인 것 같은지 물었다. 나는 "이름을 부르는 사이인 사람이 1만 명이나 되기 때문이라고 생각합니다"라고 대답했다. 그는 정정했다. "아니에요, 5만 명입니다." 그 능력은 팔리가 1932년 대선 캠프를 이끌면서 프랭클린 루스벨트가 백악관에 입성하는 데 도움을 줬다.

짐 팔리는 석고 제품 외판원으로 일할 때와 스토니포인트에서 서기로 근무할 때 이름을 기억하는 시스템을 만들었다. 처음에는 아주 단순한 시스템이었다. 그는 새로운 사람을 만날 때마다 이름, 가족에 대한 몇 가지 사실, 일과 정치에 대한 의견을 알아냈다. 그는 이 모든 정보를 그림처럼 머릿속에 담았다. 그래서 1년 뒤에 만나도 악수하며 가족의 안부나 뒷마당의 접시꽃에 대해 물었다. 그러니 추종자가 생기는 게 당연하다!

짐 팔리는 루스벨트의 대선 유세가 시작되기 몇 달 전, 서부와 북서부 전역에 사는 사람들에게 날마다 수백 통씩 편지를 썼다. 그다음 기차에 올라 19일 동안 20개 주를 돌며 약 2만 킬로미터를 여행했다. 그는 마차와 기차, 자동차, 보트를 타고 도시에 들러 지인들과 식사하거나 차를 마시며 '마음과 마음의 대화'를 나눴다. 그리고 다음 목적지로 서둘러 떠났다.

그는 동부로 돌아오자마자 자신이 방문한 각 도시에 사는 한 사람에게 편지를 보냈다. 자신과 대화한 모든 손님의 명단을 요청하는 내용이었다. 최종 명단에는 수천 명이 담겼다. 그들은 짐 팔리가 직접 쓴 편지를 받는 은근한 대우를 누렸다. 그 편지는 '빌에게' 혹은 '제인에게'로 시작했으며, 항상 '짐으로부터'라고 끝맺었다.

짐 팔리는 사람들이 세상의 다른 모든 이름보다 자기 이름에 관심이 있다는 사실을 어린 나이에 깨달았다. 사람의 이름을 기억하고 편하게 부르는 것은 은근하고도 효과적인 칭찬과 같았다. 반대로 사람의 이름을 잊거나 철자를 틀리면 상당한 불이익을 당한다. 나는 파리에서 화술 강좌를 준비하며 현지에 사는 모든 미국 주민에게 편지를 보낸 적이 있다. 영어에 대한 지식이 부족한 프랑스 타자수들은 당연히 실수를 저질렀다. 파리에 있는 미국 대형 은행의 간부는 자기 이름을 틀리게 적었다며 나를 강하게 질책하는 답장을 보냈다.

때로는 이름을 기억하기 어려울 수 있다. 발음하기 어려운 이름은 더 그렇다. 많은 사람은 그런 이름을 외우려 하기보다 쉬운 별명으로 바꿔 부른다. 시드 레비는 니코데무스 파파둘로스라는 고객을 한동안 찾아갔다. 대다수 사람은 그를 '닉'이라 불렀다. 레비는 우리 수강생들에게 말했다.

....

저는 그를 방문하기 전에 여러 번 그의 이름을 되뇌면서 제대로 발음하려고 노력했습니다. 제가 "안녕하세요, 니코데무스 파파둘로스 씨"라고 인사하자, 그는 깜짝 놀랐습니다. 꽤나 오래 아무 반응이 없을 정도였죠. 마침내 그는 눈물을 흘리며 말했습니다. "레비 씨, 이 나라에 산 15년 동안 아무도 제 이름을 제대로 부르려고 하지 않았어요."

....

앤드루 카네기가 성공한 이유가 무엇일까?

그는 '철강왕'이라 불렸지만, 제철에 대해 아는 게 거의 없었다. 그래도 그보다 철강에 대해 훨씬 많이 아는 수백 명이 그를 위해 일했다. 대신 그는 사람을 다루는 방법을 알았고, 그 때문에 부자가 됐다. 어린 나이부터 조직을 통솔하는 능력, 리더십에 대한 천재적인 면모를 보였다. 열 살 무렵에는 사람들이 자기 이름을 중요하게 여긴다는 사실을 발견했다. 그는 이 발견으로 협력을 얻어냈다. 그는 스코틀랜드에서 자란 어린 시절에 어미 토끼 한 마리를 길렀다. 얼마 지나지 않아 수많은 새끼 토끼가 생겼다. 문제는 토끼를 먹일 게 없었다. 그는 멋진 아이디어를 떠올렸다. 그는 동네 아이들에게 토끼풀과 민들레를 충분히 가져오면 그 아이의 이름을 토끼에게 붙여주겠다고 했다. 이 계획은 멋지게 통했고, 카네기는 이 일을 잊지 않았다.

그는 사업에서 같은 철학을 활용해 수백만 달러를 벌었다. 그는 펜실베이니아철도에 궤도를 팔고 싶었다. 당시 펜실베이니아철도 회장은 존 에드거 톰슨John Edgar Thomson이었다. 카네기는 피츠버그에 대형 제철소를 짓고 '에드거톰슨제철'이라고 이름 붙였다.

수수께끼 하나 내겠다. 여러분이 맞힐 수 있는지 보자. 펜실베이니아철도에 궤도가 필요할 때 존 톰슨은 어디서 구매했을까? 시어스Sears에서? 아니다. 다시 맞혀보라.

이후 조지 풀먼과 침대차 사업에서 우위를 차지하려고 다툴 때도 철강왕은 토끼에게서 얻은 교훈을 떠올렸다. 카네기가 소유한 센트럴트랜스포테이션컴퍼니Central Transportation Company는 풀먼의 회사와 경쟁했다. 두 회사는 유니언퍼시픽철도Union Pacific Railroad의 침대차 사업을 따내려고 애를 썼다. 그들은 서로 공격하고, 가격을 낮추며 수익을 낼 기회를 없앴다. 카네기와 풀먼은 뉴욕으로 가서 유니언퍼시픽철도 이사들을 만났다. 카네기는 어느 날 저녁, 세인트니콜라스호텔에서 풀먼을 만나 말했다. "우리가 바보짓을 하는 게 아닐까요?" 풀먼은 "그게 무슨 뜻이죠?"라고 물었다.

카네기는 두 회사의 합병에 관한 생각을 전했다. 그는 두 회사가 대립하지 않고 협력함으로써 얻을 수 있는 이익을 제시했다. 풀먼은 주의 깊게 들었지만, 완전히 설득된 건 아니었다. 마침내 그가 물었다. "새로 만들 회사는 뭐라고 부를 거요?" 카네기가 답했다. "당연히 풀먼팰리스카컴퍼니Pullman Palace Car Company라고 해야죠." 풀먼의 표정이 밝아졌다. "내 방으로 가서 마저 이야기합시다." 이 대화는 업계의 역사를 만들었다.

이렇게 친구뿐만 아니라 사업적으로 만나는 사람의 이름을 기억하고 존중하는 방침이 카네기가 리더십을 얻은 비결이다. 그는 공장 직원 다수의 이름을 안다는 사실을 뿌듯해했고, 자신이 이끄는 동안 파업 때문에 제철소 가동이 중단된 적이 없다고 자랑했다.

텍사스상업은행Texas Commerce Bancshares 벤튼 러브 행장은 회사가 커질수록 분위기가 차가워진다고 믿는다. "분위기를 따뜻하게 만드는 한 가지 방법은 직원들의 이름을 기억하는 겁니다. 임원이 직원 이름을 잘 기억하지 못한다고 말하는 것은 직무의 주요 부분을 기억하지 못하며, 위태로운 기반에서 일한다고 말하는 것과 같습니다." 캘리포니아주 랜초팰로스버디스Rancho Palos Verdes에 거주하는 TWA 승무원 캐런 커시는 최대한 많은 승객의 이름을 외워서 서비스를 제공할 때 이름을 부르는 것을 방침으로 삼았다. 그 결과 많은 승객이 그녀에게 직접 혹은 회사에 그녀의 서비스를 칭찬했다. 한 승객은 다음과 같이 썼다. "한동안 TWA를 이용하지 않았는데, 앞으로 TWA만 이용할 겁니다. 당신은 TWA가 승객을 개인적으로 잘 보살피는 항공사가 됐다고 느끼게 해줬습니다. 그 점은 제게 아주 중요합니다."

사람들은 자기 이름에 상당한 자부심이 있다. 그래서 어떻게든 이름을 남기려고 애쓴다. 당대 최고 흥행사로서 거만하고 냉정한 바넘도 나이가 든 후 자기 이름을 이을 아들이 없어 낙담했다. 그는 손자 실리에게 이름을 '바넘' 실리로 하면 2만 5000달러를 주겠다고 제안했다.

귀족과 거물들은 오랫동안 미술가, 음악가, 작가를 후원했다. 거기에는 예술가의 헌사에 자기 이름을 남기려는 속셈이 있었다. 도서관과 박물관은 자기 이름이 인류의 기억에서 사라질 거라는 생각을 견딜 수 없는 사람들 덕분에 풍부한 소장품을 확보한다. 뉴욕공립도서관New York Public Library에는 애스터와 레녹스가 기부한 책이 있다. 메트로폴리탄미술관Metropolitan Museum은 벤저민 알트먼과 J. P. 모건의 이름을 영원히 보존한다. 거의 모든 교회는 기부자의 이름을 기념하는 스테인드글라스로 꾸민다. 대다수 대학교 캠퍼스에 있는 많은 건물은 영예를 얻기 위해 거액을 기부한 이의 이름이 붙어 있다.

대다수 사람은 다른 사람의 이름을 잘 기억하지 않는다. 집중하고 반복해서 머릿속에 그 이름을 새기는 데 시간과 기운을 들이지 않기 때문이다. 그들은 너무 바쁘다고 핑계를 댄다. 하지만 그들은 프랭클린 루스벨트보다 바쁘지 않을 것이다. 그는 자신이 만난 기계공의 이름까지 기억하기 위해 시간을 들였다. 크라이슬러는 다리가 마비되어 일반 자동차를 몰 수 없는 루스벨트를 위해 특별한 자동차를 제작했다. 체임벌린과 한 기계공이 백악관으로 그 차를 배달했다. 지금 내 앞에는 체임벌린이 자기 경험을 알려주는 편지가 있다. 그 내용은 다음과 같다.

....

저는 루스벨트 대통령에게 특이한 장치가 많은 그 차를 운전하는 법을, 그는 제게 사람을 상대하는 기술에 대해 많은 것을 가르쳐줬습니다. 제가 백악관을 방문했을 때, 대통령은 밝고 쾌활한 태도로 맞아줬습니다. 그는 제 이름을 부르며 아주 편하게 대했습니다. 제가 설명한 장치에 대해 적극적인 관심을 보인 점이 인상적이었습니다. 그 차는 손으로만 운전할 수 있도록 설계됐습니다. 백악관 사람들이 차를 구경하려고 모여들었습니다. 대통령은 말했습니다. "놀라운 차야. 버튼만 누르면 움직이고 힘들이지 않고도 운전할 수 있어. 어떻게 작동하는지 모르지만 대단해. 시간이 되면 뜯어서 어떻게 작동하는지 보고 싶어."

그는 차를 보고 감탄하는 친구와 직원 앞에서 말했습니다. "체임벌린 씨, 많은 시간과 노력을 들여서 이 차를 개발해준 것에 감사드립니다. 정말 잘하셨어요." 대통령은 라디에이터, 특수 백미러와 시계, 특수 조명, 내장재, 운전석의 형상, 자신의 모노그램이 새겨진 트렁크의 특수 가방 등에 감탄했습니다. 다시 말해 그는 제가 세심하게 고려한 모든 세부 요소를 알아챘고, 다양한 장치를 영부인과 노동부 장관, 비서관에게 일일이 소개했습니다. 심지어 나이 많은 백악관 사환까지 불러서 말했습니다. "조지, 저 가방을 특별히 관리해주게." 운전 교습이 끝나자 대통령은 저를 보고 말했습니다. "체임벌린 씨, 제가 연방준비제도이사회 사람들을 30분이나 기다리게 했어요. 이제 일하러 돌아가야겠네요."

저는 기계공과 같이 백악관에 들어갔습니다. 저는 대통령이 오셨을 때 그를 소개했습니다. 그는 대통령과 대화하지 않았고, 대통령은 그의 이름을 딱 한 번 들었습니다. 기계공은 수줍은 성격이라 뒤로 물러나 있었습니다. 대통령은 우리가 떠나기 전에 기계공을 따로 불러서 악수하고, 그의 이름을 불러주고, 워싱턴까지 와줘 고맙다고 했습니다. 형식적인 인사가 아니라 진심이라는 게 느껴졌어요.

뉴욕으로 돌아온 며칠 뒤, 저는 대통령의 사인이 있는 사진과 함께 우리의 도움에 다시 감사를 표하는 엽서를 받았습니다. 어떻게 그런 일을 할 시간을 냄 수 있는지 의아했습니다.

....

프랭클린 루스벨트는 호감을 얻는 가장 간단하고, 명백하며, 중요한 방법이 이름을 기억하고 중요한 존재라는 느낌을 주는 것임을 알았다. 우리 중에서 그걸 아는 사람이 얼마나 될까? 우리는 모르는 사람을 소개받으면 대개 몇 분 동안 잡담을 나눈다. 그리고 헤어질 때는 그 사람의 이름을 잊어버린다. 정치인이 일찍이 배우는 교훈 중 하나는 '유권자의 이름을 기억하는 것이 정치인의 일이고, 기억하지 못하면 유권자에게 잊힌다'는 것이다. 이름을 기억하는 능력은 비즈니스와 사교적 접촉에서도 중요하다.

프랑스 황제이자 나폴레옹의 조카인 나폴레옹 3세는 황제의 소임을 다하는 와중에도 자신이 만나는 모든 사람의 이름을 기억할 수 있다고 자랑했다. 그 방법이 무엇일까? 간단하다. 그는 이름을 명확하게 듣지 못하면 "미안하지만 이름을 제대로 듣지 못했소"라고 말했다. 그리고 이름이 특이한 경우에는 "철자가 어떻게 되오?"라고 물었다. 나폴레옹 3세는 대화 도중에도 상대의 이름을 여러 번 불렀고, 머릿속에서 그 사람의 이름을 특징과 표정, 전반적인 외모와 연결하려고 애썼다. 상대가 중요한 인물이면 더 노력했다. 상대가 떠난 직후에는 이름을 종이에 적어서 계속 들여다보며 머릿속에 각인하고 종이를 찢었다. 그러면 시각과 청각으로 인상을 남길 수 있었다. 이 모든 일에는 시간이 걸린다. 에머슨은 "좋은 예절은 작은 희생으로 이뤄진다"고 말했다.

이름을 기억하고 활용하는 일의 중요성은 왕이나 임원뿐만 아니라 우리 모두에게 적용된다. 인디애나주 제너럴모터스에서 일하는 켄 노팅엄Ken Nottingham은 대개 사내 식당에서 점심을 먹었다. 그는 배식대에서 일하는 여성이 항상 얼굴을 찡그리고 있는 걸 인식했다. 그는 당시 일에 대해 말했다.

....

그녀는 두 시간 동안 샌드위치를 만들었고, 저는 그녀가 샌드위치를 하나 더 만들어야 하는 이유에 불과했어요. 저는 원하는 메뉴를 말했습니다. 그녀는 작은 저울에 햄의 무게를 재고, 상추 한 장과 감자 칩을 샌드위치와 함께 건넸습니다.

다음 날 저는 같은 줄에 섰습니다. 그녀가 역시 찡그린 표정으로 있었죠. 유일한 차이는 제가 그녀의 이름표를 인식했다는 겁니다. 저는 미소 지으며 "유니스 씨, 안녕하세요"라고 인사한 뒤 원하는 메뉴를 말했습니다. 그러자 그녀는 저울로 재지도 않고 햄을 듬뿍 쌓더니 상추 세 장과 접시가 넘칠 정도로 많은 감자 칩을 줬습니다.

....

우리는 이름이 지닌 마법적인 힘을 인식해야 한다. 이름은 우리가 상대하는 그 사람이 전적으로 소유한 것임을 깨달아야 한다. 이름은 개인을 구별하고, 그 사람을 다른 모든 사람 가운데 고유한 존재로 만든다. 이름을 부르며 상황에 접근하면 우리가 제시하는 정보나 요청이 특별한 중요성을 띤다. 웨이트리스부터 고위 임원까지 이름은 우리가 다른 사람을 상대할 때 마법을 발휘할 것이다.

> **원칙 3**
>
> 이름은 어떤 언어로든
> 그 사람에게 가장 달콤하고
> 중요하게 들린다는 사실을 명심하라.

04
대화를 잘하는 쉬운 방법

나는 얼마 전에 브리지bridge 파티에 참석했다. 나는 브리지를 하지 않는다. 그 자리에는 나처럼 브리지를 하지 않는 여성이 있었다. 그녀는 로웰 토머스Lowell Thomas가 라디오에 출연하기 전, 내가 그의 매니저였고 당시 그가 들려준 생생한 여행담을 준비할 수 있도록 도우며 함께 유럽을 많이 여행했다는 사실을 알게 됐다. 그녀가 말했다. "카네기 씨, 당신이 방문한 멋진 곳과 거기서 본 풍경을 말해주세요."

그녀는 나와 같이 소파에 앉으면서 근래에 남편과 아프리카 여행을 다녀왔다고 했다. "아프리카요? 재미있었겠네요! 항상 아프리카에 가보고 싶었는데, 알제에서 24시간 체류한 게 전부예요. 대형 야생동물이 사는 나라에 가셨나요? 정말 운이 좋으시네요. 부럽습니다. 아프리카 이야기 좀 해주세요." 내가 말했다.

그녀는 45분 동안 줄곧 이야기했다. 내가 어디에 갔는지, 무엇을 봤는지 두 번 다시 묻지 않았다. 그녀는 내 여행 이야기를 듣고 싶어하지 않았다. 그녀에게는 오직 관심 있게 이야기를 들어주는 사람이 필요했다. 그러면 허영심을 충족하면서 자신이 어느 곳에 다녀왔는지 말할 수 있기 때문이다.

그녀가 특이한 사람일까? 아니다. 그런 사람이 많다. 나는 뉴욕의 한 출판사가 주최한 디너파티에서 유명한 식물학자를 만났다. 식물학자와 이야기해본 적이 없어서 그에게 흥미를 느꼈다. 나는 말 그대로 의자 끝에 걸터앉아 이국적인 식물과 새로운 품종 식물 개발을 위한 실험, 실내 정원에 대한 그의 이야기를 들었다(심지어 흔한 감자에 대한 놀라운 사실까지 말했다). 나는 작은 실내 정원을 가꾸고 있었는데, 그는 친절하게도 몇 가지 문제를 해결하는 법을 알려줬다.

앞서 말한 대로 그 자리는 디너파티라, 다른 참석자 10여 명이 있었다. 하지만 나는 모든 예의범절을 어겼고, 다른 사람을 모두 무시하고는 식물학자와 몇 시간 동안 이야기했다. 자정에 나는 모든 사람에게 인사하고 자리를 떴다. 뒤이어 식물학자는 주최자에게 나에 대한 칭찬을 늘어놨다고 한다. 내가 자신에게 큰 지적 자극을 줬다는 것이다. 그는 이런저런 평가 후 내가 '가장 흥미로운 대화 상대'라는 말로 칭찬을 끝맺었다.

흥미로운 대화 상대라고? 사실 나는 거의 말하지 않았다. 주제를 바꾸지 않는 이상 말하고 싶어도 할 수 없었다. 펭귄의 신체 구조만큼이나 식물에 대해 아는 게 없었기 때문이다. 대신 나는 진정으로 관심이 있었기에 주의 깊게 들었다. 그는 그것을 느꼈고, 당연히 기뺨을 얻었다. 경청은 우리가 다른 사람에게 할 수 있는 최고의 칭찬이다. 잭 우드포드Jack Woodford는《사랑에 빠진 낯선 사람들Strangers in Love》에 "몰입해서 이야기를 들어주는 은근한 아부를 싫어하는 사람은 드물다"고 썼다. 나는 몰입해서 들어주는 수준을 넘어 "진심으로 인정하고 후하게 칭찬했다".

나는 그에게 이야기가 아주 재미있고, 많은 걸 배웠다고 말했다. 그리고 당신처럼 아는 게 많았으면 좋겠다고 했다. 또 같이 초원을 돌아다녔으면 좋겠다고 했다. 꼭 다시 만나고 싶다고도 했다. 모든 게 진심이었다. 그래서 그는 나를 가장 흥미로운 대화 상대라고 생각했다. 실제로 나는 이야기를 잘 들어주면서 그가 말하도록 부추겼을 뿐인데 말이다.

성공적인 비즈니스 면담을 이끄는 비결, 수수께끼는 뭘까? 하버드 총장 찰스 엘리엇이 말했다. "성공적인 비즈니스 면담에는 수수께끼랄 게 없다… 말하는 이에게 전적으로 주의를 기울이는 것이 중요하다. 다른 어떤 것도 그만큼 상대를 띄워주지 못한다." 엘리엇 본인이 이야기를 들어주는 기술의 대가였다. 미국의 위대한 초기 소설가 헨리 제임스는 회고했다.

....

엘리엇 박사는 말없이 듣는 게 아니라 적극적으로 들었다. 그는 꼿꼿이 앉아 손을 무릎 위로 모으고, 두 엄지를 맞대고 바르게 혹은 느리게 돌리는 것 외에 미동도 하지 않았다. 그는 귀뿐만 아니라 눈으로도 듣는 것처럼 상대를 마주

봤다. 그는 주의 깊게 이야기를 들었고, 상대가 말하는 동안 요지를 세심하게 파악했다⋯. 대화가 끝나면 상대는 할 말을 다했다고 느꼈다.

....

당연한 말 아닌가? 이는 하버드에서 4년 동안 공부하지 않아도 알 수 있는 사실이다. 하지만 비싼 땅을 빌려 건물을 올리고, 알뜰하게 물건을 매입하고, 진열창을 매력적으로 꾸미고, 수천 달러를 들여 광고한 뒤에 정작 이야기를 잘 들을 줄 모르는 판매원을 고용하는 백화점 사업자들이 있다. 손님의 말을 끊거나, 반박하거나, 짜증 나게 하면서 사실상 매장에서 쫓아내는 판매원 말이다.

시카고의 한 백화점은 손님의 말을 듣지 않는 판매원 때문에 해마다 수천 달러를 쓰는 고객을 거의 잃을 뻔했다. 시카고에서 우리 강좌를 들은 헨리에타 더글러스는 특별 할인 행사에서 코트를 샀다. 집에 와서 보니 안감이 찢어져, 다음 날 매장에 가서 교환을 요구했다. 판매원은 그녀의 항의를 제대로 듣지도 않고 "특별 할인 행사에서 사셨죠?"라며 벽에 붙은 안내판을 가리켰다. "보세요, '반품 불가'라고 적혀 있죠? 구입한 뒤에는 반품이 안 돼요. 안감은 직접 꿰매세요." 더글러스 부인은 "물건에 하자가 있잖아요"라고 반박했다. 판매원은 말을 끊으며 "그래도 달라지는 건 없어요. 안 되는 건 안 되는 거예요"라고 했다.

더글러스 부인은 분노하며 다시는 여기에 오지 않겠다고 다짐했다. 그녀가 백화점을 나가려 할 때, 매니저가 인사했다. 매니저는 그녀가 오랜 단골임을 알았다. 더글러스 부인은 방금 벌어진 일을 이야기했다. 매니저는 주의 깊게 듣고 코트를 살핀 다음 말했다. "특별 할인 행사는 시즌이 끝나서 재고를 처리하기 위함이라 반품을 받지 않는 게 원칙입니다. 하지만 불량품에는 '반품 불가' 정책이 적용되지 않습니다. 저희가 안감을 수리해드리거나, 원하신다면 환불해드리겠습니다." 얼마나 다른 조치인가! 매니저가 그때 따라와서 더글러스 부인의 말을 들어주지 않았다면 그 백화점은 오랜 단골을 영원히 잃었을 것이다.

경청은 가정생활에서도 중요하다. 뉴욕 크로톤온허드슨Croton-on-Hudson에 사는 밀리 에스포지토는 자녀들이 이야기하고 싶어 하면 특별히 세심하게 들었다. 어느 날 저녁, 그녀는 아들 로버트와 주방에 있었다. 로버트는 생각하던 일을 잠시 의논한 뒤 말했다. "엄마, 엄마가 날 아주 많이 사랑한다는 걸 알겠어요." 에스포지토 부인은 뭉클해서 "당연히 널 아주 많이 사랑하지. 안 그런 줄 알았어?"라고 말했다. "아니에요. 엄마가 날 사랑한다는 걸 아는 이유는 내가 뭔가 이야기하려고 하면 엄마는 모든 일을 중단하고 내 말을 들어주기 때문이에요."

인내심 있게 공감하며 들어주는 사람 앞에서는 고질적인 불평꾼, 사나운 비판자도 부드럽고 차분해진다. 그런 사람은 격분한 시비꾼이 킹코브라처럼 몸을 부풀리고 독을 뿜어내도 차분함을 유지한다. 한 예를 보자. 뉴욕텔레폰컴퍼니는 몇 년 전 상담원에게 계속 욕을 해대는 포악한 고객을 상대해야 했다. 그는 욕하고 소리 지르고 전화기를 통째로 뽑아버리겠다고 협박하며, 잘못 청구됐다며 일부 요금을 내지 않겠다고 우겼다. 신문사에 편지를 보내고, 공공서비스위원회에 수없이 고발하고, 소송도 여러 건 제기했다.

마침내 회사에서 가장 유능한 '해결사'가 이 거친 고객을 면담하기 위해 파견됐다. 그는 잠자코 들으면서 고약한 고객이 신나게 비난을 퍼붓도록 한 다음, "그렇군요"라며 고객의 불만에 공감했다. 그는 수강생들 앞에서 자신의 경험을 전했다.

....

그 고객은 거의 세 시간 동안 소리 질렀고, 저는 듣기만 했습니다. 그다음에 다시 찾아가서 또 들었습니다. 그렇게 네 번을 만났습니다. 네 번째 방문이 끝나기 전에 저는 그가 만든 '전화가입자보호협회'의 창립 회원이 됐습니다. 지금도 거기 회원입니다. 그 고객 말고 제가 유일한 회원이지만요.

저는 면담하는 동안 그가 제기하는 모든 주장을 듣고 공감했습니다. 이전에는 그런 상담원이 없었습니다. 그래서 나중에는 거의 친근한 태도로 바뀌었죠. 첫 번째 방문 때는 우리 회사의 입장을 언급하지 않았습니다. 두 번째와 세 번째 방문 때도 마찬가지였습니다. 그러다가 네 번째 방문 때 사태를 완전히 종결했습니다. 그는 요금을 전액 지불했고, 우리 회사와 분쟁이 생긴 뒤 처음으로 공공서비스위원회에 제기한 고발을 철회했습니다.

....

그 고객은 자신을 비정한 착취에 맞서 시민의 권리를 지키는 성스러운 십자군이라고 여겼을 것이다. 하지만 그가 진정으로 원한 것은 중요한 존재라는 느낌이었다. 그는 처음에 비난하고 불평함으로써 그런 느낌을 얻었다. 하지만 고객 담당자에게 그런 느낌을 얻은 뒤, 그가 꾸며낸 불만은 감쪽같이 사라졌다.

몇 년 전 어느 날 아침, 화난 고객이 데트머울런컴퍼니Detmer Woolen Company 창립자 줄리언 데트머Julian F. Detmer의 사무실로 불쑥 들어왔다. 이 회사는 나중에 의류 업체에 양모를 공급하는 세계 최대 업체가 됐다. 데트머 씨는 당시 일을 다음과 같이 설명했다.

....

그 사람은 우리에게 갚을 돈이 조금 있었습니다. 그는 아니라고 했지만 우리는 그가 틀렸다는 걸 알았어요. 그래서 채권 추심부가 상환을 촉구했습니다. 그는 숱하게 독촉장을 받은 뒤 시카고로 와서 제 사무실에 들이닥쳐 자신은 청구금을 지급하지 않을 것이며, 다시는 우리 회사에서 한 푼어치도 사지 않을 거라고 했습니다.

저는 그가 하는 말을 참을성 있게 들었습니다. 중간에 끼어들고 싶었지만 그게 나쁜 대응임을 깨달았습니다. 그래서 그가 실컷 말하도록 뒀습니다. 마침내 그의 화가 가라앉고 제 말을 들을 상태가 됐을 때 조용히 말했습니다. "이렇게 시카고까지 와서 말씀해주셔서 고맙습니다. 저희에게 큰 도움이 됐습니다. 저희 채권 추심부가 선생님을 화나게 했다면 다른 훌륭한 고객분들도 화나게 할 수 있으니까요. 그건 아주 유감스러운 일이죠. 저는 선생님이 하시고 싶은 만큼 선생님의 말씀을 듣고 싶습니다."

그는 제가 그렇게 말할 줄 전혀 예상하지 못했습니다. 약간 실망한 것 같기도 했습니다. 한두 가지 불만을 터뜨리려고 시카고로 왔는데, 제가 말다툼하지 않고 오히려 고맙다고 했으니까요. 저는 장부에서 미수금을 삭제하고 잊어버리겠다고 말했습니다. 그는 우리 회사와 거래하기 위한 계좌 하나만 신중하게 관리하지만, 우리 직원들은 수천 개를 관리하니까요. 따라서 우리가 틀렸을 가능성이 크죠.

저는 왜 화가 났는지 이해한다면서 제가 선생님의 입장이어도 분명 같은 기분이었을 거라고 했습니다. 앞으로 우리 회사 물건을 사지 않겠다고 해서 다른 양모 회사도 추천했습니다.

이전에는 그가 시카고로 오면 대개 점심을 같이 먹었습니다. 그래서 그날도 점심을 같이 먹자고 했습니다. 그는 마지못해 제의를 받아들였습니다. 나중에 우리가 사무실로 돌아왔을 때, 그는 어느 때보다 많은 주문을 했습니다. 그는 한결 누그러진 상태로 돌아갔습니다. 그는 우리가 그를 공정하게 대한 것처럼 자신도 우리를 공정하게 대하고 싶어 했습니다. 결국 청구서를 다시 살펴보다 자신이 놓친 항목을 발견했습니다. 그는 사과와 함께 수표를 보내왔습니다.

나중에 아들을 얻었을 땐, 가운데 이름을 데트머로 지었습니다. 그는 22년 뒤 사망할 때까지 우리의 친구이자 고객으로 남았습니다.

....

오래전, 가난한 네덜란드 출신 이민자 소년이 집안에 보탬이 되려고 하교 후 빵집의 유리창을 청소했다. 그의 가족은 너무나 가난했다. 그는 매일 바구니를 들고 거리로 나가 석탄 배달 마차가 배수로에 떨어뜨린 석탄 조각을 주웠다. 이 소년, 에드워드 보크는 평생 6년밖에 학교에 다니지 못했다. 그래도 나중에 미국 저널리즘 역사상 가장 성공적인 잡지 편집인이 됐다. 어떻게 그럴 수 있었을까? 이야기하자면 길지만, 처음에 어떻게 출발했는지는 간략하게 소개할 수 있다. 그는 이 장에서 제시하는 원칙을 활용해 성공 가도에 올라섰다.

소년은 열세 살 때 학교를 중퇴하고 웨스턴유니언Western Union의 사환이 됐다. 그래도 배움에 대한 꿈은 한순간도 버리지 않았다. 독학을 시작한 그는 차비를 아끼고 점심을 거르며 돈을 모았다. 그 돈으로 미국 위인 전집을 사서 전례가 없는 일을 했다. 유명인의 삶에 대한 글을 읽고 그들에게 유년기 이야기를 더 들려달라는 편지를 쓴 것이다. 그는 이야기를 잘 들을 줄 알았다. 소년은 유명인에게 그들 자신의 이야기를 들려달라고 부탁했다. 당시 대선 후보 제임스 가필드James A. Garfield 장군도 그중 한 명이었다. 소년은 그에게 과거 운하에서 배를 끄는 일을 한 게 맞는지 물었다. 가필드는 답장을 보냈다. 소년은 그랜트Ulysses Simps Grant 장군에게도 편지를 보내 한 전투에 대해 물었다. 그랜트는 당시 전장의 지도를 그려줬고, 이 열네 살 소년을 초대해 식사하며 저녁 내내 이야기를 나눴다.

우리의 웨스턴유니언 사환 소년은 곧 랠프 월도 에머슨, 올리버 홈스Oliver Wendell Holmes, 롱펠로Henry Wadsworth Longfellow, 링컨 부인, 루이자 메이 올컷Louisa May Alcott, 셔먼William Tecumseh Sherman 장군, 제퍼슨 데이비스Jefferson Davis 등 전국에서 유명한 사람들과 서신을 주고받았다. 휴가를 얻자마자 많은 유명인의 집에 손님으로 방문하기도 했다. 이 경험은 그에게 가치 있는 자신감을 심어줬다. 그들은 소년의 인생을 좌우한 이상과 야심을 일깨웠다. 다시 말하지만, 이 모든 일은 오로지 우리가 여기서 이야기하는 원칙을 적용한 덕분에 가능했다.

유명인 수백 명을 인터뷰한 저널리스트 아이작 마커슨Isaac F. Marcosson은 그들 중 다수가 자신의 말을 귀 기울여 듣지 않았기 때문에 좋은 인상을 남기지 못했다고 밝혔다.

....

그들은 자신이 다음에 할 말을 너무 신경 쓴 나머지 귀를 열지 않았습니다…. 주요 인사들은 제게 말 잘하는 사람보다 잘 듣는 사람을 좋아한다고 했습니다. 하지만 경청하는 능력은 다른 거의 모든 좋은 속성만큼 드문 것 같아요.

주요 인사만 잘 듣는 사람을 좋아하는 게 아닙니다. 일반인도 그렇습니다. 《리더스다이제스트》에 실린 말처럼 "많은 사람은 그저 이야기를 들어줄 사람이 필요할 때 의사에게 전화합니다".

....

남북전쟁의 암흑기 동안 링컨은 일리노이주 스프링필드에 사는 오랜 친구에게 워싱턴으로 와달라고 편지를 썼다. 그는 의논하고 싶은 몇 가지 문제가 있다고 말했다. 친구는 그 편지를 받고 백악관을 방문했다. 링컨은 친구에게 몇 시간 동안 노예해방선언의 타당성에 관해 이야기했다. 그는 노예해방을 둘러싼 찬반양론을 두루 설명한 다음 편지와 신문 기사를 읽어줬다. 그중에는 노예를 해방하지 않는 다고 비난하는 기사도, 그가 노예를 해방할까 두려워서 비난하는 기사도 있었다. 몇 시간 동안 이야기를 늘어놓은 링컨은 친구의 의견을 물어보지도 않았다. 그냥 악수하고 작별 인사를 한 뒤 친구를 일리노이로 돌려보냈다. 말은 링컨 혼자 했다. 그러면 머리가 맑아지는 것 같았다. 오랜 친구는 말했다. "그는 그렇게 말한 뒤 마음이 한결 가벼워진 것 같았어요." 링컨은 조언을 원치 않았다. 친근하게 공감하며 이야기를 들어줄 사람이 필요했을 뿐이다. 그래야 고민을 덜어낼 수 있었다. 모두가 어려운 상황에 처하면 그런 사람을 원한다. 화가 난 고객이나 불만을 품은 직원, 감정이 상한 친구도 종종 그렇다.

현대의 뛰어난 경청자 중 한 명은 지그문트 프로이트다. 어떤 사람이 프로이트를 만난 뒤 그의 듣는 태도에 대해 말했다.

··················

거기에 너무나 강한 인상을 받아서 결코 그를 잊지 못할 겁니다. 그는 다른 사람에게서 한 번도 본 적이 없는 자질을 갖췄어요. 그렇게 주의를 집중하는 사람도 본 적이 없습니다. '영혼을 꿰뚫어 보는 듯한' 시선 같은 건 없었어요. 그의 눈빛은 부드럽고 다정했습니다. 그의 목소리는 낮고 상냥했습니다. 몸짓은 거의 없었습니다. 하지만 제게 주의를 기울이고, 말을 잘하지 못해도 제 말을 이해해주는 태도가 탁월했습니다. 그런 태도로 말을 들어주는 게 얼마나 특별한 일인지 사람들은 모를 겁니다.

··················

사람들이 당신을 피하고, 뒤에서 비웃고, 경멸하게 하고 싶다면 방법이 있다. 절대 다른 사람의 말에 오래 귀 기울이지 마라. 당신에 대해서 끊임없이 이야기하라. 다른 사람이 말할 때 생각이 떠오르면 끝날 때까지 기다리지 말고 바로 끼어들어 말을 끊어라.

그런 사람을 아는가? 안타깝게도 나는 안다. 그중에 유명인도 있다. 그런 사람은 상대를 지루하게 만든다. 그들은 자만심에, 자신이 대단하다는 생각에 취해 있다. 자기 이야기만 하는 사람은 자기만 생각한다. 컬럼비아대학교 총장 니콜라스 버틀러Nicholas Murray Butler 박사는 말했다. "자기만 생각하는 사람은 대단히 못 배운 사람이다. 아무리 학벌이 좋아도 배우지 못한 사람이다."

그러니 대화를 잘하고 싶다면 귀 기울여 들어라. 흥미롭게 말하고 싶다면 흥미롭게 들어라. 상대가 기꺼이 답할 수 있는 질문을 하라. 상대가 자신과 자신이 이룬 일을 이야기하도록 부추겨라.

당신과 대화하는 상대는 당신과 당신의 문제보다 자신과 자신의 욕구나 문제에 100배는 관심이 많다는 사실을 명심하라. 치통이 당사자에게는 중국에서 100만 명을 죽인 기아보다 심각하다. 목에 생긴 종기가 아프리카에서 40번 발생한 지진보다 관심이 간다. 앞으로 대화를 시작할 때 이 점을 고려하라.

원칙 4

귀 기울여 들어라.
상대가 자신에 대해 말하도록 부추겨라.

05

상대의 흥미를 이끌어내는 방법

시어도어 루스벨트를 만난 모든 사람은 그가 갖춘 지식의 폭과 다양성에 경탄했다. 그는 방문자가 카우보이나 말 조련사든, 뉴욕의 정치인이나 외교관이든 어떤 이야기를 하면 좋을지 알았다. 어떻게 그럴수 있었을까? 그 답은 간단하다. 그는 손님이 찾아올 때마다 전날 밤늦도록 그 사람이 흥미를 보일 만한 주제에 대한 글을 읽었다. 루스벨트는 모든 리더가 그렇듯이 사람의 마음에 다가가는 왕도는 그 사람이 가장 중시하는 일에 관해 이야기하는 것임을 알았기 때문이다.

예일대학교 문학 교수이자 수필가 윌리엄 펠프스William Lyon Phelps는 어린 나이에 이 교훈을 얻었다. 다정한 그는 수필《인간의 본성Human Nature》에 다음과 같이 썼다.

....

여덟 살 때 주말 동안 후서토닉Housatonic 강가 스트랫퍼드Stratford에 사는 리비 린슬리 이모를 방문한 적이 있다. 어느 날 저녁에 중년 남자가 찾아왔다. 그는 이모와 정중한 논쟁을 벌인 뒤 내게 관심을 쏟았다. 당시 나는 보트에 열광했다. 그는 나와 매우 흥미롭게 보트에 관해 이야기했다. 그가 떠난 뒤 나는 대단한 아저씨라고 그를 열성적으로 칭송했다. 이모는 그가 뉴욕의 변호사이며, 보트에는 아무 관심이 없다고 말했다. 나는 물었다. "그러면 왜 나랑 보트 이야기만 했어요?" 이모가 대답했다. "신사니까. 네가 보트에 관심이 많다는 걸 알고 재미있게, 즐겁게 나눌 만한 이야기를 한 거야. 너한테 맞춰준 거지." 나는 이모의 말을 결코 잊지 못했다.

··················

지금 내 앞에는 보이스카우트 활동에 활발하게 참여하는 에드워드 찰리프의 편지가 놓여 있다. 그 내용은 다음과 같다.

어느 날 제게 다른 사람의 도움이 필요한 일이 생겼습니다. 유럽에서 대규모 잼버리가 열리는데, 한 대기업 회장에게 우리 아이들의 여행 경비를 지원받고 싶었습니다. 다행히 그를 만나러 가기 직전에 그가 100만 달러짜리 수표를 입금하려다 취소되자, 액자에 넣었다는 이야기를 들었습니다.

저는 그의 사무실에 들어갔을 때 가장 먼저 그 수표를 보여달라고 했습니다. 100만 달러짜리 수표라니! 저는 그런 거액을 수표로 발행한 사람이 있는지 몰랐으며, 우리 아이들에게 100만 달러짜리 수표를 실제로 본 이야기를 하고 싶다고 말했습니다. 그는 기꺼이 보여줬습니다. 저는 그 수표를 보며 어떻게 발행됐는지 말해달라고 했습니다.

보다시피 찰리프는 보이스카우트나 유럽에서 열리는 잼버리 혹은 자신이 원하는 바로 대화를 시작하지 않았다. 그는 상대의 관심사를 중심으로 이야기했다. 다음은 그 결과다.

잠시 후 그가 물었습니다. "그건 그렇고 무슨 일로 찾아오셨죠?" 저는 용건을 말했습니다. 놀랍게도 그는 즉시, 제가 요청한 것보다 많은 지원을 해줬습니다. 저는 한 아이만 유럽으로 보낼 수 있게 해달라고 부탁했는데 저와 다섯 아이를 보내주고, 1000달러짜리 신용장을 주며 유럽에서 7주 동안 머물다 오라고 했습니다. 또 지사장에게 보여줄 소개장을 써주고, 그들이 저를 돕게 해줬을 뿐만 아니라, 그가 직접 우리에게 파리를 구경시켜줬습니다.

이후 그는 형편이 어려운 아이들에게 일자리를 줬고, 여전히 보이스카우트 활동을 적극적으로 지원합니다. 저는 그가 관심 있는 것이 무엇인지 알아내고 분위기를 부드럽게 만들지 않았다면, 그에게 접근하기가 10배는 어려웠으리라는 사실을 알고 있습니다.

이는 비즈니스에서 활용할 가치가 있는 기법일까? 뉴욕에서 빵 도매업체 듀브모이앤드선스Duvemoy and Sons를 운영하는 헨리 듀버노이의 사례를 보자. 듀버노이는 한 호텔에 빵을 납품하려고 노력했다. 그는 4년 동안 매주 지배인을 찾아갔고, 지배인이 참석하는 모임에 참석했다. 주문을 따내려고 그 호텔에 방을 얻어서 지내기도 했다. 하지만 성공하지 못했다. 그는 당시 일을 다음과 같이 전했다.

....

저는 인간관계를 공부한 뒤 전술을 바꾸기로 마음먹었습니다. 그가 무엇에 관심이 있는지, 어떤 일에 열성을 보이는지 알아내기로 했습니다. 그는 전미호텔접객인협회Hotel Greeters of America라는 호텔 경영자 모임과 국제접객인협회International Greeters의 대표였습니다. 그래서 협회의 컨벤션이 어디서 열리든 참석했습니다.

저는 다음 날 그를 만나서 접객인협회에 관해 이야기하기 시작했습니다. 그러자 열띤 반응이 나왔습니다. 정말 대단한 반응이었습니다! 그는 30분 동안 협회에 관해 이야기했습니다. 말투에는 열의가 넘쳤습니다. 협회 활동이 그에게는 취미일 뿐 아니라 삶의 열정임을 분명히 알 수 있었습니다. 그는 제가 사무실을 나오기 전에 협회 회원권을 '팔았습니다'.

그동안 저는 방 이야기는 꺼내지 않았습니다. 며칠 뒤 호텔 식음료 팀장이 제게 전화해서 샘플과 가격표를 가지고 방문해달라고 했습니다. 식음료 팀장이 저를 맞으며 말했습니다. "지배인님한테 어떻게 했는지 모르지만, 당신에게 넘어간 건 확실해요!"

생각해보세요! 저는 그에게 주문을 따내려고 4년 동안 매달렸습니다. 그가 무엇에 관심이 있는지, 어떤 이야기를 하고 싶어 하는지 알아내려고 노력하지 않았다면 지금도 매달리고 있을 겁니다.

....

메릴랜드주 해거스타운Hagerstown에 사는 에드워드 해리먼은 군 복무를 마치고 아름다운 컴벌랜드밸리Cumberland Valley에 살기로 했다. 안타깝게도 당시 그 지역에는 일자리가 거의 없었다. 조사해보니 기업계의 이단아 레이먼드 펑크하우저Raymond J. Funkhouser가 그 지역에 있는 다수 기업을 소유했거나 운영하고 있었다. 해리먼은 가난을 이겨내고 부자가 된 그의 이야기에 흥미를 느꼈다. 하지만 펑크하우저는 구직자의 접근을 차단하는 것으로 알려져 있었다. 다음은 해리먼이 편지로 전해준 이야기다.

저는 여러 사람을 만나서 그의 주된 관심사가 권력과 돈임을 알아냈습니다. 그는 헌신적이고 엄격한 비서를 통해 저 같은 사람이 접근하지 못하게 막았습니다. 저는 그녀의 관심사와 목표를 조사한 뒤 예고 없이 사무실로 찾아갔습니다. 그녀는 약 15년 동안 펑크하우저를 보좌했습니다. 저는 금전적·정치적으로 펑크하우저에게 도움이 될 만한 제안을 하고 싶다고 말했습니다. 그 말에 그녀는 관심을 보였습니다. 저는 그녀가 펑크하우저의 성공에 건설적으로 이바지한 부분도 이야기했습니다. 그 후에 펑크하우저와 만나는 자리를 마련해줬습니다.

저는 바로 일자리를 요구하지 말자고 다짐하면서 넓고 인상적인 사무실로 들어섰습니다. 그는 조각된 커다란 책상 뒤에 앉아서 외쳤습니다. "무슨 일로 왔나, 젊은이?" 저는 "펑크하우저 씨, 제가 당신에게 돈을 벌어드릴 수 있습니다"라고 말했습니다. 그는 바로 자리에서 일어나더니 앉으라며 커다란 가죽 의자를 가리켰습니다. 저는 제 아이디어와 그 아이디어를 실현할 자격 요건, 그것이 그와 그의 회사에 어떻게 기여할 수 있는지 설명했습니다.

R. J.(제가 그를 부르는 새로운 호칭입니다)는 바로 저를 채용했습니다. 저는 20년 넘게 그 회사에서 성장했고, 우리는 둘 다 성공했습니다.

다른 사람의 관심사를 중심으로 하는 대화는 서로에게 보상을 안긴다. 사내 커뮤니케이션 분야를 선도하는 하워드 허지그는 항상 이 원칙에 따랐다. 그는 거기서 어떤 보상을 얻었느냐는 질문에 자신이 상대한 사람들에게 각각 다른 보상을 얻었을 뿐 아니라, 전반적으로 다른 사람과 이야기할 때마다 삶이 확장됐다고 대답했다.

원칙 5

상대의 관심사를 중심으로 대화하라.

06

즉시 호감을 얻는 방법

나는 뉴욕 33번가와 8번가의 교차점에 있는 우체국에서 등기우편을 보내려고 줄을 섰다. 그때 봉투의 무게를 재고, 우표를 건네고, 잔돈과 영수증을 내주는 단조로운 일을 몇 년째 하느라 지겨워하는 직원의 모습이 눈에 띄었다. 나는 속으로 생각했다. '저 사람이 내게 호감을 갖도록 만들 거야. 그러기 위해서는 저 사람에 대해 좋은 말을 해야 해. 저 사람의 어떤 부분에 진심으로 감탄할 수 있을까?' 때로는 이 질문에 대한 답을 찾기가 어렵다. 상대가 모르는 사람일 때는 더욱 그렇다. 하지만 이 경우에는 답을 쉽게 찾을 수 있었다. 나는 감탄할 만한 부분을 바로 찾아냈다.

나는 그가 봉투의 무게를 재는 동안 말했다. "머릿결이 정말 좋으시네요." 약간 놀라며 고개를 드는 그의 얼굴에 미소가 번졌다. 그는 겸손하게 "예전만큼 좋지는 않아요"라고 했다. 나는 한창때만큼 윤기가 나지 않을지 몰라도 아주 좋다고 했다. 그는 기뻐했다. 우리는 유쾌한 잡담을 조금 이어갔다. 마지막으로 그가 말했다. "제 머릿결에 감탄한 사람이 많아요."

그는 분명 그날 가벼운 발걸음으로 점심을 먹으러 갔을 것이다. 그날 저녁, 집에 가서는 아내에게 그 이야기를 했을 것이다. 분명 거울을 보며 "머릿결이 참 좋단 말이야"라고 혼잣말했을 것이다.

강연에서 이 이야기를 했더니 나중에 한 남성이 나를 찾아와 말했다. "그 사람한테서 뭘 얻고 싶었나요?" 그 사람한테서 얻으려 한 게 뭐냐고? 우리가 다른 사람에게 대가를 얻으려는 속셈 없이 소박한 행복을 표현하고 진실한 인정을 나누지 못할 만큼 이기적이라면, 우리 영혼이 그토록 메말랐다면 우리는 실패하고 말 것이다. 맞다, 나는 그 사람한테서 값을 매길 수 없는 걸 원했다. 그리고 아무런 대가를 바라지 않고 그 사람에게 좋은 일을 했다는 뿌듯함을 얻었다. 그 뿌듯함은 시간이 지난 뒤에도 우리의 기억 속을 시냇물처럼 흘러가며 노래한다.

인간의 행동과 관련해 너무나 중요한 규칙이 있다. 이 규칙을 따르면 문제가 생길 일이 거의 없다. 실제로 이 규칙은 잘 따르면 수많은 친구와 끊임없는 행복을 안겨줄 것이다. 반면 이 규칙을 어기는 순간, 끝없는 문제에 부딪힐 것이다. 이 규칙은 상대에게 중요한 존재라는 느낌을 주라는 것이다. 앞서 언급한 대로 존 듀이는 인간 본성에서 가장 깊은 욕구는 '중요한 존재가 되고 싶은 욕구'라고 했다. 윌리엄 제임스는 "인간 본성에서 가장 깊은 원칙은 인정받고자 하는 욕구를 충족하려는 것이다"라고 말했다. 이 욕구는 우리를 다른 동물과 다른 존재로 만든다. 이 욕구가 문명을 만들었다.

철학자들은 수천 년 동안 인간관계의 규칙에 대해 숙고했다. 그 모든 고민에서 중요한 격언이 하나 생겼다. 이 격언은 새로운 게 아니며, 역사만큼이나 오래됐다. 조로아스터는 2500년 전 페르시아에서 추종자들에게 그것을 가르쳤다. 공자는 24세기 전 중국에서 그것을 설파했다. 도교를 창시한 노자는 한漢나라의 계곡에서 제자들에게 그것을 가르쳤다. 부처는 예수가 태어나기 500년 전에 성스러운 갠지스강 기슭에서 그것을 설파했다. 예수는 세상에서 가장 중요한 규칙을 한 문장으로 정리했다. "남에게 대접받고자 하는 대로 남을 대접하라."

당신은 주위 사람들에게 인정받고 싶어 한다. 그들이 당신의 진정한 가치를 알아주기를 원한다. 당신이 자신의 작은 세상에서 중요한 존재라는 느낌을 받고 싶어 한다. 그렇다고 마음에 없는 값싼 아부를 원하는 건 아니다. 당신은 진정한 인정을 원한다. 친구와 동료들이 찰스 슈와브의 말처럼 '진심으로 인정하고 후하게 칭찬하기'를 바란다. 그러니 황금률에 따라 당신이 바라는 대로 다른 사람을 대하자. 어떻게? 언제? 어디서? 그 답은 항상, 항상, 어디서나.

위스콘신주 오클레어Eau Claire에 사는 데이비드 스미스는 자선 콘서트에서 간식 부스를 맡았을 때, 민감한 상황에 대처한 이야기를 수강생들에게 들려줬다.

....

콘서트가 열리는 날, 공원에 도착해보니 할머니 두 분이 언짢은 표정으로 간식 부스 옆에 서 있었습니다. 두 분 다 자기가 책임자인 줄 안 모양이에요. 어떻게 해야 할지 고민하는데, 후원회 멤버 중 한 명이 와서 제게 현금통을 건네며 간식 부스를 맡아줘 고맙다고 했습니다. 그녀는 저를 도와줄 사람이라며 로즈와 제인을 소개하더니 가버렸습니다.

　무거운 침묵이 흘렀습니다. 저는 현금통이 권위의 상징임을 깨달았습니다. 그래서 로즈에게 주며 돈 관리를 잘하지 못할 것 같으니, 대신 관리해주면 좋겠다고 했습니다. 제인에게는 간식 부스에서 일할 10대 두 명에게 음료수 기계 조작하는 법을 가르쳐주면 어떻겠냐고 제안하고, 음료수 판매를 맡아달라고 요청했습니다. 그날 저녁에 로즈는 흥겹게 돈을 세고, 제인은 10대를 감독하고, 저는 콘서트를 즐기며 유쾌한 시간을 보냈습니다.

....

　프랑스 대사나 주민 친목회 회장이 아니라도 상대를 인정하는 철학을 활용할 수 있다. 거의 매일 그 철학으로 마법을 부릴 수 있다. 예를 들어 감자튀김을 주문했는데 종업원이 으깬 감자를 가져오면 "번거롭게 해서 미안하지만 감자튀김이 더 좋아요"라고 말하자. 종업원은 "번거롭지 않아요"라며 기꺼이 바꿔줄 것이다. 자신을 존중하는 태도를 보였기 때문이다. '번거롭게 해서 미안하지만', '부디 마음을 써주신다면', '부탁드립니다만', '괜찮으시다면', '감사합니다' 같은 사소한 표현, 이런 예의가 단조롭게 돌아가는 일상생활의 톱니에

기름칠을 한다. 이는 좋은 가정교육의 징표이기도 하다.

또 다른 사례를 살펴보자. 홀 케인Hall Caine이 쓴 《기독교인The Christian》, 《재판관The Deemster》, 《맨섬 사람The Manxman》 같은 소설은 이번 세기 초에 모두 베스트셀러가 됐다. 수백만 명이 그의 소설을 읽었다. 대장장이의 아들인 그는 학교를 평생 8년밖에 다니지 못했지만, 당대 가장 부유한 작가로 살다가 죽었다.

홀 케인은 소네트와 발라드를 좋아했다. 로세티Dante Gabriel Rossetti의 시를 탐독했고, 그의 문학적 업적을 칭송하는 글을 써서 보내기도 했다. 로세티는 크게 기뻐했다. 그는 '내 능력을 이토록 높이 평가하는 젊은이라면 아주 똑똑할 거야'라고 생각한 모양이었다. 그래서 이 대장장이의 아들을 런던으로 초대해 조수로 고용했다. 이는 홀 케인에게 인생의 전환점이었다. 로세티의 조수가 된 덕분에 당대의 문학가들을 만날 수 있었기 때문이다. 그들의 조언과 격려에 힘입어 로세티는 자기 이름을 온 세상에 알릴 작가로서 삶을 시작했다.

맨섬에 있는 그의 집 그리바캐슬은 전 세계 관광객이 찾는 명소가 됐고, 그는 수백만 달러를 남겼다. 그가 유명 시인에 대한 존경심을 표하는 글을 쓰지 않았다면 가난하고 이름 없는 사람으로 죽었을지도 모른다. 진실한 인정의 힘이 이토록 엄청나다.

로세티는 자신을 중요하게 여겼다. 그것은 이상한 일이 아니다. 대부분이 자신을 중요하게, 아주 중요하게 여긴다. 누군가가 자신이 중요한 존재라고 느끼게 해줬다면 많은 사람의 삶이 바뀌었을 것이다. 캘리포니아에서 우리 강좌를 진행하는 로널드 롤랜드는 공예 강사이기도 하다. 그는 편지에서 공예 기초 강좌 수강생 크리스에 관해 썼다.

조용하고 수줍음 많은 크리스는 자신감이 부족해서, 마땅히 받아야 할 관심을 받지 못하는 경우가 많았습니다. 저는 상급반도 가르칩니다. 상급반은 거기 들어갈 자격을 얻은 학생에게 일종의 지위이자 특혜가 됐습니다. 수요일에 크리스는 열심히 작업하고 있었습니다. 저는 그의 내면에 있는 열정을 느꼈기에, 상급반에 올라가고 싶은지 물었습니다. 그 말을 들은 크리스의 표정을, 거기에 담긴 감정을 제대로 표현할 수 있었으면 좋겠군요. 수줍음 많은 열네 살 소년은 울음을 참으려고 애썼습니다.

"제가요? 제가 그럴 실력이 되나요?"

"그럼, 네 실력이면 충분해."

저는 자꾸 눈물이 나오려고 해서 자리를 떠야 했습니다. 그날 키가 갑자기 더 커진 듯한 모습으로 교실을 나서던 크리스는 밝고 푸른 눈으로 저를 보며 긍정적인 투로 말했습니다. "선생님, 감사합니다."

크리스는 제게 결코 잊을 수 없는 교훈을 줬습니다. 우리는 모두 자신을 중요하게 여기고 싶은 깊은 욕구가 있다는 것입니다. 저는 이 규칙을 잊지 않기 위해 '여러분은 중요한 존재입니다'라고 적은 표지판을 만들었습니다. 그리고 제게는 모든 학생이 중요하다는 사실을 상기할 수 있도록 교실 앞에 걸었습니다.

진실을 있는 그대로 말하자면 당신이 만나는 거의 모든 사람은 자신이 당신보다 우월하다고 느낀다. 그들의 마음을 얻는 확실한 방법은 당신이 그들의 중요성을 인식한다는 것을 은근하게 알리고, 진정으로 인식하는 것이다. "내가 만나는 모든 사람은 어떤 면에서든 나보다 우월하며, 그렇기에 그들에게서 배운다"는 에머슨의 말을 명심하라.

한심한 부분은 흔히 성취감을 누릴 근거가 적은 사람들이 역겨운 격정과 기만으로 자만심을 채운다는 점이다. 셰익스피어는 말했다. "…인간이여, 자만심 가득한 인간이여, / 하찮고 덧없는 권위로 꾸미려 들고 / …하늘 앞에서 터무니없는 술책을 부리니 / 천사들이 눈물 짓는구나."

우리 강좌를 듣는 이들이 이 원칙을 적용해 놀라운 성과를 거뒀다. 먼저 코네티컷에서 활동하는 변호사의 사례를 보자(그는 이야기에 나오는 사람들 때문에 자기 이름을 밝히지 말아달라고 했다).

R는 우리 강좌를 듣기 시작하고 얼마 되지 않아 아내와 함께 롱아일랜드에 있는 아내의 친척들을 방문했다. 아내는 그를 나이 든 처고모와 놔두고 젊은 친척들을 만나러 급히 나갔다. 그는 얼마 뒤 인정의 원칙을 적용하는 일에 대해 강연할 예정이었다. 그래서 처고모와 대화하며 가치 있는 경험을 얻으려고 했다. 그는 자신이 진정으로 감탄할 만한 점을 찾으려고 집을 둘러봤다.

"이 집은 1890년 무렵에 지었죠?"

"맞아, 그해에 지었지."

"제가 태어난 집이 생각나네요. 넓고 아름답고 잘 지은 집이었어요. 요즘은 그런 집을 짓지 않아요."

"맞아, 요즘 젊은이들은 아름다운 집의 가치를 몰라. 그저 작은 아파트만 바라지. 차로 돌아다니기만 하고 말이야. 이건 꿈의 집이었어. 우리의 사랑으로 지었지. 나와 남편은 몇 년 동안 이 집을 꿈꿨어. 건축가도 쓰지 않고 전부 우리가 직접 계획했지."

그녀는 R에게 집을 보여주며 안내했다. 그는 그녀가 여행길에 구해서 평생 아낀 아름다운 보물, 페이즐리 숄, 오래된 영국제 다기 세트, 웨지우드 도기, 프랑스산 침대와 의자, 이탈리아 그림, 한때 프랑스 저택에 걸려 있던 비단 휘장에 감탄했다.

뒤이어 그녀는 R를 차고로 데려갔다. 새것 같은 패커드 자동차가 시멘트 블록 위에 있었다.

"남편이 죽기 얼마 전에 나를 위해 산 차야. 그 사람이 죽고 나서 한 번도 탄 적이 없어…. 자네는 좋은 물건의 가치를 아니까 이 차를 줄게."

"고모님, 말씀은 감사하지만 그럴 수 없습니다. 저는 사실 친척도 아니잖아요. 게다가 새 차도 있어요. 이 차를 갖고 싶어 하는 친척이 많을 겁니다."

"친척이라고? 맞아, 이 차를 갖고 싶어서 내가 죽기만 기다리는 친척들이 있지. 하지만 그 사람들은 이 차를 못 가질 거야."

"그들에게 주기 싫으면 중고차 딜러한테 팔 수도 있어요."

"팔다니! 내가 이 차를 판다고? 모르는 사람이 이 차를 타고 거리를 누비는 꼴을 견딜 수 있을 것 같아? 팔 생각은 전혀 없어. 자네한테 주겠네. 자네는 아름다운 물건의 가치를 알아."

그가 더 사양했다가는 처고모의 기분을 상하게 할 것 같았다.

페이즐리 숄, 프랑스 골동품, 오래된 기억과 함께 넓은 집에 홀로 남겨진 부인은 인정에 굶주렸다. 그녀는 한때 젊고 아름다웠으며, 많은 구애를 받았다. 따뜻한 사랑이 넘치는 집을 지었고, 유럽 전역에서 수집한 물건으로 아름답게 꾸몄다. 외로운 노년이 된 그녀는 약간의 인간적 온기와 진정한 인정을 갈망했지만, 아무도 주지 않았다. 그러다가 사막의 샘 같은 온기와 인정을 얻자, 아끼던 차보다 덜한 선물로는 감사한 마음을 제대로 표현할 수 없었다.

또 다른 사례를 보자. 뉴욕주 라이Rye에 있는 양묘·조경 업체 루이스앤드밸런타인Lewis and Valentine의 도널드 맥마흔 감독관이 말했다.

....

저는 '인간관계론' 강좌를 들은 직후에 유명 판사의 저택에서 조경 작업을 했습니다. 그는 철쭉과 진달래를 어디에 심을지 간단히 지시하기 위해 밖으로 나왔습니다. 제가 말했습니다. "판사님, 좋은 취미 생활을 하시네요. 개들이 참 멋집니다. 매디슨스퀘어가든Madison Square Garden에서 열리는 쇼에서 해마다 블루 리본을 많이 받으셨다고 알고 있습니다."

이 사소한 인정의 효과는 놀라웠습니다. 판사는 "맞아요. 개들 덕분에 정말 즐거워요. 사육장을 보여드릴까요?"라고 말했습니다. 그는 거의 한 시간 동안 자신이 기르는 개와 그들이 받은 상을 보여줍니다. 심지어 족보까지 가져와서 아름다움과 똑똑함을 물려준 혈통에 관해 설명했습니다. 그러더니 저를 바라보며 물었습니다.

"혹시 어린 자녀가 있어요?"

"네, 아들이 있습니다."

"아드님이 강아지를 좋아할까요?"

"그럼요, 아주 좋아할 겁니다."

"좋아요, 그럼 한 마리 드릴게요."

그는 강아지에게 사료를 먹이는 법을 설명하다가 갑자기 멈추더니 말했습니다. "말로만 하면 잊어버릴 겁니다. 종이에 써서 올게요." 그는 집으로 가서 족보와 급식법을 타자로 쳤습니다. 그리고 수백 달러짜리 강아지를 줬습니다. 게다가 그는 귀중한 시간을 한 시간 이상 제게 할애했습니다. 이는 대부분 제가 그의 취미와 성취에 진정으로 감탄했기 때문입니다.

....

코닥으로 명성을 얻은 조지 이스트먼George Eastman은 영화를 촬영할 수 있는 투명 필름을 발명했다. 덕분에 막대한 부를 쌓았고, 세상에서 유명한 기업인이 됐다. 그러나 이 모든 엄청난 성취에도 그는 우리처럼 약간의 인정을 갈망했다.

이스트먼이 로체스터에 이스트먼음악학교Eastman School of Music와 킬본홀Kilbourn Hall을 지을 때 일이다. 당시 뉴욕의 슈퍼리어시팅컴퍼니Superior Seating Company 대표 제임스 애덤슨James Adamson은 두 건물에 극장용 좌석을 납품하고 싶었다. 그는 건축가에게 연락해 이스트먼과 로체스터에서 만날 약속을 잡았다. 애덤슨이 도착했을 때 건축가가 말했다.

"의자를 납품하고 싶어 하실 것 같은데, 이스트먼의 시간을 5분 이상 뺏으면 전혀 가망이 없다는 말씀을 드려야겠네요. 그는 엄격한 원칙주의자예요. 아주 바쁘기도 하고요. 그러니까 빨리 용건만 말하고 나오세요."

애덤슨은 그 말에 대비하고 사무실로 안내받아 들어갔다. 이스트먼은 책상에 쌓인 서류를 들여다보다가 고개를 들더니, 안경을 벗고 건축가와 애덤슨을 향해 다가왔다. "안녕하세요. 무슨 일로 오셨나요?"

건축가가 두 사람을 서로에게 소개한 다음 애덤슨이 말했다. "이스트먼 씨, 기다리는 동안 사무실을 감상했습니다. 저도 이런 사무실에서 일하고 싶군요. 인테리어 목공 사업을 하면서도 이렇게 아름다운 사무실은 본 적이 없습니다."

"제가 거의 잊고 있던 걸 떠올려주셨네요. 참 아름답죠? 처음 사무실을 만들고 나서 많이 좋아했습니다. 하지만 지금은 다른 일에 정신이 팔려서 일주일 동안 한 번도 눈길을 주지 않을 때가 있어요."

애덤슨은 벽으로 걸어가 패널을 손으로 문지르며 말했다. "영국산 오크 맞죠? 이탈리아산 오크와 질감이 조금 달라요."

"맞아요, 영국에서 수입한 겁니다. 고급 목재를 전문으로 취급하는 친구가 골라준 거예요." 뒤이어 이스트먼은 사무실을 보여주면서

데일 카네기 인간관계론

자신이 계획하고 실행하는 데 도움을 준 비율, 도색, 조각과 다른 요소를 언급했다.

그들은 목공예를 감상하면서 사무실을 돌아다니다가 창가에 멈췄다. 이스트먼은 겸손하고 부드러운 말투로 로체스터대학교, 종합병원, 동종요법병원, 프렌들리홈 요양원, 아동병원 등 자신이 사람들을 돕기 위해 건립한 시설을 소개했다. 애덤슨은 부를 활용해 이상적인 방식으로 사람들의 고통을 덜어주는 점에 따뜻한 축하의 말을 건넸다. 그러자 이스트먼은 유리 진열장을 열고 영국인에게 산 최초의 카메라를 꺼냈다.

애덤슨은 사업을 하기 위해 겪은 어려움에 대해 질문했다. 이스트먼은 어린 시절의 가난을 진실한 감정으로 이야기했다. 아버지가 돌아가시고 혼자가 된 어머니는 하숙집 청소부로 일했다. 그는 보험사 사무실에서 사환으로 일했다. 가난에 대한 공포가 항상 그를 사로잡았다. 그는 어머니가 일할 필요가 없도록 돈을 많이 벌겠다고 다짐했다. 애덤슨은 추가 질문으로 그에게서 더 많은 이야기를 끌어냈고 귀담아들었다. 그는 건판을 가지고 실험하던 이야기를 들려줬다. 예를 들어 사무실에서 종일 일하고 가끔 밤새도록 실험하면서 화학반응이 진행되는 동안 잠깐 눈을 붙이기도 했다. 심지어 72시간 동안 같은 옷을 입은 채 일하고 잠든 적도 있었다.

애덤슨은 10시 15분에 이스트먼의 사무실로 안내받았다. 그때 5분 이상 시간을 뺏지 말라는 말을 들었지만, 두 사람은 두 시간이 지나도록 대화를 나눴다. 마침내 이스트먼은 애덤슨을 보며 말했다.

"지난번 일본에 갔을 때 의자를 몇 개 사 와서 우리 집 베란다에 뒀어요. 그런데 햇빛에 칠이 벗겨지더군요. 요전 날 시내로 가 페인트를 사서 직접 칠했어요. 얼마나 잘 칠했는지 보고 싶지 않아요? 우리 집에 점심을 먹으러 와요. 내가 보여줄게요."

점심을 먹은 뒤 이스트먼은 애덤슨에게 일본에서 산 의자를 보여줬다. 몇 달러밖에 하지 않는 의자지만, 백만장자 이스트먼은 자신이 칠한 의자를 자랑스레 여겼다.

극장용 좌석의 납품 규모는 9만 달러였다. 누가 주문을 따냈을까? 제임스 애덤슨일까, 그의 경쟁자 중 한 명일까? 두 사람은 이스트먼이 죽을 때까지 친구로 지냈다.

프랑스 루앙Rouen에서 레스토랑을 운영하는 클로드 마레는 이 원칙을 활용해 핵심 직원을 잃을 위기에서 레스토랑을 지켜냈다. 그 직원은 5년 동안 마레와 직원 21명 사이에서 연결 고리 역할을 했다. 그래서 마레는 해당 직원의 사표를 받고 충격에 빠졌다.

....

깜짝 놀랐을 뿐만 아니라 크게 실망했습니다. 그녀를 공정하게 대했고, 그녀의 요구도 잘 들어줬다고 생각했기 때문입니다. 그녀는 직원이자 친구였기에 당연시했고, 어쩌면 다른 직원보다 많은 걸 요구했을지도 모릅니다.

해명 없이 사표를 받아줄 순 없었습니다. 저는 그녀를 따로 불러서 말했습니다. "폴레트, 사표를 받아줄 수 없다는 걸 알 거예요. 당신은 나와 우리 레스토랑에 아주 중요한 사람입니다. 우리 레스토랑이 성공하는 데 당신이 꼭 필요해요." 저는 전 직원 앞에서 같은 말을 반복했고, 그녀를 집으로 초대해 가족이 있는 자리에서 재차 신뢰를 표현했습니다.

결국 폴레트는 사표를 철회했습니다. 이제는 어느 때보다 그녀를 믿고 의지할 수 있습니다. 저는 자주 그녀가 하는 일의 가치를 인정하고, 그녀가 저와 우리 레스토랑에 얼마나 중요한 사람인지 보여줘 관계를 다집니다.

....

대영제국을 다스린 기민한 사람 중 한 명이던 디즈레일리는 말했다. "상대방에 대해 이야기하라. 그러면 몇 시간이고 들을 것이다."

원칙 6

진심으로 상대가 중요한 존재임을 느끼게 만들어라.

사람들이 당신을 좋아하게 만드는 6가지 방법

* 원칙 1_상대에게 진정한 관심을 가져라.

* 원칙 2_미소 지어라.

* 원칙 3_이름은 어떤 언어로든 그 사람에게 가장 달콤하고 중요하게 들린다
  는 사실을 명심하라.

* 원칙 4_귀 기울여 들어라. 상대가 자신에 대해 말하도록 부추겨라.

* 원칙 5_상대의 관심사를 중심으로 대화하라.

* 원칙 6_진심으로 상대가 중요한 존재임을 느끼게 만들어라.

PART 3

내 생각을
설득하는 방법

TWELVE WAYS TO WIN PEOPLE TO
YOUR WAY OF THINKING

01

논쟁에서 이기는 길은 없다

1차 세계대전이 끝난 직후의 어느 날 저녁, 나는 런던에서 귀중한 교훈을 얻었다. 당시 나는 로스 스미스 경Sir Ross Macpherson Smith의 매니저였다. 전시에 로스 경은 팔레스타인에서 오스트레일리아 공군의 에이스로 활약했다. 그는 종전이 선포된 직후 30일 만에 지구 절반을 횡단하여 세계를 놀라게 했다. 이전에는 아무도 시도하지 못한 위업이었다. 이 일은 엄청난 센세이션을 불러일으켰다. 오스트레일리아 정부는 그에게 상금 5만 달러를 줬고, 영국 국왕은 기사 작위를 하사했다. 한동안 그는 영국에서 가장 많은 화제를 모은 인물이었다. 나는 어느 날 저녁, 로스 경을 축하하는 연회에 참석했다. 연회가 열리는 동안 내 옆자리에 앉은 사람이 "아무리 애써도 우리 운명을 결정하는 건 하늘"이라는 말과 관련된 우스운 이야기를 들려줬다.

그는 이 말이 성경에 나왔다고 했지만 그렇지 않았다. 나는 그 사실을 분명히 알았고, 의심할 여지가 없었다. 으스대고 싶은 나는 시킨 사람도, 바라는 사람도 없는 교정자 역할을 자임했다. 그는 "네? 셰익스피어의 희곡에 나오는 말이라고요? 그럴 리 없어요! 말도 안 돼요! 그 말은 분명 성경에 나온 겁니다. 내가 잘 알아요"라며 억지를 부렸다.

그 이야기꾼은 내 오른쪽에 있었고, 왼쪽에는 오랜 친구 프랭크 개먼드가 앉아 있었다. 개먼드는 셰익스피어를 연구하는 데 오랜 시간을 바쳤다. 이야기꾼과 나는 그에게 물어보기로 했다. 개먼드는 우리 말을 듣더니, 테이블 아래로 내 발을 툭 차며 말했다. "데일, 자네가 틀렸어. 저 신사분 말이 맞아. 그 말은 성경에 나온 거야."

그날 밤, 집으로 돌아가는 길에 나는 개먼드에게 말했다. "그 말이 셰익스피어의 희곡에 나왔다는 걸 자네도 알잖아." 그가 대답했다. "물론이지. 《햄릿》 5막 2장에 나와. 하지만 친구, 우리는 축하 모임의 손님으로 참석한 거야. 굳이 그 사람이 틀렸다고 증명할 이유가 있어? 그러면 그가 자네를 좋아할까? 그냥 그의 체면을 살려주는 게 좋지 않을까? 그 사람은 자네 의견을 구하지 않았어. 그런 걸 원하지 않는데 왜 논쟁하지? 항상 날카로운 태도는 피하게." 이 일로 나는 잊을 수 없는 교훈을 얻었다. 나는 그 사람을 불편하게 했을 뿐만 아니라, 친구를 창피하게 했다. 내가 논쟁적인 태도를 보이지 않았다면 상황이 훨씬 나았을 것이다.

이는 내게 절실히 필요한 교훈이었다. 나는 고질적으로 논쟁을 일삼았기 때문이다. 어린 시절에도 하늘 아래 있는 모든 것을 두고 형과 말다툼했다. 대학에서는 논리와 논증을 배워서 토론 대회에 나갔

데일 카네기 인간관계론

다. 미주리 출신은 의심이 많다는 말이 있다. 나는 미주리에서 태어나 쉽게 설득당하지 않았다. 나중에는 뉴욕에서 토론과 논증을 가르쳤다. 인정하기 부끄럽지만, 해당 주제에 관한 책을 쓰려고 계획하기도 했다. 이후 나는 수천 번 논쟁을 듣고, 벌이고, 그 효과를 지켜봤다. 그 모든 경험의 결과 논쟁에서 이기는 방법은 하나뿐이며, 그 방법은 논쟁을 피하는 것이라는 결론에 이르렀다.

방울뱀과 지진을 피하듯이 논쟁을 피하라. 논쟁은 십중팔구 서로가 자신이 절대적으로 옳다고 더욱 굳게 믿는 것으로 끝난다. 논쟁에서 이기는 길은 없다. 논쟁에서 지면 당연히 지는 것이고, 이겨도 지기 때문이다. 왜 그럴까? 당신이 이겨서 상대의 주장이 허점투성이며, 상대가 제정신이 아님을 증명했다고 치자. 그래서 얻는 게 뭔가? 물론 기분이 좋을 것이다. 상대는 어떨까? 당신은 상대를 열등감에 빠지게 했다. 그의 자존심에 상처를 줬다. 그는 당신이 이긴 데 분개할 것이다. 그리고… 자신의 의지에 반해 설득당한 사람은 여전히 의견을 바꾸지 않을 것이다.

오래전에 패트릭 오헤어가 내 강좌에 들어왔다. 그는 학력이 낮고 싸우기를 좋아했다! 그는 한때 운전기사로 일했다. 그가 내 강좌를 들은 이유는 트럭을 팔려고 노력했지만 실패했기 때문이다. 나는 몇 가지 질문을 통해 그가 고객으로 삼으려는 사람들과 계속 싸우고 반목한다는 사실을 알았다. 그는 잠재 고객이 트럭을 흠잡으면 바로 화내고 쏘아붙였다. 그렇게 행동하던 시절, 그는 많은 논쟁에서 이겼다. 나중에 그가 말했다. "그때 저는 고객의 사무실에서 나오며 '이제 제대로 알았겠지'라고 생각했습니다. 물론 제대로 알려줬는데 그 사람에게 아무것도 팔지 못했습니다."

내가 먼저 할 일은 그에게 말하는 법을 가르치는 게 아니라, 말을 자제하고 말다툼을 피하도록 훈련하는 것이었다. 이후 오헤어는 뉴욕에 있는 화이트모터컴퍼니White Motor Company의 스타 영업인이 됐다. 어떻게 그럴 수 있었을까? 다음은 그가 들려준 이야기다.

....

잠재 고객의 사무실에 들어갔을 때 "어디요? 화이트 트럭요? 그 차 안 좋아요! 공짜로 줘도 안 가져요. 아무개 회사 트럭을 살 거예요"라고 하면 저는 말합니다. "그 트럭 좋죠. 그걸 사시면 실수할 일이 없어요. 그 트럭은 좋은 회사에서 만들어 파니까요." 그러면 잠재 고객은 무슨 말을 해야 할지 몰라요. 말다툼을 벌일 여지가 없어요. 아무개 회사 트럭이 최고라고 했는데, 제가 맞장구를 치니까 더 할 말이 없죠. 제가 바로 동의하면 오후 내내 "그 트럭이 최고"라고 할 수 없어요. 그래서 그 주제에서 벗어나 화이트 트럭의 좋은 점을 이야기할 수 있죠.

과거에 그런 말을 들었다면 흥분해서 아무개 회사의 트럭이 좋지 않다고 논쟁했을 겁니다. 제가 그렇게 주장할수록 잠재 고객은 아무개 회사의 트럭을 옹호했죠. 그럴수록 경쟁사 제품에 대한 그의 믿음은 굳어졌습니다. 돌이켜보면 어떻게 제가 영업을 할 수 있었는지 의아할 지경입니다. 저는 고객과 싸우느라 몇 년을 낭비했습니다. 이제는 입을 다물어요. 그러면 얻는 게 있습니다.

....

데일 카네기 인간관계론

현명한 벤 프랭클린은 말했다. "논쟁하고, 자극하고, 반박하면 때로는 승리할 것이다. 하지만 그것은 텅 빈 승리일 뿐이다. 상대의 호의를 얻지 못하기 때문이다." 그러니 스스로 따져보라. 학문적·피상적 승리와 다른 사람의 호의 중에서 무엇을 얻고 싶은가? 둘 다 가질 수 있는 경우는 드물다. 《보스턴트랜스크립트Boston Transcript》는 다음과 같은 풍자 글을 실은 적이 있다.

....

여기 윌리엄 제이William Jay가 잠들었다. 그는 자신의 통행권을 주장하다가 죽었다. 그가 옳았다. 한 치의 오차도 없이. 그는 옳은 길로 달렸다. 하지만 잘못된 길로 달린 것과 다를 바 없이 죽었다.

....

당신이 옳을 수 있다. 한 치의 오차도 없는 주장을 전개할 수 있다. 하지만 그 주장은 상대의 생각을 바꾸는 데는 틀린 말을 할 때와 마찬가지로 별 소용이 없을 것이다.

세무사 프레더릭 파슨스Frederick S. Parsons는 세무서 직원과 한 시간 동안 실랑이를 벌였다. 9000달러짜리 항목이 문제였다. 파슨스는 그것이 악성 부채로 회수할 길이 없으니 과세 대상이 돼선 안 된다고 주장했다. 세무서 직원은 "그럴 리가 없어요! 과세해야 합니다"라고 같은 말을 반복했다. 파슨스는 수강생들에게 자신의 이야기를 전했다.

．．．．．．．．．．．．．．．．．．

그 세무서 직원은 냉정하고, 오만하고, 완고했습니다. 논리도, 팩트도 소용없었습니다…. 그는 오래 논쟁할수록 완고해졌습니다. 그래서 저는 논쟁을 피하기로 마음먹었습니다. 저는 주제를 바꿔서 그를 인정했습니다. "이건 당신이 내려야 하는 정말로 중요하고 어려운 결정에 비하면 아주 사소한 문제일 겁니다. 저도 세무를 공부했지만, 제 지식은 책에서 얻은 겁니다. 당신은 실무에서 얻은 지식이죠. 가끔은 저도 당신 같은 일을 했으면 하고 바랍니다. 배우는 게 많을 테니까요." 모두 진심이 담긴 말이었습니다.

세무서 직원은 그제야 허리를 펴고 뒤로 기대앉더니 자기 일에 대해 한참 이야기했습니다. 자신이 적발한 교묘한 꼼수도 말했습니다. 그의 말투는 점차 친근해졌습니다. 나중에는 자신의 아이들 이야기까지 했습니다. 그는 돌아가는 길에 제 문제를 다시 살펴보고 며칠 뒤 결정한 내용을 알려주겠다고 했습니다. 그는 사흘 뒤 제 사무실로 전화해서 제가 신고한 내역대로 두기로 했다고 통보했습니다.

．．．．．．．．．．．．．．．．．．

이 세무서 직원은 인간의 흔한 결점 중 하나를 드러냈다. 그는 자신이 중요한 존재라는 느낌을 원했다. 파슨스가 논쟁을 이어가는 한, 그는 자신의 권위를 강하게 내세우는 방식으로 그 느낌을 얻었다. 반면 파슨스가 그의 중요성을 인정하고 논쟁을 멈추고 자부심을 드러내게 해주자, 즉시 공감할 줄 아는 다정한 사람이 됐다. 부처가 말했다. "증오는 결코 증오로 끝낼 수 없으며, 사랑으로만 끝낼 수 있다."

오해는 결코 논쟁으로 풀 수 없으며, 상대의 관점을 이해하는 재치와 수완, 조정, 공감하려는 욕구로 풀 수 있다.

링컨은 툭하면 동료들과 심한 언쟁을 벌이는 젊은 육군 장교를 훈계한 적이 있다. "자신을 최대한 발전하려고 결심한 사람은 감정적 만족을 추구할 시간이 없네. 성격이 나빠지고 자제력을 잃는 등의 대가를 치를 여건은 더욱 안 되지. 기껏해야 동등한 권리를 주장할 수 있을 뿐이라면 큰 것이라도 양보하게. 명백히 자네 것이라 해도 작은 것은 양보하게. 길을 지나갈 권리를 놓고 맞서다가 개에게 물리느니 양보하는 게 나아. 개를 죽인다고 해서 물린 상처가 치료되는 건 아냐." 《비츠앤드피시스Bits and Pieces》에 실린 기사는 의견 차이가 논쟁으로 번지지 않도록 막는 방법을 제안했다.

....

의견 차이를 환영하라. '두 협력자의 의견이 항상 일치한다면 둘 중 한 명은 필요 없다'는 슬로건을 기억하라. 미처 생각지 못한 부분이 있다면 주의를 환기해준 것에 감사하라. 어쩌면 의견 차이는 심각한 실수를 저지르기 전에 오류를 바로잡을 기회인지도 모른다.

본능적인 첫인상을 신뢰하지 마라. 의견 차이가 발생했을 때 우리의 첫 번째 반응은 방어적인 태도다. 그러지 않도록 주의하라. 차분한 자세를 유지하면서 첫 번째 반응에 주의하라. 그것은 최악의 대응일 수 있다.

감정을 통제하라. 어떤 것에 화를 내는지 보면 그 사람의 그릇이 얼마나 큰지 알 수 있다는 점을 명심하라.

먼저 들어라. 상대에게 이야기할 기회를 줘라. 그들이 말을 끝낼 수 있도록 하라. 저항하거나 방어하거나 논쟁하지 마라. 그러면 장벽이 생길 뿐이다. 이해의 다리를 놓으려고 노력하라. 오해의 높은 장벽을 세우려고 하지 마라.

동의할 수 있는 지점을 찾아라. 상대의 말을 다 들었으면 그 요지와 동의할 수 있는 지점부터 숙고하라.

솔직하라. 당신의 잘못을 인정하고 밝힐 지점을 찾아라. 실수를 사과하라. 그러면 상대를 무장해제 하고, 그의 방어적인 태도를 누그러뜨리는 데 도움이 된다.

상대의 의견에 대해 생각하고 세심하게 살필 것을 약속하라. 진심으로 약속하라. 상대가 옳을 수도 있다. 이 시점에서는 성급하게 나아가다가 "말해주려 했는데 당신이 듣지 않았어요"라는 말을 듣는 것보다 상대의 요지에 대해 생각하는 데 동의하는 쪽이 훨씬 쉽다.

상대가 관심을 보인 것에 감사를 표하라. 시간을 들여서 의견 차이를 드러내는 것은 당신과 같은 부분에 관심이 있다는 뜻이다. 상대가 진정으로 당신을 도우려 한다고 생각하라. 그러면 상대를 우군으로 만들 수 있다.

쌍방이 문제를 숙고할 시간을 갖도록 행동을 미뤄라. 다음에 다시 만나서 모든 사실관계를 확인하자고 제안하라. 회동을 준비할 때 다음과 같은 질문을 자신에게 던져라.

'상대가 옳은 게 아닐까? 부분적이라도 옳은 게 아닐까? 그들의 입장이나 주장에 일리나 미덕이 있을까? 문제를 해소하는 반응을 보여야 할까, 그저 분노를 해소하는 반응을 보여야 할까? 상대를 더욱 멀어지게 하는 반응을 보여야 할까, 내 쪽으로 끌어당기는 반응을 보여야 할까? 내가 보일 반응은 좋은 사람들의 나에 대한 평가를 더 좋게 만들까? 내가 이길까, 질까? 이긴다면 어떤 대가를 지불해야 할까? 내가 입을 다물면 의견 차이가 줄어들까? 이 어려운 상황이 내게 기회가 아닐까?'

....

오페라 테너 얀 피어스Jan Peerce는 결혼한 지 거의 50년 뒤에 다음과 같이 말했다.

....

저와 제 아내는 오래전에 한 가지 약속을 했습니다. 우리는 아무리 서로에게 화가 나도 그 약속을 지켰습니다. 한쪽이 소리 지르면 다른 한쪽은 들어야 한다는 겁니다. 둘 다 소리 지르면 의사소통이 되지 않고 소음과 나쁜 반향만 생기니까요.

....

원칙 1

**논쟁에서 이기는 유일한 방법은
논쟁을 피하는 것이다.**

02

적을 만드는 확실한 방법과
만들지 않는 방법

시어도어 루스벨트는 백악관에 있을 때, 75퍼센트를 올바로 판단할 수 있다면 가장 높은 기대 수준에 도달한 것이라고 털어놓았다. 20세기의 뛰어난 인물 중 한 명이 바라는 최고 수준이 이 정도라면 우리는 어떨까? 당신이 55퍼센트만 올바로 판단할 수 있다고 자신한다면 당장 투자에 뛰어들어 하루에 100만 달러씩 벌 수 있다. 옳다고 확신하는 경우가 55퍼센트도 되지 않는다면, 굳이 다른 사람에게 그들이 틀렸다고 말해야 할까?

상대가 틀렸다는 생각은 당신의 말과 표정, 말투, 몸짓으로 얼마든지 분명히 드러난다. 그럴 때 상대는 당신의 생각에 동의하고 싶을까? 절대 아니다! 당신이 그들의 지성과 판단력, 자존심, 자존감을 공격했기 때문이다. 그들은 반격하고 싶을 뿐, 자기 생각을 바꾸려는 마음은 생기지 않을 것이다. 플라톤이나 칸트의 온갖 논리를 들이대도 그들의 의견을 바꾸지 못할 것이다. 당신이 그들의 마음에 상처를

데일 카네기 인간관계론

줬기 때문이다.

"무엇무엇을 증명하겠어요"라는 선언으로 시작하지 마라. 이는 "내가 당신보다 똑똑하니까 한두 마디로 당신의 생각을 바꿀 거야"라고 말하는 것과 같다. 이는 도전이다. 그래서 반발심을 불러일으킨다. 당신이 말을 하기도 전에 상대는 당신과 다투고 싶어질 것이다. 대단히 온화한 여건에서도 사람의 생각을 바꾸기는 어렵다. 그런데 더 힘들게 만들 필요가 있을까? 왜 핸디캡을 자초하는가?

어떤 것을 증명하고 싶다면 당신의 의도를 상대가 모르게 하라. 아무도 눈치채지 못하도록 은근하고 노련하게 하라. 알렉산더 포프Alexander Pope는 이를 간결한 말로 표현했다. "다른 사람을 가르칠 때는 가르치지 않는 것처럼 해야 하고, 그들이 모르는 것은 아는데 잊어버린 것처럼 제시해야 한다." 300년 전에 갈릴레오는 말했다. "사람에게는 아무것도 가르칠 수 없다. 그들 자신의 내면에서 그것을 찾아내도록 도울 수 있을 뿐이다." 체스터필드 경Lord Chesterfield은 아들에게 말했다. "할 수 있다면 다른 사람보다 현명해져라. 다만 네가 그렇다고 다른 사람들에게 말하지 마라." 소크라테스는 아테네에서 제자들에게 말했다. "내가 아는 유일한 사실은 아무것도 모른다는 것이다."

나는 소크라테스보다 똑똑하기를 바랄 수 없다. 그래서 사람들에게 틀렸다고 말하는 짓을 그만뒀다. 그랬더니 얻는 게 많았다. 누가 틀린 말을 해도(그 말이 틀리다는 걸 알아도) 다음과 같이 말하는 게 낫지 않을까? "내 생각은 다르지만 내가 틀릴 수도 있죠. 실제로 틀리는 경우도 많아요. 잘못 알고 있다면 바로잡고 싶어요. 그러니까 팩트를 확인해봅시다." 이 말은 긍정적인 마법을 부린다. 세상에 "내가 틀릴 수도 있어요. 팩트를 확인해봅시다"라는 말에 반대할 사람은 없다.

우리 수강생 가운데 몬태나주 빌링스Billings에서 닷지 매장을 운영하는 해럴드 레인크는 고객을 상대할 때 이 접근법을 활용했다. 그는 자동차 판매업의 압박감 때문에 고객의 불평을 냉소적이고 냉담하게 받아들이는 경우가 많다고 털어놓았다. 이는 분노를 터뜨리고, 고객을 잃고, 전반적으로 불쾌한 기분에 시달리는 결과로 이어졌다.

....

저는 그런 방식으로는 아무것도 이룰 수 없다는 사실을 깨달았습니다. 그래서 새로운 방식을 시도했습니다. 예를 들어 다음과 같이 말했어요. "우리 매장은 실수를 많이 합니다. 그래서 종종 부끄럽습니다. 고객님 경우에도 우리가 잘못했을 수 있습니다. 어떤 문제가 있는지 말해주세요."

이 접근법은 고객의 화를 누그러뜨리는 데 상당히 효과가 있습니다. 고객은 불만을 털어놓고 나면 대개 문제를 해결하는 데 훨씬 합리적인 태도를 보입니다. 자기 입장을 이해해줘서 고맙다고 하는 고객도 여러 명 있었습니다. 그중 두 명은 신차를 사려는 친구를 데려왔습니다. 자동차 판매처럼 경쟁이 심한 시장에서는 그런 고객이 더 필요합니다. 저는 모든 고객의 의견을 존중하며, 정중하고 예의 있게 대하는 것이 경쟁에서 이기는 데 도움이 된다고 믿습니다.

....

　　　　　　　　　　　데일 카네기 인간관계론

당신이 틀렸다고 인정해서 문제가 생길 일은 없다. 오히려 논쟁을 끝나게 하고, 상대가 당신만큼 공정하고 개방적이며 대범한 태도를 갖추도록 유도할 것이다. 상대도 자신이 틀렸을 수 있음을 인정하고 싶게 만들 것이다.

상대가 틀렸음을 알았을 때 직설적으로 말하면 어떤 일이 생길까? 한 사례를 보자. 뉴욕의 젊은 변호사 S는 대법원에서 진행된 매우 중요한 소송(루스트가르텐Lustgarten 대 플리트코퍼레이션Fleet Corporation)에서 변론했다. 이 소송에는 거액과 중요한 법적 문제가 걸려 있었다. 그가 변론하는 동안 판사 한 명이 물었다. "해사법의 공소시효가 6년이죠?" S는 변론을 멈추고 그 판사를 잠시 바라본 뒤 직설적으로 말했다. "판사님, 해사법에는 공소시효가 없습니다." S는 수강생에게 자신의 경험을 전했다.

....

법정이 순간 조용해졌습니다. 실내 온도가 영하로 떨어진 것 같았습니다. 제가 맞고 판사가 틀렸죠. 저는 그렇다고 말했을 뿐입니다. 그래서 그가 제게 우호적으로 변했을까요? 아닙니다. 저는 여전히 법리적으로 제가 맞았다고 믿습니다. 변론도 어느 때보다 잘했습니다. 하지만 저는 설득하지 못했습니다. 오히려 학식 높고 유명한 사람에게 틀렸다고 말하는 엄청난 실수를 저질렀습니다.

....

논리적인 사람은 드물다. 대다수 사람은 편견이 있고, 선입관이나 질투심, 의심, 두려움, 시기심, 자만심에 사로잡혔다. 그들은 종교나 헤어스타일, 공산주의, 좋아하는 영화배우에 대한 생각을 바꾸고 싶어 하지 않는다. 그러니 다른 사람이 틀렸다고 말하는 성격이라면 매일 아침 식사 전에 다음 구절을 읽어라. 제임스 하비 로빈슨James Harvey Robinson이 쓴 《만들어가는 마음Mind in the Making》에 나오는 구절이다.

....

우리는 때로 아무런 저항이나 무거운 감정 없이 무심코 생각을 바꾼다. 하지만 우리가 틀렸다는 말을 들으면 분노하고 고집을 부린다. 우리는 놀라울 만큼 생각 없이 신념을 형성한다. 하지만 누가 그런 신념을 앗아 가려 하면 자신도 모르게 지나친 열정에 휩싸인다. 우리가 소중하게 여기는 것은 분명 그 생각 자체가 아니라 위협받은 자존감이다…. '나의my'라는 사소한 단어가 인간이 하는 모든 일에서 가장 중요하다. 그 사실을 제대로 인식하는 것이 지혜의 시작이다. '나의' 저녁 식사든, '나의' 개든, '나의' 집이든, '나의' 아버지든, '나의' 나라든, '나의' 신이든 그 힘은 같다. 우리는 자신의 시계가 틀렸다거나 차가 낡았다는 지적뿐만 아니라 화성의 운하, '에픽테토스Epiktētos'의 발음, 살리신salicin의 의학적 가치, 사르곤 1세 시대에 대한 생각이 틀렸다는 지적에도 분노한다. 우리는 익히 받아들인 것이 옳다고 계속 믿고 싶어 하고, 우리가 옳다고 가정한 사실에 의문이 제기되면 분노에 휩싸여 그것을 고수하기 위한 온갖 구실을 찾는다. 그 결과 대다수 사람이 말하는 추론은 이미 믿는 것을 계속 믿기 위한 논거를 찾는 일이 됐다.

....

유명한 심리학자 칼 로저스Carl Rogers는 《진정한 사람되기On Be-coming a Person》에 다음과 같이 썼다.

....

내가 보기에 나 자신이 다른 사람을 이해하도록 허용하는 일은 엄청난 가치가 있다. 이 말은 이상하게 들릴 수 있다. 자신에게 허용해야 다른 사람을 이해할 수 있다고? 내 생각에는 그렇다. (우리가 다른 사람에게서 듣는) 대다수 진술에 대한 우리의 첫 번째 반응은 이해가 아니라 평가나 재단이다. 누가 감정이나 태도 혹은 신념을 표현하면 우리는 거의 즉시 '맞아'라거나 '멍청해', '비정상적이야', '비합리적이야', '부정확해', '좋지 않아'라고 느끼는 경향이 있다. 해당 진술이 그 사람에게 어떤 의미인지 정확하게 이해하도록 우리 자신을 허용하는 경우는 매우 드물다.

....

나는 집을 휘장으로 꾸미려고 인테리어 디자이너를 고용한 적이 있다. 공사 후 청구서를 받아보고 당황했다. 며칠 뒤 친구가 방문해 휘장을 구경했다. 내가 비용을 말하니 그녀는 은근한 승리감을 내비치며 요란스레 말했다. "뭐라고? 너무하네. 바가지 쓴 것 같아."

그녀의 말이 맞을까? 맞다. 그녀는 사실을 말했다. 하지만 자신의 판단력에 대한 진실을 듣고 싶어 하는 사람은 거의 없다. 어쩔 수 없는 인간인 나는 자신을 변호하려 애썼다. 나는 최고를 쓰는 게 가장 저렴하다거나, 싼값으로는 품질과 미적 감각을 기대할 수 없다는 점 등을 지적했다.

다음 날 다른 친구가 찾아왔다. 그녀는 휘장을 보고 감탄하며 열 띤 반응을 보였다. 그녀는 이렇게 아름다운 휘장을 자기 집에도 달 수 있었으면 좋겠다고 했다. 그에 대한 나의 반응은 완전히 달랐다. "사실 나도 형편이 안 돼. 돈을 너무 많이 썼어. 휘장을 단 게 후회돼."

우리는 틀렸을 때 자신에게 그 사실을 인정한다. 부드럽고 요령 있게 지적하면 다른 사람에게도 인정하며, 솔직하고 대범한 자신에게 자부심을 느낀다. 하지만 누가 달갑지 않은 사실을 억지로 떠먹이려 하면 그럴 수 없다.

남북전쟁 당시 미국의 유명 언론인 호러스 그릴리Horace Greeley는 링컨의 정책에 강하게 반대했다. 그는 논쟁과 조롱, 괴롭힘으로 링컨이 자기 생각에 동의하게 만들 수 있다고 믿었다. 그는 몇 달, 몇 년에 걸쳐 지독한 독설을 퍼부었다. 부스가 링컨을 저격한 날에도 잔인하고 모질고 냉소적이고 감정적인 글을 썼다.

이 모든 독설이 링컨의 동의를 끌어냈는가? 아니다. 조롱과 괴롭힘으로는 결코 그럴 수 없다. 사람을 상대하고, 자신을 관리하며, 인격을 수양하는 일에 탁월한 조언을 원한다면 벤저민 프랭클린의 자서전을 읽어라. 지금까지 쓰인 흥미로운 인생 이야기 중 하나이자, 미국 문학의 고전이다. 프랭클린은 언쟁을 일삼는 잘못된 습관을 고쳐서 미국 역사상 유능하고 다정하며 외교적인 사람으로 변신한 이야기를 들려준다.

프랭클린이 미숙한 청년이던 어느 날, 퀘이커 교도인 오랜 친구가 그를 구석으로 데려갔다. 그 친구는 몇 가지 뼈아픈 진실을 말하며 그를 나무랐다.

....

벤. 넌 구제 불능이야. 너는 의견이 다른 모든 사람을 심한 말로 공격해. 그러면 그들도 공격적으로 변해서 더는 네 말을 신경 쓰지 않아. 친구들은 네가 없을 때 분위기가 더 좋다고 생각해. 넌 아는 게 너무 많아서 아무도 네게 해줄 말이 없어. 사실 아무도 너하고 말하고 싶지 않은 거지. 해봤자 불편하고 힘들어질 테니까. 그러면 너는 지금 아는 별것 아닌 것보다 많은 걸 영원히 알 수 없을 거야.

....

내가 아는 프랭클린의 장점 중 하나는 이런 따끔한 질책을 받아들일 줄 알았다는 것이다. 그는 친구의 말이 맞고, 자신이 실패와 인간관계의 파탄으로 향하고 있다는 것을 알 만큼 통이 크고 현명했다. 그래서 180도로 달라졌다. 프랭클린은 무례하고 독선적인 태도를 즉시 바꾸기 시작했다.

나는 다른 사람의 의견을 직접 반박하고, 내 의견을 강하게 내세우는 일을 일절 삼가는 것을 규칙으로 삼았다. '확실히', '의문의 여지 없이'처럼 고정된 의견을 나타내는 단어나 표현도 사용하지 않았다. 대신 '제가 생각하기로는 이렇다', '제가 이해하기로는 이렇다', '제가 추정하기로는 이렇다', '제가 지금 보기에는 이렇다'라는 표현을 썼다. 다른 사람이 나와 틀린 주장을 하면 바로 반박하거나, 주장의 불합리성을 드러내는 즐거움을 탐하지 않았다. 거기에 대응할 때는 특정한 경우나 환경에서는 그의 의견이 옳을 수 있지만, 지금은 약간의 차이가 있는 것 같다는 식으로 말을 시작했다. 나는 곧 이런 태도 변화의 이점을 확인했다. 내가 참여한 대화는 더 유쾌하게 흘러갔다. 내 의견을 겸손하게 제시하는 방식은 더 즉각적인 수용과 덜한 반박으로 나타났다. 내가 틀린 경우 굴욕이 덜했고, 내가 맞는 경우 상대가 더 쉽게 실수를 인정하고 내게 동조했다.

처음에 타고난 성향을 억누르며 따르던 이 방식이 나중에는 수월하고 습관적인 것이 됐다. 아마 지난 50년 동안 내가 독단적인 표현을 쓰는 걸 들은 사람은 없을 것이다. 내 생각에 이 습관은 (나의 도덕성에 이어) 내가 새로운 제도나 종전 제도의 수정을 제안했을 때 시민에게 많은 파급력을 얻고, 의원이 됐을 때 큰 영향력을 행사한 주요인이다. 나는 말을 잘 못하고, 한 번도 유창한 적이 없었기 때문이다. 그래서 단어를 선택할 때 머뭇거렸고, 정확하게 말한 적이 드문데도 대체로 요지를 전달할 수 있었다.

프랭클린의 방식은 비즈니스에서 어떻게 통할까? 두 가지 사례를 보자. 노스캐롤라이나주 킹스마운틴Kings Mountain에 사는 캐서린 올레드는 방적 공장의 생산관리 감독으로 일한다. 그녀는 우리 강좌를 듣고 민감한 문제에 대응하는 방식이 어떻게 달라졌는지 말했다.

....

제 직무 중 하나는 기사들이 방적사를 많이 생산하는 만큼 돈을 더 벌 수 있도록 인센티브 시스템과 기준을 정하고 유지하는 것입니다. 우리가 활용하던 시스템은 방적사 종류가 한두 가지뿐일 때는 잘 돌아갔습니다. 하지만 근래에 우리 회사는 방적사를 열두 가지 이상 생산할 수 있도록 재고와 생산량을 늘렸습니다. 종전 시스템은 기사들이 일한 만큼 공정하게 급여를 지급하고 생산량을 늘리도록 인센티브를 부여하는 데 적절하지 않았습니다. 저는 특정한 시간대에 생산하는 방적사 종류에 따라 인센티브를 지급할 수 있는 시스템을 만들었습니다. 저는 경영진에게 이 시스템이 올바른 접근법임을 입증하겠다고 마음먹고 회의에 들어갔습니다. 저는 종전 시스템이 잘못됐음을 설명하면서 어떤 부분이 불공정한지 보여주고, 모든 질문에 답했습니다. 그런데 처참하게 실패했습니다! 저는 새로운 시스템에 관한 제 입장을 방어하는 데 급급한 나머지, 그들이 과거 시스템의 문제를 관대하게 인정할 여지를 주지 않았습니다. 이 문제는 결국 묻혔습니다.

이 강좌를 몇 번 듣고 나서 제가 어디서 실수했는지 분명히 깨달았습니다. 저는 다시 회의를 요청했고, 이번에는 경영진에게 어디에 문제가 있다고 생각하는지 물었습니다. 우리는 각 사안에 대해 논의했습니다. 저는 앞으로 나아갈 최선의 길에 대한 경영진의 의견을 묻고, 적절한 간격으로 조심스럽게 몇 가지 제안함으로써 제 시스템을 그들이 스스로 만들도록 유도했습니다. 회의 말미에 제 시스템을 제시하자, 그들은 열성적으로 수용했습니다.

저는 이제 상대가 틀렸다고 직설적으로 말하는 방식이 아무 이득이 되지 않으며, 오히려 피해만 불러온다고 확신합니다. 그런 방식은 상대의 자존감을 떨어뜨리고, 당신을 대화의 불청객으로 만들 뿐입니다.

....

또 다른 사례를 보자. 내가 소개하는 사례는 수많은 사람이 겪은 일의 전형임을 기억하라. R. V. 크롤리는 뉴욕에 있는 원목 회사에서 영업 일을 했다. 그는 오랫동안 냉정한 원목 검사원들에게 그들이 틀렸다고 지적하고 논쟁에서 이기기도 했다. 그러나 얻은 것은 없었다. "원목 검사원은 야구 심판과 같습니다. 일단 판정을 내리면 절대 바꾸지 않아요." 크롤리는 자신이 이긴 논쟁을 통해 회사가 수천 달러를 잃고 있다는 사실을 깨달았다. 그는 우리 강좌를 들으면서 전술을 바꾸고 논쟁을 포기하기로 했다. 결과는 어땠을까?

....

어느 날 아침, 사무실로 전화가 왔습니다. 상대방은 흥분한 짜증 난 목소리로 우리가 보낸 원목이 전혀 만족스럽지 않다고 했습니다. 그의 회사는 하역을 중단했으니, 우리 원목을 즉각 치워달라고 요구했습니다. 원목을 4분의 1 정도 내렸을 때 검사원이 55퍼센트나 등급 기준에 못 미친다고 알린 게 원인이었습

데일 카네기 인간관계론

니다. 그들은 수령을 거부했습니다.

저는 바로 출발했습니다. 가는 길에 이 상황을 해결할 방법을 궁리했습니다. 평소대로라면 등급 판정 규칙을 언급했을 겁니다. 그리고 검사원으로 일한 제 경험과 지식을 토대로 우리 원목이 실제로는 등급 기준에 부합하며, 규칙을 잘못 해석했다고 상대 검사원을 설득하려 들었을 겁니다. 하지만 이번에는 강좌에서 배운 원칙을 적용해야겠다고 생각했습니다.

공장에 도착하니 매입 담당자와 검사원이 험악한 표정을 하고 있었습니다. 그들은 이미 언쟁하고 싸울 준비를 한 상태였습니다. 우리는 트럭으로 갔습니다. 저는 상황을 파악할 수 있도록 하역해달라고 요청했습니다. 검사원에게는 하던 대로 불합격품을 가려내고 합격품을 따로 쌓아달라고 말했습니다.

한동안 살펴보니 그가 너무 엄격하게 검사하고, 규칙을 잘못 해석했다는 생각이 들기 시작했습니다. 그 원목은 스트로브잣나무였습니다. 검사원은 견목재에 대해 자세히 배웠지만, 스트로브잣나무는 잘 모를뿐더러 경험도 부족했습니다. 하지만 저는 아주 잘 알고 있었죠. 제가 그의 등급 판정 방식에 이의를 제기했을까요? 아닙니다. 저는 계속 지켜보면서 특정 원목이 불합격 판정을 받은 이유를 질문했습니다. 검사원이 틀렸다는 뉘앙스는 전혀 풍기지 않았죠. 앞으로 그 회사에서 원하는 원목을 제대로 납품하기 위해 질문한다는 것을 강조했습니다.

저는 친근하고 협력적인 태도로 질문하면서 기준에 부합하지 않는 원목을 가려내는 것이 타당하다는 점을 언급했습니다. 그러자 그의 태도가 누그러졌습니다. 우리 사이의 긴장도 풀리기 시작했습니다. 제가 가끔 세심하게 제시하는 의견은 그의 머릿속에서 일부 불합격품이 실제로는 그들이 구매한 등급에 부합할지 모르며, 그들의 요건은 더 비싼 등급을 요구한다는 생각을 심어줬습니다. 그래도 저는 그런 주장을 하고 있다는 생각이 들지 않도록 굉장히 조심했습니다.

점차 그의 전반적인 태도가 바뀌었습니다. 그는 마침내 자신이 스트로브잣나무를 판정한 경험이 부족하다는 걸 인정하고, 제게 하역 중인 각 원목에 관해 질문했습니다. 저는 해당 원목이 왜 등급 기준에 부합하는지 설명했습니다. 그래도 그들의 목적에 적합하지 않다면 굳이 받아줄 필요가 없다는 점을 강조했습니다. 그는 결국 불합격 판정을 내린 모든 원목에 대해 사과하는 지경에 이르렀습니다. 자신들에게 필요한 높은 등급을 구체적으로 제시하지 않은 것이 실수였음을 마침내 깨달았죠.

그는 제가 떠난 후 전체 물량을 검사했고, 모든 원목을 통과시켰습니다. 덕분에 우리는 전액을 받았습니다. 약간의 재치, 상대가 틀렸다고 말하지 않겠다는 결심이 상당한 손실을 막아줬습니다. 돈도 돈이지만 호의적인 관계를 유지할 수 있었다는 게 큰 이득이죠.

....

마틴 루서 킹은 반전주의자로서 당시 미국의 흑인 최고위 군인이자 공군 장성인 대니얼 '채피' 제임스Daniel 'Chappie' James를 어떻게 존경할 수 있느냐는 질문을 받았다. 그는 대답했다. "저는 제 원칙이 아니라 그 사람의 원칙에 따라 사람을 평가합니다."

비슷한 맥락에서 로버트 리 장군은 남부연합 대통령 제퍼슨 데이비스에게 자신의 휘하에 있는 특정 장교를 후하게 평가했다. 그 자리에 있던 다른 장교가 깜짝 놀라 말했다. "장군님, 방금 칭찬하신 그 사람은 기회만 되면 장군님을 비방하는 악랄한 적이라는 사실을 모르십니까?" 리 장군이 대답했다. "알고 있네. 하지만 대통령께서는 그에 대한 내 의견을 물었지, 나에 대한 그의 의견을 묻지 않았어."

이 장에서 내가 밝힌 내용은 새로운 게 아니다. 2000년 전에 예수는 말했다. "너를 고발하는 자와 서둘러 화해하라." 예수가 태어나기 2200년 전에 이집트 왕 아크토이Akhtoi는 아들에게 명민한(지금도 절실히 필요한) 조언을 했다. "외교적 수완을 발휘하라. 그러면 원하는 걸 얻는 데 도움이 될 것이다."

다시 말해 고객이나 배우자 혹은 적과 논쟁하지 마라. 그들이 틀렸다고 말하지 마라. 그들을 자극하지 마라. 약간의 외교적 수완을 발휘하라.

원칙 2

상대의 의견을 존중하는 태도를 보여라.
절대 "당신이 틀렸어요"라고 말하지 마라.

03

틀렸으면 인정하라

우리 집에서 1분만 걸어가면 드넓은 천연림이 펼쳐진다. 봄이면 우거진 산딸기 덤불에서 다람쥐들이 둥지를 짓고 새끼를 키운다. 망초horseweed는 말의 키만큼 높이 자란다. 이 더럽혀지지 않은 삼림지대는 포레스트파크Forest Park라 불린다. 과거에 숲이던 이곳은 콜럼버스가 아메리카 대륙을 발견한 때와 크게 다르지 않을 것이다.

나는 종종 키우던 작은 보스턴 불도그 렉스와 이 공원을 산책했다. 렉스는 붙임성 좋고 공격성이 없다. 공원에서 다른 사람과 마주치는 일이 드물어, 나는 목줄과 입마개 없이 렉스를 데리고 다녔다. 어느 날 우리는 공원에서 권위를 드러내려고 안달하는 기마경찰과 마주쳤다.

"왜 목줄과 입마개 없이 공원에서 개를 산책시킵니까? 불법인 거 몰라요?"

"알고 있습니다. 여기서 우리 개가 남한테 해를 끼칠 일은 없을 겁니다.”

“그건 당신 생각이죠! 법은 당신이 어떻게 생각하든 신경 쓰지 않아요. 당신 개가 다람쥐를 죽일 수도 있고, 아이를 물 수도 있어요. 이번은 봐주겠지만 다시 여기서 당신 개가 목줄과 입마개 없이 돌아다니는 걸 보면 법정에 서게 될 겁니다.”

나는 순순히 법을 지키겠다고 약속하고, 몇 번은 실제로 그렇게 했다. 처음 몇 번은. 하지만 렉스는 입마개를 싫어했다. 나도 마찬가지였다. 우리는 위험을 감수하기로 했다. 한동안 모든 게 순조로웠다. 그러다가 갑작스런 난관이 찾아왔다. 렉스와 나는 어느 날 오후 언덕길을 달려 올라갔다. 거기에 당황스럽게도 갈색 말을 탄 경찰이 있었다. 렉스는 경찰을 향해 곧바로 달려갔다. 언젠가 닥칠 일이었다. 나는 경찰이 말할 때까지 기다리지 않고 선수를 쳤다.

“딱 걸렸네요. 잘못했습니다. 구실도 없고, 핑계를 댈 것도 없습니다. 지난주에 다시 목줄 없이 개를 데리고 나오면 벌금을 부과하겠다고 경고하셨으니까요.”

“아무도 없을 때 개가 마음껏 뛰놀게 해주고 싶은 마음이 생길 수 있죠.”

“그럴 수 있지만 어쨌든 법을 어겼어요.”

“저렇게 작은 개가 사람한테 해를 끼치진 않아요.”

“그래도 다람쥐를 죽일 수 있잖아요.”

“별것 아닌 일을 심각하게 받아들이시는 것 같군요. 이렇게 하죠. 그냥 여기서 안 보이는 저쪽 언덕에서 개가 뛰어다니게 해주세요. 없던 일로 할게요."

그 경찰은 자신이 인간으로서 중요한 존재라는 느낌을 원했다. 그래서 내가 자책할 때 그의 자존감을 살리는 유일한 방법은 아량을 베푸는 것이었다. 내가 방어 태세를 갖췄다면 어떻게 됐을까? 당신이 경찰과 말다툼한 적이 있다면 결과를 알 것이다.

나는 그가 옳고 내가 틀렸음을 빠르게, 직접적으로, 진심으로 인정했다. 이 일은 그와 내가 서로의 입장을 배려하는 가운데 훈훈한 결말을 봤다. 체스터필드 경이라도 그 기마경찰보다 이해심 있는 모습을 보이긴 어려웠을 것이다. 불과 일주일 전만 해도 법을 앞세워 나를 위협하던 그 경찰이 말이다.

어떤 식으로든 비난을 살 것이라면 상대보다 먼저 해버리는 게 낫지 않을까? 다른 사람의 비난을 견디기보다 자신을 비판하는 게 훨씬 쉽지 않을까? 상대가 생각하고 있거나, 말하고 싶어 하거나, 말하려고 하는 온갖 비난을 당신의 입으로 하라. 상대가 말할 기회를 잡기 전에 하라. 그러면 상대는 십중팔구 관대하게 용서하는 자세를 취할 테고, 당신의 실수는 최소화될 것이다. 기마경찰이 나와 렉스에게 한 것처럼 말이다.

상업미술가 퍼디난드 워런Ferdinand E. Warren은 이 기법을 활용해 심술궂고 꾸짖기 좋아하는 바이어의 호감을 얻었다. 그의 이야기를 들어보자.

．．．．．．．．．．．．．．．．．

광고와 출판에 쓰는 그림은 정확하고 꼼꼼히 그리는 게 중요합니다. 일부 아트 디렉터는 서둘러 작업해달라고 요구합니다. 그런 경우 사소한 실수가 생기게 마련입니다. 제가 아는 아트 디렉터는 항상 작은 실수를 지적했습니다. 비판이 아니라 잘못을 지적하는 방식 때문에 넌더리를 내며 그의 사무실을 떠나는 경우가 많았습니다. 근래 그에게 급한 일감을 넘겼는데, 전화로 당장 오라고 하더군요. 문제가 있다는 겁니다. 그의 사무실로 갔습니다. 결국 예상한, 아니 두려워하던 일이 벌어졌습니다. 그는 비판할 기회가 생겨서 신난다는 듯 적대적인 태도를 보였습니다. 그는 왜 이걸 이렇게, 저걸 저렇게 했냐며 흥분한 얼굴로 따졌습니다. 여기서 배운 자기비판 기법을 활용할 기회였습니다.

"말씀하신 게 맞는다면 분명 제 잘못이고, 변명할 여지가 없습니다. 오랫동안 일을 해왔는데 아직 그러네요. 정말 부끄럽습니다."

"그렇긴 한데 이게 심각한 문제는 아니잖아요. 겨우⋯."

"어떤 실수든 비용을 초래할 수 있고, 짜증스럽게 만드는 건 같습니다."

그가 제 말에 끼어들려 했지만 틈을 주지 않았습니다. 굉장한 일이었습니다. 저는 난생처음 자신을 비판했고, 오히려 그걸 즐겼습니다.

"제가 더 세심해야 했습니다. 제게 많은 일감을 주시는 데 마땅히 최고의 작업물을 드려야죠. 전부 다시 그리겠습니다."

"아니에요! 그러지 마세요! 그런 수고까지 할 필요는 없어요."

그리고 그는 오히려 제 작업을 칭찬했습니다. 그는 몇 가지 사소한 수정을 원할 뿐이고, 제 실수로 손해보는 건 아무것도 없으며, 어차피 세부적인 문제에 불과하니 걱정하지 않아도 된다고 저를 안심시켰습니다. 제가 기꺼이 자신을 비판하는 태도는 그에게서 모든 투쟁심을 앗아갔습니다. 우리는 이야기를 마치고 같이 점심을 먹으러 갔습니다. 그는 헤어지기 전에 수표와 다른 일감을 줬습니다.

....

자기 잘못을 인정하는 용기를 내는 데는 분명히 뿌듯한 구석이 있다. 그런 일은 죄책감과 방어적인 태도를 없애주고, 흔히 실수에 따른 문제를 해결하는 데 도움을 준다.

뉴멕시코주 앨버커키Albuquerque에 사는 브루스 하비는 병가를 낸 직원에게 급여를 전액 지급하도록 승인하는 실수를 저질렀다. 그는 잘못을 발견하고 해당 직원에게 알린 후, 실수를 바로잡기 위해 다음 급여에서 초과 지급액을 삭감해야 한다고 설명했다. 그 직원은 그러면 심각한 재정적 문제가 생기니 조금씩 상환하게 해달라고 부탁했다. 하비는 그러기 위해서는 상사의 승인이 필요하다고 설명했다. 그가 당시 이야기를 전했다.

....

그러면 분명 상사가 윗사람 특유의 분노를 폭발할 것임을 알았습니다. 이 상황에 잘 대처할 방법을 고민하다가 모든 게 제 잘못임을 깨달았습니다. 당연히 상사에게 그 사실을 인정해야 했습니다.

저는 상사를 찾아가 실수했다고 말한 다음 전체 내용을 알렸습니다. 그는 인사과 잘못이라며 발끈했습니다. 저는 제 잘못이라고 재차 말했습니다. 상사는 회계과의 부주의라며 다시 분통을 터뜨렸습니다. 저는 또다시 제 잘못임을 설명했습니다. 상사는 사무실에 있던 다른 두 사람을 탓했습니다. 그래도 저는 제 잘못이라고 거듭 말했습니다. 마침내 그는 저를 보며 "좋아, 자네 잘못이야. 바로잡도록 해"라고 했습니다. 그렇게 실수는 바로잡혔고, 아무에게도 곤란한 일이 생기지 않았습니다. 저는 긴박한 상황을 잘 처리하고, 핑계를 대지 않는 용기를 내서 기분이 좋았습니다. 이 일 이후 상사는 저를 더욱 존중했습니다.

....

아무리 바보라도 자신을 변호하려고 할 수 있다. 대다수 바보는 그렇게 한다. 하지만 남다른 모습을 드러내고 자신에게 품격과 환희를 안기는 것은 실수를 자인하는 태도다. 역사가 기록한 로버트 리 장군의 가장 훌륭한 점은 게티즈버그 전투에서 피케트George E. Pickett의 돌격이 실패로 돌아간 것에 오로지 자신을 탓했다는 것이다.

피케트의 돌격은 명백히 서구에서 나온 가장 명민하고 그림 같은 공격이었다. 조지 피케트 장군부터 그림 같았다. 그는 적갈색 머리를 어깨에 닿을 만큼 길렀고, 이탈리아를 공격하던 시기의 나폴레옹처럼 전장에서 거의 매일 애정을 표현하는 열렬한 편지를 썼다. 비극적인 7월 3일 오후, 그가 오른쪽 눈 위로 비스듬히 모자를 쓰고 북군을 향해 의기양양하게 말을 타고 달려가는 동안 그의 헌신적인 부대는 환호성을 질렀다. 그들은 어깨를 맞대고 대열을 갖춰 뒤따랐다. 깃발이 높이 나부끼고, 총검이 햇빛을 받아 반짝였다. 용맹함이 넘치는 광경이었다. 과감하고 장엄했다. 그들을 보는 북군도 조용히 감탄했다.

부대는 과수원과 옥수수밭을 지나고, 초원과 골짜기를 건너 서서히 전진했다. 그동안 적의 대포가 대열 사이사이에 무시무시한 포격을 가했다. 그래도 그들은 단호하게, 막을 수 없는 기세로 나아갔다.

그때 세머테리리지Cemetery Ridge에서 잠복한 북군 보병이 갑자기 돌벽 뒤에서 일어나 진군하는 피케트 부대를 향해 일제사격을 퍼부었다. 언덕 꼭대기는 불구덩이, 도살장, 불타는 화산이 됐다. 몇 분 만에 한 명을 제외한 피케트 여단의 모든 지휘관과 병력 5000명 가운데 5분의 4가 전사했다.

부대를 이끌고 최후의 돌격에 나선 루이스 아미스테드Lewis A. Armistead 장군은 앞으로 달려가 돌벽을 뛰어넘었다. 그는 칼끝에 건 모자를 흔들며 소리쳤다. "제군들, 놈들에게 본때를 보여줘!" 병사들은 돌벽을 뛰어넘어 적을 총검으로 찔렀고, 머스킷으로 두개골을 부쉈으며, 세머테리리지에 남군의 깃발을 꽂았다. 깃발은 잠시 휘날렸을 뿐이다. 그러나 아무리 짧아도 그 순간은 남군이 이룬 개가다.

피케트의 돌격은 명민하고 영웅적이나 파멸의 시작이었다. 리 장군은 패배했다. 그는 북군을 돌파할 수 없었고, 그 사실을 알았다. 남군은 패망할 운명이었다. 리는 깊은 슬픔과 충격에 빠진 나머지, 남부연합 대통령 제퍼슨 데이비스에게 사직서를 보내 '더 젊고 유능한 사람'을 임명하라고 했다. 그는 피케트의 돌격이 처참한 실패로 돌아간 것에 다른 사람을 탓하려 했다면 얼마든지 구실을 댈 수 있었다.

데일 카네기 인간관계론

일부 사단장은 명령을 수행하지 못했고, 기병대는 제때 도착해 보병의 공격을 지원하지 못했다. 여기저기서 문제가 생겼다.

하지만 리는 다른 사람을 탓하기에는 너무 고매했다. 그는 피케트의 부대원들이 만신창이에 피투성이가 되어 남군의 전선으로 돌아왔을 때, 혼자 말을 타고 나가 그들을 맞았다. 그리고 숭고한 자기비판을 했다. "모두 내 잘못이오. 이 전투에서 패배한 건 오로지 나뿐이오." 역사를 통틀어 그런 사실을 인정할 만한 용기와 인품을 갖춘 장군은 드물다.

홍콩에서 우리 강좌를 진행하는 마이클 청Michael Cheung은 중국 문화가 특수한 문제를 야기하며, 때로는 오랜 전통을 지키는 것보다 원칙을 따르는 것이 도움이 된다는 사실을 인식할 필요가 있다고 말했다. 그의 강좌를 듣던 중년 수강생 한 사람은 오랫동안 아들과 멀어져 있었다. 아버지는 아편중독자였으나 지금은 치료된 상태였다. 중국의 전통으로는 어른이 먼저 다가갈 수 없었다. 아버지는 화해의 손길을 내미는 것은 아들의 몫이라고 생각했다. 강좌 초반에 그는 수강생들에게 손주를 한 번도 보지 못해 아들과 재회하고 싶은 마음이 간절하다고 말했다. 모두 중국인인 다른 수강생들은 바람과 오랜 전통 사이에서 갈등하는 그를 이해했다. 아버지는 손아랫사람이 어른을 존중해야 하며, 아들이 다가오기를 기다리는 게 옳다고 생각했다. 강좌 후반에 아버지는 다시 수강생들 앞에서 발표했다.

이 문제를 오래 고민했습니다. 데일 카네기는 "틀렸다면 빠르게, 적극적으로 인정하라"고 말했습니다. 저는 빠르게 인정하기에 너무 늦었지만, 적극적으로 인정할 순 있습니다. 저는 아들에게 잘못을 저질렀습니다. 아들이 저를 보지 않으려 하고, 자기 삶에서 밀어낸 선택은 옳았습니다. 손아랫사람에게 용서를 구하면 체면을 잃을지 모릅니다. 하지만 제가 잘못했고, 그 사실을 인정하는 건 제 책임입니다.

....

수강생들은 손뼉을 치며 그를 전적으로 응원했다. 다음 수업 때 그는 아들을 찾아가 잘못을 빌고 용서받았고, 지금은 아들과 며느리, 마침내 만난 손주들과 새로운 관계를 맺고 있다고 밝혔다.

엘버트 허버드는 미국을 뒤흔든 독창적인 저술가 중 한 명이다. 그의 날카로운 문장은 자주 격렬한 분노를 불러일으켰다. 그러나 사람을 다룰 줄 아는 드문 재능으로 적을 종종 친구로 만들었다. 분노한 독자가 이런저런 글에 동의하지 않는다며 욕으로 마무리하는 편지를 보내면 그는 이렇게 답장했다.

생각해보니 저도 그 글에 전적으로 동의하진 않습니다. 제가 과거에 쓴 모든 글이 지금도 제게 설득력 있는 건 아닙니다. 이 주제에 대한 당신의 생각을 알게 돼서 기쁩니다. 혹시 제 사무실 근처에 오시면 꼭 방문해주십시오. 이 주제에 대해 길게 토론하고 싶습니다. 멀리서 악수를 청합니다.

당신을 이렇게 대하는 사람에게 무슨 말을 할 수 있을까? 우리가 옳을 때는 부드럽고 요령 있게 우리 생각을 받아들이도록 만들자. 우리가 틀렸을 때는(자신에게 솔직하다면 그런 경우는 놀라울 정도로 많다) 잘못을 빠르게, 적극적으로 인정하자. 이런 태도는 놀라운 결과를 만들 뿐만 아니라, 상황에 따라 자신을 변호하는 것보다 훨씬 재미있기도 하다. '싸우면 결코 충분히 얻지 못하지만, 양보하면 기대한 것보다 많이 얻는다'는 격언을 명심하라.

원칙
3

**틀렸으면 빠르게,
확실하게 인정하라.**

04

꿀 한 방울의 교훈

흥분했을 때 격한 말을 퍼부으면 통쾌하게 분노를 해소할 수 있다. 상대는 어떨까? 통쾌할까? 적대적인 말투와 공격적인 태도로 상대가 당신의 생각에 동의하기 쉽게 만들 수 있을까? 토머스 우드로 윌슨은 말했다.

....

당신이 주먹을 쥐며 내게 다가오면 나는 두 배로 빠르게 주먹을 쥘 것입니다. 당신이 내게 와서 "같이 앉아 논의해봅시다. 생각이 다르면 왜 그런지, 핵심 사안이 무엇인지 알아봅시다"라고 말하면 우리는 결국 입장이 크게 다르지 않으며, 생각이 다른 부분은 적고 같은 부분은 많다는 걸 알게 될 것입니다. 함께하기 위한 인내심과 솔직함, 열의가 있다면 함께할 수 있음을 알게 될 것입니다.

....

데일 카네기 인간관계론

존 록펠러 주니어는 이 말에 담긴 진리를 누구보다 잘 이해했다. 그는 1915년에 콜로라도주에서 가장 미움 받는 사람이었다. 미국 산업사에서 많은 피를 흘린 파업 중 하나가 2년 동안 콜로라도주를 끔찍이 뒤흔들었다. 분노와 적개심에 휩싸인 광부들은 록펠러가 소유한 콜로라도퓨얼앤드아이언컴퍼니Colorado Fuel and Iron Company를 상대로 임금 인상을 요구했다. 기물이 파손되고, 군대가 동원됐다. 유혈극이 벌어졌다. 파업 노동자들이 총에 맞았고, 그들의 시체는 벌집이 됐다.

증오가 넘치는 이런 시기에 록펠러는 파업 노동자들을 설득하고 싶어 했다. 그리고 그 일을 해냈다. 어떻게 했을까? 록펠러는 노동자 대표들과 몇 주 동안 친분을 쌓은 뒤 그들 앞에서 연설했다. 이 연설은 놀라운 결과를 도출했다. 록펠러를 집어삼키려던 증오의 거센 파도가 잦아들었다. 그를 존경하는 사람들이 생겨났다. 그의 연설은 친근한 방식으로 팩트를 제시했다. 파업 노동자들은 폭력적으로 요구하던 임금 인상에 대해 더는 말하지 않고 업무에 복귀했다.

이 놀라운 연설의 서두를 소개한다. 얼마나 친근한 느낌을 주는지 보라. 록펠러는 며칠 전만 해도 사과나무에 그를 목매달고 싶어 하던 사람들을 상대로 이 연설을 했다. 그는 의료 선교사를 상대로 연설하듯 더없이 다정하고 친근했다. 연설은 '이 자리에 서게 돼서 영광이다', '여러분의 집을 방문했다', '여러분의 아내와 자녀를 만났다', '우리는 낯선 사람들이 아니라 친구로서 상호 우애의 정신에 따라 공통의 이해관계에 대해 논의할 것', '여러분이 배려해준 덕분에 이 자리에 오게 되었다' 같은 빛나는 구절로 이어진다.

....

오늘은 제 인생에서 특별한 날입니다. 처음으로 훌륭한 회사의 사원 대표, 간부, 감독관 여러분을 만나는 행운을 누렸기 때문입니다. 이 자리에 서게 되어 영광이며, 죽는 날까지 기억할 것임을 분명히 말씀드립니다. 2주 전에 자리가 마련됐다면 저는 여러분 중 대다수에게 낯선 사람이었을 것입니다. 제가 얼굴을 아는 사람도 거의 없었을 겁니다. 하지만 지난주에 남부 탄전의 전체 사택을 돌아다니며 현장에 없는 사람을 제외하고 사실상 모든 대표와 개인적으로 대화했으며, 여러분의 집을 방문해 여러분의 아내와 자녀를 많이 만났습니다. 우리는 낯선 사람들이 아니라 친구로서 이 자리에 모였습니다. 상호 우애의 정신에 따라 공통의 이해관계에 대해 논의할 기회가 생겨서 기쁩니다.

여기는 간부와 사원 대표들이 모이는 자리입니다. 저는 여러분이 배려해준 덕분에 오게 됐습니다. 저는 간부도, 사원 대표도 아니기 때문입니다. 그래도 저는 여러분과 밀접한 관계라고 생각합니다. 어떤 의미에서 저는 주주와 이사진을 모두 대표하기 때문입니다.

....

이는 적을 친구로 만드는 멋진 기술의 탁월한 사례가 아닐까? 록펠러가 다른 방식을 취했다고 가정해보자. 그가 광부들과 언쟁을 벌이면서 그들의 눈앞에 관계를 파탄 내는 팩트를 들이댔다고 가정해보자. 그들이 틀렸다는 뉘앙스와 말투로 이야기했다고 가정해보자.

모든 논리적 기준으로 그들이 틀렸음을 증명했다고 가정해보자. 무슨 일이 생겼을까? 더 많은 분노와 증오, 어마어마한 반발이 생겼을 것이다.

상대의 마음이 반감과 악감정으로 가득하면 어떤 논리를 동원해도 설득할 수 없다. 꾸짖는 부모, 위압적인 상사와 남편, 잔소리하는 아내는 사람들이 생각을 바꾸고 싶어 하지 않는다는 사실을 깨달아야 한다. 그들이 우리의 생각에 동의하도록 강제하거나 몰아붙일 수 없다. 하지만 부드럽고 친근하게, 한없이 부드럽고 친근하게 다가간다면 우리의 생각을 따라줄지도 모른다. 링컨은 100여 년 전에 사실상 이런 기조로 말했다.

....

'꿀 한 방울로 쓸개즙 한 통보다 많은 파리를 잡는다'는 격언이 있습니다. 사람도 마찬가지입니다. 다른 사람을 당신의 대의로 끌어들이려면 당신이 그의 진정한 친구라는 확신을 줘야 합니다. 거기에 그 사람의 마음을 끌어당기는 꿀 한 방울이 있습니다. 여러분은 어떨지 모르지만, 제가 보기에 그것이 사람의 생각을 바꾸는 확실한 방법입니다.

....

기업 경영자는 파업 노동자를 우호적으로 대하는 것이 이득이라는 사실을 배웠다. 예를 들어 화이트모터컴퍼니 공장에서 일하는 2500명이 임금 인상과 노조 가입 의무화를 내세우며 파업했을 때,

로버트 블랙Robert F. Black 대표는 분노하지 않았다. 그들을 비난하거나, 협박하거나, 횡포나 공산주의 같은 말을 꺼내지 않았다. 오히려 그들을 칭찬했다. 그는 클리블랜드 지역 신문에 광고를 실어 그들이 '평화롭게 연장을 내려놓았다'며 경의를 표했다. 피켓을 든 파업 노동자들이 무료해하는 모습을 보고 배트와 글러브 수십 개를 사주며 공터에서 야구를 할 수 있도록 했다. 심지어 볼링을 좋아하는 사람들을 위해 볼링장까지 빌려줬다.

이런 우호적인 태도는 여느 때와 마찬가지로 우호적인 태도를 낳았다. 파업 노동자들은 빗자루와 삽, 청소용 수레를 빌려서 공장 주위에 널린 성냥, 종이, 담배꽁초를 줍기 시작했다. 상상해보라! 파업 노동자들은 임금 인상과 노조 인정을 위해 투쟁하는 한편, 공장 부지를 청소했다. 이런 일은 길고도 격렬한 노사 갈등 사상 한 번도 들어본 적이 없다. 그 파업은 아무런 악감정이나 원한 없이 일주일 안에 타협으로 끝났다.

위엄 있는 용모와 말투가 눈에 띄는 대니얼 웹스터Daniel Webster는 역대 성공적인 변호사 중 한 명이다. 그는 "배심원 여러분께서 판단할 문제겠지만", "이 점은 생각할 가치가 있다고 봅니다", "여러분께서 간과하지 않을 것이라 믿는 몇 가지 사실이 있습니다", "인간의 본성을 잘 아는 여러분께서는 이 사실의 중요성을 쉽게 알 것입니다"처럼 우호적인 말로 강력한 변론을 시작했다. 무조건 밀어붙이거나 압박하는 방법을 쓰지 않았다. 자기 의견을 다른 사람에게 강요하지 않았다. 웹스터는 부드럽고 조용하며 우호적인 접근법을 썼다. 이는 그가 명성을 얻는 데 도움이 됐다.

당신은 파업을 해결하거나, 배심원 앞에서 변론할 일이 없을지 모른다. 그래도 월세를 깎고 싶은 마음은 있을 것이다. 그때 이런 우호적인 접근법이 도움이 될까? 한번 알아보자. 엔지니어 O. L. 스트라우브는 월세를 깎고 싶었다. 그는 집주인이 냉정한 사람이라는 걸 알았다.

....

집주인에게 임대계약이 만료되는 대로 집을 비우겠다고 알렸습니다. 사실은 이사하고 싶지 않았습니다. 월세만 깎을 수 있다면 계속 그 집에 살고 싶었습니다. 하지만 그럴 가망이 없어 보였습니다. 다른 세입자들이 시도했다가 실패했거든요. 모두가 집주인이 상대하기 까다롭다고 말했습니다. 그래도 저는 생각했습니다. '사람을 상대하는 법을 배웠으니 한번 써먹고 어떻게 통하는지 보자.'

집주인은 제 편지를 받자마자 비서와 함께 저를 찾아왔습니다. 저는 친근한 인사를 건네며 문간에서 그를 맞았습니다. 밝은 얼굴로 호의와 성의를 보였습니다. 처음에는 월세 이야기를 하지 않고, 집이 참 좋다는 말로 시작했습니다. '진심으로 인정하고 후하게 칭찬'했지요. 그가 건물을 잘 관리한다고 말하면서 1년 더 살고 싶은 마음이 간절하지만, 형편이 안 된다고 했습니다.

그는 자신을 그렇게 맞아주는 세입자를 본 적이 없는 모양입니다. 그래서 어떻게 받아들여야 할지 모르는 것 같았습니다. 곧 그는 자신의 어려움을 이야기하고, 다른 세입자에 대한 불평도 늘어놓았습니다. 한 세입자는 그에게 편지를 14통 썼는데, 그중에는 대단히 무례한 편지도 있었습니다. 다른 세입자는 위층 남자가 코를 골지 못하게 하지 않으면 임대계약을 취소하겠다고 협박했습니다. 집주인이 말했습니다. "당신처럼 만족한 세입자를 보니 정말로 위안이 되네요." 그리고 제가 요청하지도 않았는데 월세를 조금 깎아주겠다고 제안했습니다. 저는 더 많이 깎아주기를 바라서 제가 낼 수 있는 금액을 말했습니다. 그는 군말 없이 받아들이더니 집을 나서면서 물었습니다. "따로 손볼 곳이 있어요?"

제가 다른 세입자들과 같은 방식으로 월세를 깎으려 들었다면 분명 실패했을 겁니다. 친근한 태도로 공감하고 인정하는 접근법이 집주인의 마음을 샀습니다.

....

펜실베이니아주 피츠버그에 사는 딘 우드콕은 지역 전기회사의 감독관이다. 그의 직원들은 전신주에 설치된 설비를 수리하는 일을 했다. 이 일은 원래는 다른 부서에서 했지만 근래에 그의 부서로 이관됐다. 직원들은 필요한 교육을 받았지만 실제로 작업에 투입된 것은 처음이었다. 그들이 제대로 할 수 있을지 모든 회사 사람이 보고 싶어 했다. 우드콕과 여러 중간 관리자, 다른 부서 직원들이 작업 광경을 보러 갔다. 승용차와 트럭이 현장에 모였고, 많은 사람이 주위에 서서 전신주에 올라간 두 사람을 지켜봤다.

우드콕이 주위를 살피는데, 거리 위쪽에서 어떤 사람이 카메라를 들고 차에서 내렸다. 그는 작업 현장을 찍기 시작했다. 전기회사 사람들은 언론 홍보에 무척 신경 썼다. 우드콕은 이 광경이 카메라를 든 사람에게 어떻게 비칠지 깨달았다. 두 사람이 필요한 일에 십여 명이 몰려 있으니 인력 낭비처럼 보일 게 분명했다. 그는 사진을 찍는 사람에게 천천히 걸어갔다.

"저희 작업에 관심이 있는 모양이에요."

"네, 어머니가 더 관심이 많을 겁니다. 당신 회사의 주식을 보유하고 있거든요. 아마 이 사진을 보면 깜짝 놀라실 겁니다. 어쩌면 투자를 잘못했다고 생각할지도 몰라요. 나는 오래전부터 당신 회사 같은 곳은 인력 낭비가 심하다고 말했어요. 사진이 그걸 증명할 겁니다. 신문사들도 좋아할 거예요."

"그렇게 보이기는 하네요. 저라도 그렇게 생각했을 겁니다. 하지만 이건 좀 특수한 상황이에요."

우드콕은 자기 부서가 이런 작업을 처음으로 하게 되어 임원 이하 모든 임직원이 관심이 있다고 설명했다. 그는 정상적인 여건에서는 두 사람이 작업할 수 있다고 장담했다. 그러자 사진을 찍던 사람은 카메라를 치우고 우드콕과 악수하며 상황을 설명해줘서 고맙다고 말했다. 우드콕의 우호적인 접근법은 회사가 수모와 부정적인 보도에 시달리지 않도록 했다.

뉴햄프셔주 리틀턴Littleton에 사는 제럴드 윈도 우호적인 접근법으로 손해배상 문제에서 만족스러운 합의를 이뤘다. 그의 이야기를 들어보자.

이른 봄 언 땅이 녹기 전에 이례적인 폭우가 내렸습니다. 보통은 근처의 빗물 배수로로 흘러갔을 물이 방향을 틀어서 회사가 얼마 전에 집을 지은 부지로 들어왔습니다. 배수구가 없어 물이 지하실 아래로 흘러들면서 콘크리트 바닥이 파손되고 지하실이 침수됐습니다. 그 바람에 보일러와 온수 히터가 망가졌습니다. 피해를 복구하는 데 2000달러가 넘는 비용이 들었습니다. 저는 침수 피해를 보상하는 보험을 들지 않은 상태였습니다.

하지만 해당 구역의 소유주가 인근에 이런 문제를 예방할 배수로를 만들지 않았다는 사실을 알게 되었습니다. 저는 그와 만날 약속을 잡았습니다. 그의 사무실까지 40킬로미터를 가는 동안 상황을 신중하게 검토했습니다. 그리고 이 강좌에서 배운 원칙을 떠올리며 화를 내어서는 의미 있는 목적을 달성할 수 없다고 판단했습니다. 그의 사무실에 도착한 저는 차분한 태도로 그가 근래에 서인도제도로 휴가를 다녀온 이야기로 대화를 시작했습니다. 그러다가 적절한 시점이라 느꼈을 때, 침수에 따른 '사소한' 문제를 언급했습니다. 그는 문제를 바로잡는 일에 자기 몫이 있다는 데 바르게 동의했습니다. 며칠 뒤 그가 제게 전화해서 손해를 보상할 것이며, 배수로를 설치해 앞으로 같은 일이 재발하지 않도록 하겠다고 말했습니다.

침수는 그의 잘못이 맞습니다. 하지만 제가 우호적인 태도로 대화를 시작하지 않았다면 그가 전체적인 책임을 지도록 하기 어려웠을 겁니다.

오래전 소년 시절에 나는 맨발로 숲속을 걸어서 미주리주 북서부에 있는 시골 학교에 다녔다. 그때 해와 바람에 대한 우화를 읽었다. 그들은 누가 더 힘이 센지 말다툼을 벌였다. 바람이 말했다. "내가 더 힘이 세다는 걸 보여주지. 저기 아래에 코트를 입고 걸어가는 노인이 보이지? 내가 너보다 빨리 코트를 벗길 수 있다고 장담해." 해는 구름 뒤로 들어갔고, 바람은 거의 태풍이 될 때까지 불었다. 하지만 바람이 거셀수록 노인은 코트를 움켜쥐었다.

마침내 바람이 잦아들면서 포기했다. 그때 해가 구름 뒤에서 나와 노인을 향해 다정하게 웃었다. 그러자 노인은 이마를 훔치며 코트를 벗었다. 해는 바람에게 부드러움과 다정함이 언제나 분노와 완력보다 강하다고 말했다.

'꿀 한 방울' 교훈을 배운 사람들은 부드러움과 다정함을 활용한다. 메릴랜드주 루서빌Lutherville에 사는 F. 게일 코너는 넉 달 전에 산 차를 세 번째 수리하러 가면서 이 점을 증명했다.

··················

정비 책임자에게 따지거나 소리쳐 봐야 문제를 만족스럽게 해결할 수 없을 게 뻔했습니다. 저는 전시장으로 걸어가 점장인 화이트 씨를 만나게 해달라고 요청했습니다. 잠시 뒤 직원이 저를 그의 사무실로 안내했습니다. 저는 자기소개를 하고, 전에 여기서 차를 산 친구의 추천으로 이 매장에서 차를 샀다고 설명했습니다. 친구는 제게 이 매장이 값이 저렴하고 서비스가 아주 좋다고 말했습니다. 그는 제 말을 들으면서 만족스럽게 웃었습니다. 뒤이어 저는 정비 문제를 설명하고, "당신의 좋은 평판을 망칠 수도 있는 상황에 대해 알고 싶어 하실 거라고 생각했습니다"라고 덧붙였습니다. 그는 문제를 알려줘서 고맙다며 해결하겠다고 약속했습니다. 그는 직접 문제 해결에 나섰을 뿐만 아니라, 수리하는 동안 쓰라며 자기 차까지 빌려줬습니다.

···················

이솝은 크로이소스Kroisos 왕궁에서 살던 그리스 노예로, 예수가 태어나기 600년 전에 불멸의 우화를 지었다. 그가 가르친 인간 본성에 대한 진리는 26세기 전 아테네에서 통한 것처럼 지금 보스턴과 버밍햄에서도 통한다. 해는 바람보다 빨리 당신의 코트를 벗길 수 있다. 다정함, 우호적인 접근법, 인정은 그 어떤 고함과 격노보다 쉽게 사람의 마음을 바꿀 수 있다. "꿀 한 방울로 쓸개즙 한 통보다 많은 파리를 잡는다"는 링컨의 말을 기억하라.

원칙 4

우호적인 태도로 시작하라.

소크라테스의 비결

사람들과 대화할 때 의견이 다른 부분부터 거론하지 마라. 일치하는 부분을 강조하고 또 강조하라. 가능하면 둘 다 같은 목표를 추구하며, 유일한 차이는 목표가 아니라 수단임을 계속 강조하라. 상대가 처음에는 "네, 네"라고 말하게 만들어라. 가능하면 상대가 "아니요"라고 말하지 않도록 하라. 오버스트리트 교수에 따르면 부정적인 응답은 극복하기 가장 큰 난관이다. "아니요"라고 말하면 자존심 때문에라도 부정적 입장을 고수하게 마련이다. 나중에 자신이 경솔했다는 생각이 들어도 귀중한 자존심을 고려하지 않을 수 없다! 그래서 어떤 말을 하면 반드시 고수해야 한다고 느낀다. 긍정적인 방향으로 대화를 시작하는 것이 중요한 이유가 거기에 있다.

화술이 노련한 사람은 처음부터 "네"라는 반응을 많이 끌어낸다. 그러면 상대의 심리적 과정이 긍정적인 방향으로 움직인다. 이는 당구공이 움직이는 방식과 같다. 당구공을 한 방향으로 치면 방향을 바꾸는 데 약간 힘이 필요하고, 반대 방향으로 움직이는 데는 훨씬 큰 힘이 필요하다.

여기서 드러나는 심리적 패턴은 명확하다. 진심으로 "아니요"라고 말하는 사람은 한 글자로 된 단어를 말하는 것보다 훨씬 많은 일을 한다. 분비계, 신경계, 근육계 등 몸 전체가 반발 상태로 뭉친다. 대개 미미하지만 때로는 눈에 띌 정도로 신체적 후퇴나 후퇴 준비가 나타난다. 요컨대 전체 신경근이 수용에 맞서는 방어 태세를 취한다. 반면 "네"라고 말할 때는 이런 후퇴 활동이 전혀 나타나지 않는다. 몸은 앞으로 나아가고, 받아들이려는 개방적인 태세를 취한다. 따라서 처음부터 "네"를 더 많이 끌어낼수록 상대가 우리의 궁극적인 제안에 관심을 보이게 만들 가능성이 높다.

"네, 네" 반응을 끌어내는 기법은 아주 단순하다. 그런데 너무나 많이 간과된다! 사람들은 흔히 처음부터 상대와 충돌함으로써 자신이 중요한 존재라는 느낌을 얻는 것처럼 보인다. 학생이나 고객, 자녀, 남편, 아내 등이 처음에 "아니요"라고 말하게 만들면, 그 노기에 찬 반발심을 긍정적인 방향으로 바꾸는 데 천사의 지혜와 인내가 필요하다.

뉴욕시에 있는 그리니치저축은행Greenwich Savings Bank에서 일하는 제임스 에버슨은 "네"를 끌어내는 기법으로 하마터면 놓칠 뻔한 잠재 고객을 유치했다. 그의 이야기를 들어보자.

....

그 사람은 계좌를 개설하려고 우리 은행에 왔습니다. 저는 일반적인 신청서를 줬죠. 그는 일부 항목은 선뜻 작성했지만 다른 항목은 한사코 작성하지 않았습니다.

인간관계를 공부하기 전이었다면 저는 아마 해당 항목을 작성하지 않으면 계좌를 개설할 수 없다고 말했을 겁니다. 과거에 그런 실수를 저지른 게 부끄럽습니다. 그렇게 최후통첩을 하면 기분이 좋았습니다. 우리가 주도권을 쥐고 있으며, 규칙과 규정은 어길 수 없다는 걸 보여줬으니까요. 하지만 그런 태도는 고객이 되려고 찾아온 사람에게 환영과 존중받는 느낌을 주지 않았습니다.

저는 그날 약간의 상식을 따르기로 마음먹었습니다. 우리가 원하는 게 아니라 그 고객이 원하는 것을 얘기해야겠다고 생각했습니다. 무엇보다 처음부터 "네"라고 말하도록 유도하기로 결심했습니다. 저는 고객의 입장에 동의했습니다. 그 사람이 주지 않으려는 정보가 필요한 건 아니라 말하고 이렇게 물었습니다. "하지만 선생님이 돌아가셨을 때 저희 은행에 예금이 있다고 생각해보세요. 저희가 법에 따라 상속권이 있는 가족분에게 그 돈을 드리기를 원하시죠?"

"당연하고."

"가족분의 이름을 적어주시면 선생님이 돌아가셨을 때 저희가 지체나 오류 없이 선생님의 바람을 이행할 수 있겠죠?"

"맞아요."

해당 정보를 요구하는 이유가 자신을 위해서라는 사실을 안 뒤, 고객의 태도가 부드러워졌습니다. 그는 은행을 떠나기 전에 필요한 모든 정보를 제공하고, 제가 권유한 대로 신탁계정을 개설하고 어머니를 수익자로 지정했습니다. 어머니에 대한 모든 문항도 기꺼이 작성했습니다. 처음부터 "네, 네"라고 말하도록 유도한 덕분에 그는 고집하던 것을 잊고 제가 권유한 모든 것에 선뜻 응했습니다.

....

웨스팅하우스일렉트릭컴퍼니Westinghouse Electric Company의 영업 담당 조지프 앨리슨은 다음과 같이 이야기했다.

....

제 담당 지역에 회사가 고객으로 유치하고 싶어 하는 사람이 있었습니다. 하지만 전임자가 10년이나 공들였는데도 전혀 실적을 올리지 못했습니다. 저 역시 담당 지역을 넘겨받은 뒤 3년 동안 꾸준히 연락했지만 주문을 따내지 못했습니다. 그러다가 13년에 걸친 통화와 영업 끝에 그에게 모터 몇 대를 판매했습니다. 그 모터가 모두 잘 돌아간다는 게 증명되면 수백 대 추가 주문이 뒤따를 수 있었습니다.

저는 그렇게 기대했습니다. 그 모터가 잘 돌아갈 것임을 알았으니까요. 3주 뒤 기대에 부풀어 전화를 걸었습니다. 그런데 수석 엔지니어가 충격적인 소식을 전했습니다.

"나머지 모터는 사지 못할 것 같네요."

"왜요? 이유가 뭐죠?"

"모터가 너무 뜨거워요. 손을 댈 수가 없어요."

데일 카네기 인간관계론

저는 논쟁해봐야 별 도움이 안 된다는 걸 알았습니다. 그런 짓을 너무 오래 했어요. 그래서 "네" 반응을 끌어내야겠다고 생각했습니다.

"스미스 씨, 그 말에 100퍼센트 동의합니다. 모터가 너무 뜨거운데 더 사면 안 되죠. 미국전기공업회National Electrical Manufacturers Association가 정한 기준보다 뜨겁지 않은 모터를 써야 해요. 그렇죠?"

그는 제 말에 동의했습니다. 첫 "네"를 끌어낸 겁니다.

"전기공업회 규정에 따르면 적절하게 설계된 모터는 실내 온도보다 섭씨 22도까지 높아도 됩니다. 그렇죠?"

"맞아요, 정확합니다. 하지만 당신들 모터는 그보다 훨씬 뜨거워요."

"제철소의 실내 온도가 몇 도인가요?"

"24도 정도 됩니다."

"24도에 22도를 더하면 46도가 되네요. 46도짜리 물이 나오는 수도꼭지에 손을 대고 있으면 화상을 당하지 않을까요?"

"맞아요."

"그렇다면 모터에 손대지 않는 게 좋지 않을까요?"

"그 말이 맞네요."

우리는 그 뒤 한동안 잡담을 나눴습니다. 이후 그는 비서에게 다음 달에 3만 5000달러어치 주문을 넣도록 지시했습니다. 저는 오랜 시간을 들이고, 거래 불발로 큰 손실을 본 뒤에야 논쟁이 도움을 주지 않으며, 상대의 관점에서 상황을 바라보고 "네, 네"라는 말을 끌어내려고 노력하는 게 훨씬 이득이 되고 흥미롭다는 사실을 깨달았습니다.

....

캘리포니아주 오클랜드에서 우리 강좌를 후원한 에디 스노는 자신이 "네, 네"라고 말하게 한 매장 주인 때문에 고객이 된 이야기를 들려줬다. 에디는 석궁 사냥에 관심이 생겨 석궁 매장에서 장비와 소모품을 사는 데 상당한 돈을 썼다. 그는 동생이 놀러 왔을 때 그 매장에서 동생이 쓸 석궁을 빌리려 했다. 점원이 석궁을 빌려주지 않는다고 해서 에디는 다른 매장에 전화를 걸었다.

....

한 남자가 유쾌하게 전화를 받았습니다. 석궁을 빌릴 수 있는지 물었더니, 그는 죄송하지만 여건이 되지 않아서 임대는 하지 않는다고 했습니다. 뒤이어 그는 이전에 석궁을 빌린 적이 있는지 물었습니다. "네, 몇 년 전에 빌린 적이 있어요." 그는 아마 임대료가 25~30달러였을 거라고 했습니다. "맞아요." 그가 이번에는 돈을 아끼고 싶은지 물었습니다. "네." 그러자 그는 필요한 모든 장치를 갖춘 석궁을 34.95달러에 할인 판매한다고 설명했습니다. 임대료보다 4.95달러만 더 내면 전체 세트를 살 수 있다는 거였죠. 그는 임대 서비스를 중단한 이유가 그 때문이라면서, 그게 타당하다고 생각지 않냐고 물었습니다. "그렇다"는 제 대답은 구매로 이어졌습니다. 저는 석궁을 가지러 갔을 때 다른 여러 물건을 구매했으며, 이후 그 매장의 단골이 됐습니다.

....

'아테네의 잔소리꾼' 소크라테스는 역사상 위대한 철학자 중 한 명이다. 그는 역사를 통틀어 소수만 가능한 일을 했다. 바로 인류의

데일 카네기 인간관계론

사고방식을 크게 바꿔놓는 일이다. 그는 사후 24세기가 지난 지금도 다툼이 끊이지 않는 세상에 영향을 끼친 현명한 설득자로 추앙을 받는다.

그가 활용한 수단이 무엇일까? 사람들에게 틀렸다고 말하는 것? 아니다. 소크라테스는 그러지 않았다. 그는 노련했다. '소크라테스 방법론'으로 불리는 그의 수단은 전체적으로 "네, 네" 반응을 끌어내는 데 기반했다. 그는 상대가 수긍하게 만들면서 "네"를 얻어냈다. 그는 상대가 몇 분 전만 해도 강하게 부정하던 결론을 자신도 모르게 받아들일 때까지 질문했다. 앞으로 다른 사람에게 틀렸다고 말하고 싶은 마음이 들거든, 소크라테스를 떠올리며 부드럽게 질문하라. "네, 네" 반응을 얻어낼 질문 말이다.

동방의 오랜 지혜가 담긴 중국 속담이 있다. '사뿐히 걷는 사람이 멀리 간다.' 교양 있는 중국인들은 5000년 동안 인간의 본성을 연구했다. 그래서 앞의 속담과 같은 통찰을 많이 모았다.

원칙 5

상대가 바로 "네, 네"라고 말하도록 만들어라.

불만에 대응하기 위한 안전밸브

대부분 자기 생각을 남에게 설득시킬 때 말을 너무 많이 한다. 그보다는 상대가 원하는 만큼 말하게 하라. 그들은 당신보다 자기 일과 문제를 잘 안다. 그러니 질문하라. 그들이 말하게 하라.

그들의 말에 동의하지 않으면 끼어들고 싶을 수 있다. 그러지 마라. 위험하다. 그들의 머릿속에 표현하고 싶은 생각이 아직 많으면 당신의 말에 주의를 기울이지 않을 것이다. 그러니 참을성 있게, 열린 마음으로 들어라. 진실하게 임하라. 그들이 자기 생각을 충분히 표현하도록 북돋워라.

이런 방식이 비즈니스에 도움이 될까? 다음은 어쩔 수 없이 그런 방식을 따르게 된 영업 담당자의 이야기다.

미국의 대형 자동차 회사 중 하나가 1년 동안 쓸 직물 때문에 협상을 했다. 주요 제조사 세 곳이 샘플을 제작했다. 자동차 회사 임원들은 모든 샘플을 검사한 뒤 각 제조사에 통지서를 보냈다. 특정한 날에 각 제조사 대표자가 와서 최종 홍보할 기회를 준다는 내용이었다.

그중 한 대표인 G. B. R는 자동차 회사가 있는 도시에 도착한 뒤 심한 후두염에 시달렸다. 그는 수강생들 앞에서 당시 이야기를 들려줬다.

....

제가 그 회사 임원들을 만날 차례가 됐을 때, 목소리가 제대로 나오지 않았습니다. 속삭이는 것조차 힘들었습니다. 그런 상태로 회의실에 들어가 직물 엔지니어, 매입 담당자, 영업 이사, 회사 대표와 대면했습니다. 저는 자리에서 일어나 말하려고 노력했지만 쉰 목소리밖에 나오지 않았습니다.

그들은 회의 테이블에 앉아 있었습니다. 저는 종이에 '여러분, 제가 목이 너무 안 좋아서 말을 할 수 없습니다'라고 써서 보여줬습니다. 그러자 회사 대표가 말했습니다. "제가 대신 말하죠." 그는 우리 회사의 샘플을 보여주며 장점을 칭찬했습니다. 이후 그에 대한 논의가 이어졌습니다. 저를 대신하겠다고 말한 대표는 제가 취했을 법한 입장을 대변했습니다. 저는 그저 미소 짓고, 고개를 끄덕이고, 약간의 몸짓을 했습니다.

이 특이한 회의 결과, 저는 계약을 따냈습니다. 약 45만 미터 직물을 160만 달러에 납품하는 조건으로, 제가 그때까지 수주한 최대 규모였습니다. 제가 목소리를 낼 수 있었다면 계약을 따지 못했을 겁니다. 전반적인 문제를 완전히 잘못 이해하고 있었거든요. 다른 사람이 말하도록 두는 게 때로 얼마나 많은 보상을 안기는지 순전한 우연으로 알게 됐습니다.

....

다른 사람이 말하도록 두는 일은 가정에서도 도움이 된다. 바버라 윌슨Barbara Wilson과 딸인 로리의 관계는 급격히 나빠졌다. 조용하고 유순하던 로리는 십대가 되자 말을 안 듣고 때로 적대적으로 변했다. 윌슨 부인이 훈계하고 위협하고 처벌해도 아무 소용이 없었다. 그녀가 한 강좌에서 이야기했다.

....

어느 날 저는 그냥 포기했어요. 로리는 제 말을 듣지 않았고, 제가 시킨 일을 끝내지 않은 채 친구 집에 가버렸죠. 로리가 돌아왔을 때 저는 이전에 수없이 그랬던 것처럼 소리치려 했지만, 기운이 없었어요. 그래서 딸을 보며 슬픈 얼굴로 말했어요. "로리, 대체 왜 이러니?"

로리는 그런 제 모습을 보더니 차분한 목소리로 물었어요. "그 이유를 정말로 알고 싶어?" 저는 고개를 끄덕였어요. 로리는 머뭇거리다가 속에 담아둔 말을 쏟아냈어요. 한 번도 들어보지 못한 말이었죠. 저는 로리에게 항상 이걸 해라, 저걸 해라 시키기만 했어요. 로리가 자기 생각이나 감정, 아이디어를 말하려 해도 중간에 끊고 더 많은 일을 시켰죠. 로리가 저를 필요로 했다는 걸 깨닫기 시작했어요. 지시하는 엄마가 아니라 속마음을 털어놓을 수 있는 엄마, 성장기에 겪는 혼란에 대해 같이 이야기할 수 있는 엄마 말이에요. 저는 들어야 할 때 말하기만 했어요. 딸의 말을 제대로 들어준 적이 없어요.

이후 저는 딸이 원하는 만큼 말하게 해요. 로리는 마음에 담아둔 말을 들려주죠. 우리 관계는 헤아릴 수 없을 만큼 나아졌어요. 로리는 다시 협조적인 아이가 됐어요.

....

한 뉴욕 신문의 금융 면에 능력과 경험이 탁월한 사람을 찾는 대형 구인 광고가 실렸다. 찰스 쿠벨리스는 그 자리에 지원하려고 사서함으로 편지를 보냈다. 며칠 뒤 면접을 보자는 연락이 왔다. 그는 그 회사에 가기 전, 월가에서 몇 시간 동안 대표에 대한 모든 정보를 알아냈다. 쿠벨리스는 면접 자리에서 말했다. "대단한 실적을 올리는 이 회사의 일원이 된다면 너무나 자랑스러울 겁니다. 대표님께서는 28년 전에 책상 하나에 속기사 한 명만 두고 이 사업을 시작하셨다고 들었습니다. 그게 사실인가요?"

성공한 사람들은 거의 모두 초기에 고생한 때를 떠올리기 좋아한다. 그 회사 대표도 예외가 아니었다. 그는 450달러에 독창적인 아이디어만으로 사업을 시작한 이야기를 늘어놓았다. 그는 자신이 실망과 조롱을 이겨냈고, 일요일과 공휴일을 가리지 않고 하루 12~16시간씩 일했으며, 마침내 모든 역경을 넘어선 덕분에 지금은 월가의 주요 경영자들도 자신에게 정보와 조언을 구한다고 말했다. 그는 자신이 지나온 길을 자랑스러워했다. 그에게는 그럴 자격이 있었다. 그는 지난 이야기를 하며 즐거운 시간을 보냈다. 끝으로 그는 쿠벨리스에게 어떤 경험이 있는지 간단하게 물은 뒤, 부사장 한 명을 불러서 말했다. "이 사람이 우리가 찾던 사람인 것 같아."

쿠벨리스는 잠재적 고용주의 업적을 공들여 조사했다. 그는 그 사람과 그의 문제에 관심을 보였고, 그 사람이 말하도록 유도하면서 좋은 인상을 남겼다.

캘리포니아주 새크라멘토에 사는 로이 브래들리는 정반대 상황이었다. 회사 대표인 그는 뛰어난 영업직 후보자가 해당 일자리를 얻은 이야기를 해주었다.

....

우리는 소규모 증권사라서 입원비와 의료보험 지원, 연금 같은 복리 후생 제도가 없었습니다. 모든 영업 담당이 개인 사업자였고, 잠재 고객에 대한 정보도 제공하지 않았습니다. 대형 경쟁사처럼 광고할 수 없었거든요.

리처드 프라이어는 우리가 원하는 경험을 갖췄습니다. 첫 면접을 진행한 제 비서는 그에게 이 일과 관련된 온갖 부정적인 사실을 말했습니다. 그는 약간 실망한 표정으로 제 사무실에 들어왔습니다. 저는 우리 회사에서 일하면 얻는 한 가지 혜택으로 개인 사업자이기 때문에 사실상 자영업과 같다는 점을 들었습니다.

그는 거기에 따른 이점을 이야기하면서 면접을 보러 들어올 때의 부정적인 생각을 스스로 하나씩 떨쳐냈습니다. 반쯤은 자신에게 말하는 것처럼 보일 때가 많았습니다. 가끔 제가 말을 보태고 싶을 때도 있었습니다. 하지만 면접이 끝날 무렵 저는 그가 우리 회사에서 일하고 싶다고 자신을 설득했음을 느꼈습니다.

저는 잘 듣기만 하고 리처드가 대부분 말했습니다. 그래서 그는 머릿속에서 장단점을 공정하게 따질 수 있었습니다. 그는 한번 도전해보자는 긍정적인 결론에 이르렀습니다. 우리는 그를 채용했고, 그는 아주 훌륭한 영업 담당이 됐습니다.

....

데일 카네기 인간관계론

우리 친구들조차 우리의 성과에 대한 이야기를 듣기보다 자신의 성과에 대해 말하기를 훨씬 좋아한다. 프랑스 철학자 라로슈푸코François de La Rochefoucauld가 말했다. "적을 원하면 친구들보다 뛰어나라. 친구를 원하면 친구들이 당신보다 뛰어나게 하라."

이 말이 왜 진실일까? 우리 친구들이 우리보다 뛰어나면 그들은 자신이 중요한 존재라고 느끼기 때문이다. 하지만 우리가 그들보다 뛰어나면 그들은, 적어도 그들 중 일부는 열등감과 질투심이 든다.

이런 독일 속담이 있다. 'Die reiste Freude ist die Schaden Freude(진정한 기쁨은 우리가 시기하는 사람이 불행을 겪을 때 느끼는 사악한 기쁨이다).' 맞다. 친구 중 누군가는 당신이 어려움을 겪을 때 더 즐거울 것이다. 그러니 상대에게 자신의 성공을 떠벌리지 말자. 겸손함만이 최상의 결과를 가져온다. 어빈 콥은 이를 알고 있었다. 한 변호사가 법정에서 증인석에 있는 그에게 말했다.

"미국에서 가장 유명한 작가시라고 알고 있습니다."

콥은 "순전히 운 덕분이죠"라고 말했다.

항상 겸손해야 한다. 우리는 대단하지 않다. 앞으로 100년만 지나면 다 잊혀질 사람들이다. 우리의 하찮은 성공으로 다른 사람을 성가시게 하기에는 인생이 너무 짧다. 대신 상대가 말하도록 하자. 생각해보면, 당신은 그리 잘나지 않았다. 그나마 바보가 되지 않은 건 갑상선 안에 든 요오드 덕분이다. 의사가 조금이라도 빼내 버리면, 바로 바보가 될 것이다. 약국에서 5센트면 살 수 있는 요오드가 당신이 정신 나간 사람들과 구분되는 이유다. 정말 하찮지 않은가?

그러니 다음 원칙을 명심하라.

원칙 6

상대가 많이 말하게 하라.

데일 카네기 인간관계론

07

협력을 얻어내는 방법

당신은 누가 떠먹여준 아이디어보다 직접 떠올린 아이디어를 훨씬 신뢰하지 않는가? 그렇다면 당신의 의견을 다른 사람이 억지로 삼키게 만드는 것은 잘못된 판단이 아닐까? 제안하고 다른 사람이 결론을 생각하도록 하는 게 현명하지 않을까?

필라델피아에 있는 자동차 판매장의 영업과장 아돌프 셀츠는 우리 강좌 수강생이다. 그는 대충대충 일하는 영업 사원들에게 의욕을 불어넣어야 하는 상황에 직면했다. 그는 영업 회의를 소집해 자신에게 무엇을 바라는지 솔직히 말해달라고 했다. 그는 그들이 하는 말을 칠판에 적은 다음 말했다. "앞으로 여러분이 내게 바라는 모든 것을 하겠습니다. 이제 내가 여러분에게 당연히 기대할 수 있는 것이 무엇인지 말해봅시다." 그러자 충성심, 정직성, 적극성, 낙관성, 팀워크, 8시간 동안 열심히 일하는 것 등 빠르게 대답이 나왔다. 영업 회의는 모두에게 새로운 용기와 의욕을 불어넣으며 끝났다. 한 사원은 하루에 14시간 동안 일하겠다고 자원했다. 셀츠는 내게 실적을 엄청나게 올렸다고 알려줬다.

"직원들은 저와 일종의 도덕적 거래를 했습니다. 제가 제 몫을 다 하는 한, 그들도 자신의 몫을 다하는 거죠. 그들이 무엇을 바라고 원하는지 물어보는 건 그들에게 필요한 자극이었습니다."

어떤 것을 사도록 설득당하거나, 어떤 일을 하도록 강요당하고 싶어 하는 사람은 없다. 우리는 자기 뜻에 따라 물건을 사고 행동하는 것을 훨씬 선호한다. 우리는 사람들이 우리의 생각이나 욕구, 바람을 물어주길 원한다.

유진 웨슨의 사례를 보자. 그는 이 진리를 알기까지 영업 수당 수천 달러를 벌 기회를 잃었다. 그는 스타일리스트와 직물 회사를 대상으로 스튜디오가 만든 디자인 도안을 판매했다. 그는 일주일에 한 번 뉴욕의 주요 스타일리스트 한 명을 방문했다. 3년 동안 매주 한 일이다. 그 스타일리스트는 그의 방문을 거부하지 않았지만, 도안을 산 적은 없었다. 항상 그가 가져간 도안을 들여다보고 말했다. "오늘도 쓸 만한 게 없네요."

웨슨은 150번이나 실패한 뒤 자신이 경직된 사고방식에 갇혔음을 깨달았다. 그래서 일주일에 하루는 밤에 인간 행동에 영향을 미치는 방법을 공부하기로 마음먹었다. 그러면 새로운 아이디어와 의욕을 얻는 데 도움이 될 것 같았다.

웨슨은 새로운 접근법을 시도하기로 했다. 그는 미완성 도안 10여 개를 겨드랑이에 끼고 서둘러 그 스타일리스트의 사무실로 갔다.

"괜찮으시면 저를 조금만 도와주실 수 있을까요? 여기 아직 완성되지 않은 도안이 있어요. 어떻게 마무리하면 당신이 활용할 수 있을지 알려주실 수 있을까요?" 그 스타일리스트는 아무 말 없이 한동안 도안을 살피더니 말했다. "오늘은 여기 그냥 두고 가고 며칠 있다가 다시 와요."

웨슨은 사흘 뒤 돌아가 의견을 들었다. 그리고 도안을 스튜디오로 가져가서 그 스타일리스트의 아이디어대로 완성했다. 결과는 어땠을까? 그 스타일리스트는 모든 도안을 받아들였다. 이후 그 스타일리스트는 웨슨에게 다른 도안을 많이 주문했다. 모든 도안은 그 스타일리스트의 아이디어대로 제작했다.

"제가 왜 오랫동안 영업에 실패했는지 깨달았습니다. 저는 제 생각에 그 사람이 필요한 걸 사라고 설득했어요. 그러다가 접근법을 완전히 바꿨죠. 그의 아이디어를 제게 알려달라고 부탁했습니다. 이 방법은 그에게 자신이 도안을 만드는 느낌을 줬고, 실제로도 그랬습니다. 영업할 필요가 없었습니다. 그 사람이 알아서 사줬으니까요."

다른 사람이 자기 아이디어라고 느끼게 만드는 방식은 가정생활에도 통한다. 오클라호마주 털사Tulsa에 사는 폴 데이비스가 이 원칙을 적용한 이야기를 수강생들에게 들려줬다.

....

우리 가족은 어느 때보다 재미있는 휴가를 즐겼습니다. 저는 게티즈버그에 있는 남북전쟁 전장, 필라델피아에 있는 독립기념관, 우리나라의 수도 같은 유서 깊은 곳을 방문하는 걸 오랫동안 꿈꿨습니다. 특히 밸리포지Valley Forge, 제임스타운James town, 윌리엄즈버그Williamsburg의 복원된 식민지 시대 마을을 구경하고 싶었습니다.

3월에 아내 낸시는 여름휴가를 어디로 갈지 생각해뒀다고 했습니다. 서부 지역을 돌며 뉴멕시코, 애리조나, 캘리포니아, 네바다의 흥미로운 곳을 방문한다는 계획이었습니다. 그녀는 오랫동안 서부 여행을 하고 싶어 했습니다. 당연히 서부와 유적지 여행을 다 할 순 없었습니다.

우리 딸 앤은 중학교에서 미국 역사 과정을 마친 터라, 우리나라의 성장을 이끈 사건에 관심이 많았습니다. 저는 앤에게 다음 휴가 때 학교에서 배운 곳을 방문하면 어떻겠냐고 물었습니다. 앤은 좋다고 했습니다.

이틀 뒤 저녁 시간에 낸시는 우리가 동의한다면 동부로 여름휴가를 갈 것이며, 앤에게 유익하고 모두에게 신나는 여행이 될 거라고 했습니다. 우리는 동의했습니다.

....

한 엑스레이 기계 제조업체는 같은 심리를 활용해 브루클린에 있는 대형 병원에 엑스레이 기계를 판매했다. 이 병원은 시설을 확장하며 미국에서 가장 좋은 영상의학과를 만들려고 준비하고 있었다. 영상의학과 L 과장은 자기 회사 장비를 자랑하는 영업 담당자들에게 시달렸다. 한 제조업체 영업 담당자는 더 능숙했다. 다른 영업 담당자보다 인간의 본성을 활용하는 방법을 훨씬 잘 아는 그는 다음과 같은 편지를 썼다.

저희 회사는 근래 새로운 엑스레이 장비 생산 라인을 완성했습니다. 첫 생산분이 막 사무실에 도착했습니다. 저희는 완벽하지 않습니다. 그 사실을 알기에 더 나아지고 싶습니다. 귀하께서 시간을 내어 저희 제품을 살펴보시고 귀하의 업무에 더욱 도움이 되도록 만드는 아이디어를 주신다면 너무나 감사하겠습니다. 대단히 바쁘실 테니 언제든 원하시는 시간에 회사 차량을 보내겠습니다.

L은 수강생들에게 당시 이야기를 전했다.

....

그 편지를 받으니 놀라운 동시에 뿌듯했습니다. 이전에는 엑스레이 기계 제조 업체가 제 조언을 구한 적이 한 번도 없습니다. 제가 중요한 존재라는 느낌이 들었습니다. 그 주에는 매일 저녁 바빴지만, 신형 장비를 살펴보기 위해 약속을 취소했습니다. 신형 장비는 살펴볼수록 마음에 쏙 들었습니다.

아무도 제게 영업하지 않았습니다. 우리 병원을 위해 그 장비를 구매한다는 생각이 제 아이디어처럼 느껴졌습니다. 저는 뛰어난 품질이 마음에 들어 그 장비를 주문했습니다.

....

랠프 월도 에머슨은 《자기 신뢰Self-Reliance》라는 에세이에 썼다. "모든 천재적 작품에서 우리는 자신의 거부당한 생각을 알아본다. 그것은 어떤 낯설고 장엄한 모습으로 우리에게 돌아온다."

에드워드 하우스Edward M. House 대령은 우드로 윌슨이 백악관을 차지했을 때, 국내외 현안에 엄청난 영향력을 행사했다. 윌슨은 심지어 비밀스런 자문과 조언을 구할 때, 자기 정부의 장관들보다 하우스 대령에게 의지했다. 하우스 대령은 어떤 방법으로 대통령에게 영향력을 행사했을까? 다행히 우리는 그 방법을 안다. 하우스 대령이 아서 스미스Arthur D. Howden Smith에게 털어놨고, 스미스는《새터데이 이브닝포스트Saturday Evening Post》기사에서 하우스의 말을 인용했기 때문이다.

....

"대통령을 안 뒤로 어떤 아이디어를 설득할 때 가장 좋은 방법이 무엇인지 깨달았습니다. 그 아이디어를 그의 머릿속에 가볍게 심어주되, 그가 거기에 관심을 쏟게 만드는 것입니다. 그 아이디어를 스스로 생각하게 만드는 거죠. 처음 이 방법이 통한 건 우연이었습니다. 그때 저는 백악관에 가서 그가 반대하던 정책을 추진하도록 촉구했습니다. 며칠 뒤 저녁 식사 자리에서 그가 제 제안을 자신의 것인 양 늘어놓는 걸 보고 놀랐습니다."

....

그때 하우스가 끼어들어 "그건 제 아이디어입니다"라고 했을까? 아니다. 그는 노련했다. 공치사에 관심이 없고, 오직 결과를 원했다. 그래서 윌슨이 계속 그 아이디어를 자기 것이라고 생각하게 됐다. 하우스는 한 발 더 나갔다. 공개석상에서 그 아이디어에 대해 윌슨을

데일 카네기 인간관계론

칭송했다. 우리가 만나는 모든 사람이 우드로 윌슨과 같은 인간적 속성이 있음을 기억하자. 그리고 하우스 대령의 기법을 활용하자.

캐나다의 아름다운 뉴브런즈윅New Brunswick주에 사는 한 사람은 이 기법을 활용해 나를 고객으로 만들었다. 당시 나는 뉴브런즈윅으로 낚시와 카누 여행을 갈 계획이라, 관광국에 편지를 써서 정보를 요청했다. 이후 내 이름과 주소가 우편물 발송 명단에 오른 모양이었다. 곧 여러 캠핑장과 가이드가 보낸 편지, 소책자, 고객 후기가 쏟아졌다. 당황스러웠다. 어디를 골라야 할지 알 수 없었다. 그때 한 캠핑장 주인이 영리한 일을 했다. 그는 자신의 캠핑장에 머무른 뉴욕 사람들의 이름과 전화번호를 보내주고, 그들에게 전화해서 자신의 캠핑장이 어땠는지 직접 알아보라고 제안했다. 놀랍게도 그 명단에 내가 아는 사람이 있었다. 나는 그에게 전화해서 어떤 경험을 했는지 물었다. 이후 전보로 그 캠핑장에 내가 도착할 날짜를 알렸다.

다른 캠핑장 주인들도 나를 고객으로 만들려고 노력했다. 하지만 내가 스스로 판단하도록 한 사람은 한 명뿐이었다. 그 사람은 나를 고객으로 만들었다. 25세기 전, 중국의 현자인 노자도 같은 말을 했다.

....

강과 바다가 수많은 계곡의 경의를 받는 까닭은 자신을 낮추기 때문이다. 그래서 그들 위에 군림할 수 있다. 현자는 백성 위에 서고자 하면 자신을 낮춰야 하고, 백성 앞에 서고자 하면 뒤에 서야 한다. 그래야 백성이 그가 위에 있어도 부담스러워하지 않고, 그가 앞에 있어도 못마땅해하지 않는다.

····················

원칙
7

**당신이 설득하려는 생각을
상대의 생각이라 느끼게 만들어라.**

08

기적을 일으키는 공식

다른 사람이 완전히 틀릴 수도 있음을 명심하라. 그래도 그들은 틀렸다고 생각하지 않는다. 그들을 질책하지 마라. 그런 일은 바보라도 할 수 있다. 그들을 이해하려고 노력하라. 현명하고 관대하고 특출한 사람만 타인을 이해하려고 노력한다.

다른 사람이 그렇게 생각하고 행동하는 데는 나름대로 이유가 있다. 그 이유를 찾아내라. 그러면 그 사람의 행동, 나아가 그의 성격을 간파하는 열쇠를 얻을 수 있다. 그 사람의 입장이 되려고 진심으로 노력하라.

'내가 그 사람이라면 어떻게 느끼고 반응할까?' 자문하라. 그러면 시간 낭비와 짜증을 피할 수 있다. 원인에 관심을 가지면 결과를 싫어할 가능성이 줄어들기 때문이다. 대인기술도 크게 향상할 수 있다.

케네스 구드Kenneth M. Goode는 《사람을 황금으로 바꾸는 법How to Turn People Into Gold》에서 말한다. "당신이 자기 일에 보이는 깊은 관심과 다른 모든 일에 대한 가벼운 관심을 잠시 비교해보라. 그리고 세상 모든 사람의 태도가 이와 같다는 사실을 깨달아라! 그러면 링컨과 루스벨트처럼 인간관계의 확고한 토대를 갖추게 된다. 그 토대는 인간관계의 성공은 다른 사람의 관점에 공감하는 데 좌우된다는 것이다."

뉴욕주 헴스테드Hempstead에 사는 샘 더글러스는 아내에게 잔디밭을 가꾸는 데 너무 많은 시간을 들인다고 잔소리했다. 그의 아내는 일주일에 두 번씩 잡초를 뽑고, 비료를 주고, 잔디를 깎았다. 그래도 잔디밭은 4년 전 이사할 때보다 별로 나아 보이지 않았다. 당연히 아내는 그의 잔소리에 스트레스를 받았다. 그가 잔소리할 때마다 평화로운 저녁 시간이 망가졌다. 더글러스는 우리 강좌를 듣고 그동안 자신이 얼마나 어리석었는지 깨달았다. 그는 아내가 잔디밭 가꾸는 일을 즐기고 있으며, 부지런하다고 칭찬하면 정말 고마워하리라는 것을 전혀 몰랐다.

어느 날, 아내는 저녁을 먹은 뒤 같이 잡초를 뽑자고 말했다. 더글러스는 처음에 거절했다가 생각을 고쳐먹었다. 그는 아내를 따라가 잡초 뽑는 일을 도왔다. 아내는 확연히 기뻐하는 기색을 보였다. 두 사람은 한 시간 동안 일하면서 즐거운 대화를 나눴다.

이후 그는 아내가 잔디밭 가꾸는 일을 자주 도왔다. 잔디밭이 정말 보기 좋고, 흙이 콘크리트처럼 단단한데 훌륭한 작업을 했다고 칭찬도 했다. 그 결과 두 사람은 더욱 행복한 생활을 하게 됐다. 더글러스가 아내의 관점에서 바라보는 법을 익혔기 때문이다. 비록 그 대상이 풀에 지나지 않는다고 해도 말이다.

제시 니런버그Jesse S. Nirenberg는 《사람을 설득하는 법Getting Through to People》에서 말했다. "상대의 생각과 감정을 당신의 것만큼 중요시하는 모습을 보여줄 때 협력적 대화가 이뤄진다. 상대에게 대화의 목적이나 방향을 제시하면서 대화를 시작하고, 당신이 듣는 사람 입장이라면 듣고 싶어 할 말을 하며, 상대의 관점을 받아들이는 일은 상대가 열린 마음으로 당신의 생각을 듣게 한다."

나는 집 근처 공원에서 산책하고 자전거 타기를 즐겼다. 나는 고대 갈리아의 드루이드처럼 오크를 거의 숭배했다. 그래서 해마다 쓸데없는 화재로 어린나무와 떨기나무가 죽는 게 너무나 속상했다. 불을 낸 것은 부주의한 흡연자들이 아니라, 대부분 자연을 즐기려고 나무 아래에서 소시지나 달걀을 요리해 먹는 아이들이었다. 때로는 불길이 거세져 소방차를 불러야 했다.

공원 외곽에는 불을 내면 벌금과 처벌에 처한다는 경고문이 붙었다. 그러나 외진 곳이라 보는 사람이 거의 없었다. 원래는 기마경찰이 공원을 관리해야 했지만, 진지하게 임무를 수행하지 않아 해마다 불이 났다. 한번은 내가 경찰에게 달려가 공원에서 불길이 빠르게 번지고 있으니 소방서에 연락해달라고 했다. 그는 심드렁하게 담당 구역 바깥이라 자기 소관이 아니라고 했다! 절박한 나는 이후 자전거를 탈 때 공원 관리 위원을 자임했다. 초기에는 다른 사람의 관점을 이해하려고 하지 않았다. 그래서 누가 나무 아래에서 불을 피운 걸 보면 못마땅하고, 올바른 일을 하고 싶은 나머지 잘못된 일을 했다.

나는 아이들에게 불을 내면 감옥에 간다고 경고했다. 그리고 위엄 있는 목소리로 끄라고 명령했다. 아이들이 말을 듣지 않으면 경찰을 부르겠다고 위협했다. 나는 아이들의 관점을 생각하지 않고 내 감정을 쏟아냈다.

결과는 어땠을까? 아이들은 내 말을 들었다. 불만과 분노를 품은 채로 말이다. 그래서 내가 사라지면 다시 불을 피워 공원 전체를 태우고 싶었을지도 모른다. 해가 지나면서 나는 인간관계에 대한 약간의 지식과 요령, 다른 사람의 관점에서 상황을 보는 경향이 생겼다. 이후 명령하기보다 불을 피운 아이들에게 가서 말했다.

....

재미있게 놀고 있니? 뭘 구워 먹을 거야? …나도 어릴 때 불 피우기를 좋아했어. 지금도 그래. 너희도 알겠지만, 공원에서 불을 피우는 건 아주 위험해. 너희가 해를 끼치려는 게 아니라는 건 알아. 하지만 다른 아이들은 그다지 조심성이 없어. 그런 아이들은 너희가 불 피운 걸 보면 자기들도 피운 다음에 제대로 끄지도 않고 집에 가버려. 낙엽으로 불이 번지면 나무가 죽지. 우리가 더 조심하지 않으면 여기 나무가 하나도 남지 않을 거야. 여기서 불을 피우면 감옥에 갈 수도 있어. 내가 강제로 끼어들어서 재미있는 시간을 망치고 싶지는 않아. 나도 너희가 재미있게 놀았으면 좋겠어. 부탁인데 지금 낙엽을 모닥불에서 멀리 치워주겠니? 그리고 떠나기 전에 흙을 덮어서 불을 꺼줘. 다음에도 불 피우고 놀려면 저기 모래밭에서 하면 좋겠다. 거기는 해를 끼칠 일이 없어. … 고마워, 애들아. 재미있게 놀아.

....

데일 카네기 인간관계론

이런 말이 얼마나 큰 차이를 만들어내던지! 내 말에 아이들은 불만이나 분노를 품지 않고 협조하고 싶어 했다. 아이들은 아무런 강요를 받지 않아 체면을 살릴 수 있었다. 내가 아이들의 관점을 고려해 상황에 대처한 덕분에 아이들도 나도 기분이 좋았다.

다른 사람의 눈으로 상황을 보는 일은 인간관계의 문제가 감당하기 힘든 지경이 됐을 때 긴장을 완화한다. 오스트레일리아 뉴사우스웨일스New South Wales주에 사는 엘리자베스 노박은 자동차 할부금을 6개월 연체한 적이 있었다. 그때 자신이 겪은 일을 전했다.

....

금요일에 담당자에게 고약한 전화를 받았어요. 월요일 아침까지 122달러를 내지 않으면 회사에서 추가 조치를 강구하겠다고 통보하더군요. 주말에 그 돈을 구할 길이 없었어요. 그래서 월요일 아침 일찍 그 사람의 전화를 받으며 최악의 상황을 예상했어요. 저는 불쾌해하는 대신 그 사람의 관점에서 상황을 봤어요. 너무나 많은 불편을 끼쳐 죄송하다고 진심으로 사과하면서 연체가 이번이 처음이 아니라 아마도 내가 가장 골치 아픈 고객일 거라고 했어요. 그러자 그의 말투가 바뀌면서 나는 전혀 골치 아픈 고객이 아니라고 했어요. 그는 이어 고객이 때로 무례하고, 거짓말하고, 아예 대화를 회피하려는 사례를 들려줬어요. 저는 아무 말도 하지 않고 들으면서 그가 실컷 하소연하게 뒀어요. 그러자 내가 부탁하지도 않았는데 그가 바로 전액을 내지 않아도 괜찮다고 했어요. 월말까지 20달러를 내고 나머지는 편리할 때 내면 된다는 거예요.

....

앞으로 누구에게 불을 꺼달라거나, 당신의 제품을 사달라거나, 당신이 좋아하는 자선단체에 기부해달라고 요청하기 전에 잠시 눈을 감고 상대의 관점에서 모든 것을 생각해보면 어떨까? '저 사람이 그렇게 하고 싶어 할 이유가 뭘까?' 자문하라. 이 일에는 시간이 걸리지만, 그렇게 하면 적을 만드는 것을 피하고 더 나은 결과를 얻을 수 있을 것이다. 마찰이 줄고 발품도 덜 들 것이다.

하버드 경영대학원의 딘 돈햄Dean Donham은 말했다. "만나서 무슨 말을 할지 그리고 상대의 관심사나 동기에 대한 내 지식을 토대로 그 사람이 어떤 대답을 할지 명확하게 파악하기 전에 사무실로 들어가느니 그 앞에서 두 시간 동안 서성일 것이다." 이 말은 너무나 중요하므로 강조하는 의미에서 다시 적어둔다.

만나서 무슨 말을 할지 그리고 상대의 관심사나 동기에 대한 내 지식을 토대로 그 사람이 어떤 대답을 할지 명확하게 파악하기 전에 사무실로 들어가느니 그 앞에서 두 시간 동안 서성일 것이다.

늘 상대의 관점에서 생각하고 상대의 입장에서 상황을 바라보는 태도를 취하라. 그러면 분명 경력에 디딤돌이 될 것이다.

원칙 8

상대의 관점에서 상황을 보려고 진심으로 노력하라.

09

모두가 원하는 것

언쟁을 멈추고, 악감정을 없애고, 호의를 유발하고, 상대가 경청하게 만드는 마법의 말이 있으면 좋지 않을까? 그렇다고? 좋다. 그 말은 다음과 같다. "당신이 그렇게 느끼는 점에 대해서 당신을 전혀 탓하지 않습니다. 내가 당신이라도 분명히 그렇게 느꼈을 겁니다."

이런 대답은 제아무리 성미가 고약한 사람이라도 누그러지게 만든다. 100퍼센트 진심으로 말할 수 있다. 당신이 상대라면 당연히 그렇게 느낄 것이기 때문이다. 알 카포네를 예로 들어보자. 당신이 알 카포네와 같은 신체, 기질, 마음을 물려받았고, 그와 같은 환경에서 같은 경험을 했다고 가정해보라. 그러면 당신도 그와 같은 모습으로, 그와 같은 자리에 설 것이다. 오로지 이런 것들이 그를 그렇게 만들었기 때문이다. 당신이 방울뱀이 아닌 유일한 이유는 당신의 부모가 방울뱀이 아니기 때문이다.

당신은 지금 당신의 모습이 된 데 공이 거의 없다. 당신에게 짜증

내고, 편견을 가지고, 비합리적으로 대하는 사람도 그런 모습이 된 데 잘못이 거의 없다. 불쌍한 악마를 측은히 여겨라. 연민을 가져라. 그들을 동정하라. 당신에게 말하라. "신의 은총이 아니었다면 나도 저렇게 됐을 거야."

당신이 만나는 사람 중 4분의 3은 공감에 굶주려 있다. 그들에게 공감을 베풀어라. 그러면 그들은 당신을 사랑할 것이다.

나는 방송에서 《작은 아씨들Little Women》을 쓴 루이자 메이 올컷 Louisa May Alcott에 관해 이야기한 적이 있다. 당연히 나는 그녀가 매사추세츠주 콩코드Concord에 살면서 불멸의 책을 썼다는 사실을 알았다. 그런데 무심코 뉴햄프셔주 콩코드에 있는 그녀의 옛집을 방문한 적이 있다고 말해버렸다. 한 번 실수했다면 용서받았을 텐데 세상에, 두 번이나 그렇게 말하고 말았다. 무방비 상태인 나를 벌 떼처럼 공격하는 편지와 전보가 쏟아졌다. 많은 사람이 분노했다. 몇 명은 인신공격에 나섰다. 매사추세츠주 콩코드에서 자랐으며, 당시 필라델피아에 살던 한 문화유산 보존 단체의 회원은 내게 불같은 분노를 퍼부었다. 내가 올컷을 뉴기니 출신 식인종이라고 말했어도 그보다 분개할 순 없었을 것이다. 나는 그녀의 편지를 읽으며 '이 여자랑 결혼하지 않아서 정말 다행이야'라고 생각했다. 그녀에게 편지를 써서 나는 지역명을 잘못 말하는 실수를 저질렀지만, 당신은 예의범절을 어기는 훨씬 더 큰 실수를 저질렀다고 말하고 싶었다. 그건 편지의 첫머리에 지나지 않으며, 그다음에 본격적으로 하고 싶은 말을 할 생각이었다. 하지만 그러지 않았다. 그런 일은 성질 급한 멍청이라면 누구나 할 수 있으며, 대다수 멍청이가 그러리라는 것을 깨달았다.

나는 멍청이보다 나은 사람이 되고 싶었다. 그래서 그녀의 적대적 태도를 우호적 태도로 바꿔놓기로 마음먹었다. 그것은 내게 도전이자 일종의 게임이었다. 나는 혼잣말했다. "어쨌든 내가 그녀였다면 같은 기분을 느꼈을 거야." 그래서 그녀의 관점에 공감하기로 했다. 이후 필라델피아에 갔을 때, 나는 그녀에게 전화를 걸었다.

....

나: ○○○ 부인, 몇 주 전에 제게 편지를 보내셨죠? 그래서 고맙다는 말을 하고 싶습니다.

그녀: (지적이고, 교양 있고, 점잖은 말투로) 실례지만 누구시죠?

나: 저를 모르실 겁니다. 제 이름은 데일 카네기입니다. 몇 주 전 일요일에 루이자 메이 올컷에 대한 방송을 들으셨죠? 그때 저는 그녀가 뉴햄프셔주 콩코드에 살았다고 말하는 실수를 저질렀습니다. 바보 같은 실수였어요. 그래서 사과드리고 싶습니다. 부인은 친절하게도 시간을 내서 제게 편지까지 써주셨죠?

그녀: 카네기 씨, 그런 편지를 보내서 미안해요. 그때 제가 화를 참지 못했어요. 사과해야 할 건 저예요.

나: 아닙니다, 그렇지 않아요. 제가 사과드려야죠. 아이들도 그런 실수는 하지 않을 겁니다. 그다음 일요일에 방송으로 사과하기는 했지만, 지금 직접 부인께 사과드리고 싶습니다.

그녀: 저는 매사추세츠주 콩코드에서 태어났어요. 우리 가족은 두 세기 동안

매사추세츠주의 여러 일에 적극적으로 참여했죠. 저는 제 고향에 큰 자부심이 있어서 올컷이 뉴햄프셔에 살았다는 말을 듣고 너무나 속상했어요. 그래도 그런 편지를 보낸 건 정말 부끄럽네요.

나: 그래도 제가 속상한 것에 비하면 10분의 1도 안 될 겁니다. 제 실수가 매사추세츠주에 피해를 준 건 아니지만, 제게는 상처가 됐습니다. 부인처럼 지체 높고 교양 있는 분이 라디오에 나오는 사람에게 편지를 보내는 건 아주 드문 일입니다. 혹시 제가 또 잘못된 말을 하면 편지로 지적해주셨으면 합니다.

그녀: 제 비판을 그렇게 받아주시니 기쁘네요. 아주 좋은 분인 것 같아요. 당신에 대해 더 잘 알아보고 싶어요.

....

내가 그녀의 관점에 공감하고 사과했기 때문에 그녀는 내 관점에 공감하고 사과하기 시작했다. 나는 화를 참았다는 만족감, 모욕을 친절로 갚았다는 만족감을 얻었다. 그녀에게 나가서 스쿨킬강Schuylkill River에 뛰어들라고 말했을 때보다 그녀가 나를 좋아하게 만드는 데 훨씬 큰 즐거움을 얻었다.

백악관을 차지하는 모든 사람은 인간관계에서 거의 매일 까다로운 문제에 직면한다. 태프트 대통령도 예외는 아니었다. 그는 경험을 통해 나쁜 감정을 중화하는 공감의 가치를 깨달았다. 그는《섬김의 윤리Ethics in Service》에서 아들을 위한 야심을 이루지 못해 낙담한 여성의 분노를 누그러뜨린 흥미로운 사례를 제시한다.

....

남편이 어느 정도 정치적 영향력이 있는 워싱턴의 한 여성은 6주 넘도록 나를 찾아와 아들에게 어떤 자리를 달라고 요청했다. 그녀는 상원과 하원 상당수 의원의 지지를 확보했으며, 그들과 같이 와서 그들이 강하게 이야기하는 모습을 지켜봤다. 하지만 그 자리에는 기술적 자격 요건이 필요해서, 나는 기관장의 추천을 받아 다른 사람을 임명했다. 뒤이어 그녀에게서 내가 자신을 행복하게 만들어줄 쉬운 일을 거부했다며 배은망덕하다고 욕하는 편지가 왔다. 그녀는 자신이 주 의원들을 설득해 내가 특별히 관심을 둔 법안을 지지하도록 만들었는데, 자신의 노력에 이런 식으로 보상할 수 있냐고 원망했다.

그런 편지를 받으면 부적절하고 다소 무례한 짓을 저지른 사람을 엄하게 질책하고 싶은 마음이 들게 마련이다. 그래서 그런 내용으로 답장을 쓴다. 당신이 현명하다면 일단 그 답장을 서랍에 넣고 잠근 다음, 이틀 뒤에 꺼내보라. 이런 경우에는 언제나 이틀을 미뤘다가 답장을 보내는 게 좋다. 시간이 지나서 그것을 꺼내면 보내고 싶은 마음이 사라질 것이다. 나는 그런 방식을 취한다. 나는 책상에 앉아 최대한 정중하게 편지를 썼다. 일이 그렇게 돼서 낙담했겠지만, 그 자리는 나의 개인적 선호를 따르는 게 아니라 기술적 자격 요건을 갖춘 사람을 앉혀야 한다. 그래서 기관장의 추천에 따랐다는 내용이었다. 덧붙여 그녀의 아들이 지금의 자리에서 그녀가 바라는 성과를 이루기를 희망한다고 썼다. 내 편지는 그녀를 달래줬다. 그녀는 그런 편지를 보내서 죄송하다는 답장을 썼다.

하지만 나의 임명안이 의회에서 바로 승인되지 않았다. 얼마 후 발신자가 그녀의 남편 이름이지만, 그녀가 쓴 다른 편지와 글씨체가 같은 편지가 왔다.

그녀가 아들의 낙마로 실망한 뒤 인선이 지체되는 데 따른 초조함 때문에 몸져누웠으며, 심각한 위암에 걸렸다는 내용이었다. 임명안을 철회하고 그녀의 아들을 대신 임명해 그녀가 건강을 회복하도록 도와달라는 부탁도 있었다. 나는 다시 편지를 써야 했다. 이번에는 그녀의 남편에게 보내는 편지였다. 나는 그 편지에서 암 진단이 틀렸기를 바라며, 아내분이 중병에 걸린 슬픔에 공감하지만, 임명안 철회는 불가능하다고 했다. 나의 임명안이 승인되고 이틀 후, 우리는 백악관에서 음악회를 열었다. 우리 부부에게 처음 인사한 사람은 그녀와 그녀의 남편이었다. 그녀가 근래 죽을병에 걸렸는데도 말이다.

....

제이 맨검은 오클라호마주 털사에 있는 엘리베이터와 에스컬레이터 관리 회사의 고객 담당이었다. 이 회사는 털사의 주요 호텔에 설치된 에스컬레이터에 대한 관리 계약을 맺었다. 호텔 지배인은 손님의 불편을 최소화하기 위해 에스컬레이터 운행을 두 시간 이상 중단하려 하지 않았다. 하지만 보수 작업에는 적어도 여덟 시간이 필요하고, 호텔이 원하는 시간에 항상 전문 기사가 대기하고 있는 것도 아니었다. 맨검은 최고 수준의 기사를 확보한 뒤 지배인에게 전화를 걸었다. 그는 보수 작업에 필요한 시간을 달라고 언쟁하는 대신 말했다.

....

지배인님의 호텔이 아주 바쁘게 운영되며, 에스컬레이터 운행 중단 시간을 최

데일 카네기 인간관계론

소화하고 싶어 하시는 걸 압니다. 그에 대한 우려를 이해하기 때문에 최선을 다해 지배인님의 요구를 들어드리고 싶습니다. 하지만 저희가 확인한 결과, 지금 제대로 보수하지 않으면 나중에 더 심각한 고장이 날 수 있어 운행 중단 시간이 훨씬 길어질 겁니다. 손님들께 며칠 동안 불편을 끼치고 싶진 않을 겁니다.

....

지배인은 여덟 시간 운행 중단이 며칠보다 낫다는 데 동의할 수밖에 없었다. 맨검은 손님에게 불편을 끼치지 않으려는 지배인의 마음에 공감함으로써 쉽게, 적대감 없이 지배인을 설득했다.

미주리주 세인트루이스Saint Louis에서 피아노 강사로 일하는 조이스 노리스는 피아노 강사가 10대 소녀들과 자주 겪는 문제에 대처한 이야기를 했다. 바베트는 손톱이 아주 길어서 피아노를 제대로 치는 습관을 들이는 데 상당한 애로가 있었다. 노리스 부인은 다음과 같이 문제를 해결했다.

....

저는 바베트의 긴 손톱이 그녀가 바라는 대로 연주를 잘하는 데 방해가 된다는 걸 알았어요. 그래서 레슨을 시작하기 전에 바베트와 대화했어요. 저는 손톱에 대해서는 아무 말도 하지 않았어요. 피아노를 배우려는 의욕을 꺾고 싶지 않았거든요. 그녀가 대단한 자부심이 있고, 예쁘게 다듬으려고 신경 쓰는 대상을 잃고 싶지 않으리란 걸 알았어요. 첫 레슨 후 시기가 적절하다고 판단한 저는 말했어요.

"바베트, 넌 손이 참 예쁘고 손톱도 아름답구나. 다만 네 능력만큼, 바라는 만큼 피아노를 잘 치고 싶다면 손톱을 짧게 다듬어봐. 그러면 아마 훨씬 빨리, 쉽게 칠 수 있어서 놀랄 거야. 당장 깎으라는 게 아니니까 생각해봐. 알았지?"

제 말에 바베트는 확연히 부정적인 표정을 지었어요. 저는 그녀의 어머니에게 이 문제를 얘기했어요. 물론 바베트의 손톱이 정말 예쁘다는 말도 했죠. 이번에도 부정적인 반응이 나왔어요. 예쁘게 매니큐어를 바른 손톱이 바베트에게는 아주 소중한 게 분명했어요.

그다음 주에 바베트는 두 번째 레슨을 받으러 왔어요. 그런데 놀랍게도 손톱이 다듬어져 있었어요. 저는 힘든 결심을 했다며 칭찬했어요. 손톱을 자르도록 설득해준 바베트의 어머니에게도 고맙다고 했어요. 그러자 그녀가 말했어요. "저는 아무것도 한 게 없어요. 바베트가 스스로 결정한 거예요. 그 애가 다른 사람을 위해 손톱을 자른 건 이번이 처음이에요."

....

노리스 부인이 바베트를 위협했나? 손톱을 기른 학생은 가르치지 않겠다고 말했나? 아니다. 그녀는 예쁜 손톱을 자르는 게 힘든 결심임을 알려줬을 뿐이다. 그녀의 말에는 "네 마음을 이해해. 쉽지 않을 거야. 하지만 손톱을 자르면 피아노를 더 잘 치게 될 거야"라는 의미가 담겨 있었다.

솔 후록Sol Hurok은 아마 미국 최고의 기획자일 것이다. 그는 거의 반세기 동안 수많은 예술가를 관리했다. 거기에는 샬랴핀Feodor

Chaliapin, 덩컨Isadora Duncan, 파블로바Anna Pavlova 같은 세계적인 유명인도 포함된다. 후록은 내게 괴팍한 스타를 상대하는 일에서 처음 배운 교훈은 그들의 기벽에 공감하고, 공감하고 또 공감해야 한다는 것이었다고 말했다.

그는 3년 동안 샬랴핀의 기획자로 일했다. 샬랴핀은 메트로폴리탄 극장을 찾는 우아한 청중을 항상 열광시킨 대단한 저음 가수 중한 명이었다. 하지만 그는 끊임없이 문제를 일으키면서 응석받이처럼 굴었다. 후록의 독창적인 표현에 따르면 "그는 모든 면에서 끔찍한 친구였다".

샬랴핀은 공연일 정오 무렵 후록에게 전화를 걸어서 말했다. "미안하지만 목이 너무 안 좋아. 오늘은 공연을 못 할 것 같아." 이때 후록이 그와 말다툼을 벌였을까? 아니다. 그는 기획자가 공연자를 그렇게 다루면 안 된다는 걸 알았다. 그는 샬랴핀이 머무는 호텔로 급히 달려가 한껏 동정심을 보였다. 그는 안쓰러워하며 말했다. "정말 힘들겠군. 불쌍한 친구 같으니. 당연히 노래는 못 하지. 당장 공연을 취소할게. 자네는 몇천 달러만 손해 보면 돼. 자네의 명성에 비하면 아무것도 아냐." 그러면 샬랴핀은 한숨을 쉬며 말했다. "아무래도 자네가 나중에 다시 와보는 게 좋겠어. 5시에 와서 그때 목 상태가 어떤지 보자고."

후록은 5시에 다시 호텔로 가서 한껏 동정심을 보였다. 이번에도 그는 공연을 취소해야 한다고 주장했고, 샬랴핀은 한숨을 쉬며 말했다. "아무래도 나중에 다시 와보는 게 좋겠어. 아마 그때는 괜찮아질 거야." 이 뛰어난 가수는 결국 7시 30분에 공연하는 데 동의했다. 다만 후록이 무대에 올라가 자신이 독감에 걸려서 목 상태가 좋지 않다는 걸 알려야 한다는 조건을 달았다. 후록은 그러겠다고 거짓말했다. 그래야 샬랴핀을 무대로 끌어낼 수 있다는 걸 알았기 때문이다.

아서 게이츠Arthur I. Gates 박사는 《교육심리학Educational Psychology》에서 말했다.

....

인간은 보편적으로 동정심을 원한다. 아이는 많은 동정심을 얻기 위해 상처를 열성적으로 보여주거나, 심지어 상처나 멍을 만들기도 한다. 어른도 같은 목적으로 멍을 보여주고, 사고나 질병, 특히 자세한 수술 내용을 알려준다. 진짜든, 꾸민 것이든 불운에 대한 '자기 연민'은 어느 정도는 보편적인 관행이다.

....

그러니 다른 사람에게 당신의 생각을 설득하고 싶다면 다음 원칙을 실천하라.

원칙 9

상대의 생각과 욕구에 공감하라.

데일 카네기 인간관계론

10

모두가 좋아하는 호소

나는 미주리주에 있는 제시 제임스의 활동 구역 외곽에서 자랐다. 당시 그의 아들이 살던 키어니Kearney에 있는 제임스농장에도 가봤다. 그의 아내는 내게 제시가 열차와 은행강도로 번 돈을 이웃 농부들에게 대출금을 갚으라며 나눠줬다고 이야기했다.

제시 제임스는 아마도 자신을 이상주의자로 여겼을 것이다. 더치 슐츠, '쌍권총' 크롤리, 알 카포네 그리고 다른 많은 범죄 조직의 '두목들'이 몇 세대 후에 그랬던 것처럼 말이다. 당신이 만나는 모든 사람은 자신을 높이 평가하며, 자신이 보기에 선하고 이타적이기를 원한다.

J. P. 모건은 통찰이 담긴 여담에서 대개 사람이 어떤 일을 하는 데는 두 가지 이유가 있는데 하나는 그럴듯한 이유, 다른 하나는 진짜 이유라고 했다. 그 사람 자신은 진짜 이유를 생각할 것이다. 그 점을 강조할 필요는 없다. 하지만 우리는 모두 마음으로는 이상주의자이

기에 그럴듯한 이유를 생각하고 싶어 한다. 그래서 사람을 바꾸려면 고귀한 동기에 호소해야 한다.

이 방법이 비즈니스에서는 너무 이상주의적일까? 펜실베이니아주 글레놀든Glenolden에서 패럴미첼컴퍼니Farrell-Mitchell Company를 운영하는 해밀턴 패럴Hamilton J. Farrell의 사례를 보자. 패럴이 임대한 집에 살던 한 세입자가 불만을 품고 이사하겠다고 위협했다. 그는 계약 만료일이 넉 달이나 남았는데, 임대차계약과 상관없이 즉시 집을 비우겠다고 통보했다. 패럴은 당시 일을 수강생들에게 이야기했다.

....

그 사람은 관리비가 가장 많이 드는 겨우내 그 집에서 살았습니다. 가을까지 세입자를 구하기 어려울 테니 임대료 수입은 물 건너간 셈이죠. 부아가 치밀더군요. 평소 같으면 싸울 듯한 태도로 임차인에게 임대차계약서를 다시 읽어보라고 했을 겁니다. 지금 나가면 남은 기간에 대한 임대료 전액을 즉시 지불해야 한다는 사실을 지적하면서 그 돈을 받아낼 수 있고, 받아낼 거라고 말했을 겁니다. 저는 버럭 화를 내며 소란을 피우는 대신 다른 전술을 시도하기로 했습니다.

"나가겠다는 통보를 받았는데, 아직 믿기지 않네요. 오랫동안 임대업을 하면서 사람 보는 법을 배웠어요. 당신을 처음 볼 때부터 약속을 지키는 사람이라고 판단했어요. 실제로 그걸 확신하기에 도박을 해보려고 해요. 한 가지 제안할게요. 결정을 미루고 며칠 더 생각해보세요. 임대료를 내야 하는 다음 달 초까지 나를 찾아와서 여전히 나가겠다고 말하면 당신의 결정을 받아들이겠다고 약속해요. 그냥 나가게 해주고 내 판단이 틀렸다고 인정할게요. 하지만 나는 당신이 약속을 지키는 사람이고, 임대차계약에 따를 거라고 믿어요. 결국 우리는 사람 아니면 원숭이고, 그 선택은 대개 우리 자신에게 달렸으니까요!"

그는 다음 달에 저를 찾아와서 직접 임대료를 냈습니다. 아내와 의논한 뒤에 계속 살기로 했다고 하더군요. 계약을 지키는 게 유일하게 명예로운 길이라는 결론을 내린 거죠.

....

고 노스클리프 경은 한 신문에 공개하고 싶지 않은 자기 사진이 실린 것을 봤다. 그는 편집장에게 편지를 보냈다. "그 사진을 더는 싣지 말아주십시오. 제가 싫어하는 사진입니다"라고 했을까? 아니다. 그는 고귀한 동기, 즉 우리가 모성에 드러내는 존중과 애정에 호소했다. "그 사진을 더는 싣지 말아주십시오. 어머니가 싫어하십니다."

존 록펠러 주니어는 신문사 사진기자들이 자녀들을 찍지 못하게 하고 싶었다. 그도 고귀한 동기에 호소했다. "아이들의 사진이 신문에 실리는 걸 원치 않아요"라고 말하는 대신 우리가 아이들에게 해를 끼치지 않으려는 마음에 호소했다. "여러분도 아실 겁니다. 여러분 중에는 아이가 있는 사람도 있을 테고, 지나치게 언론에 노출되는 게 아이들한테 좋지 않음을 아실 겁니다."

메인주 출신 가난한 소년이던 사이러스 커티스는《새터데이이브닝포스트》와《레이디스홈저널Ladies' Home Journal》의 소유주로 일약 백만장자가 됐다. 그러나 초기에는 다른 잡지만큼 고료를 지급할 여력이 없었다. 돈만 보고 글을 써줄 일급 작가도 영입할 수 없었다. 그는 고귀한 동기에 호소했다. 그는 《작은 아씨들》을 쓴 불멸의 작가 루이자 메이 올컷이 최고의 명성을 누릴 때, 자기 잡지를 위해 글을 쓰도록 설득했다. 비결은 고료 100달러를 그녀가 원하는 자선단체에 기부하겠다고 제안한 것이다.

이 대목에서 회의적인 사람들은 말할 것이다. "그런 방법은 노스클리프나 록펠러, 감성적인 소설가에게 좋을지 모르죠. 하지만 내가 대금을 받아내야 할 까다로운 고객에게도 통하는지 보고 싶군요!"

당신 말이 맞을 수도 있다. 모든 경우에 통하는 방법은 없다. 모든 사람에게 통하는 방법도 없다. 지금 결과에 만족한다면 굳이 방법을 바꿀 필요가 있을까? 하지만 만족하지 않는다면 새로운 방법을 실험하지 않을 이유가 있을까? 어느 쪽이든 수강생 제임스 토머스가 겪은 이야기가 흥미로울 것이다.

한 자동차 회사의 고객 여섯 명이 수리 대금 지불을 거부했다. 전액을 내지 않겠다고 한 고객은 없었다. 각 고객은 일부 대금이 잘못 청구됐다고 주장했다. 하지만 그들은 모두 작업 내역서에 서명한 상태였다. 회사 측은 대금이 올바로 청구됐다고 생각했고, 그렇게 주장했다. 이것이 첫 번째 실수다. 다음은 채권부 직원들이 연체 대금을 수금할 때 밟은 단계다. 그들이 성공했을 것 같은지 살펴보라.

1. 각 고객을 방문해서 오래 연체된 대금을 받으러 왔다고 무뚝뚝하게 말한다.

2. 회사 측이 절대적으로 옳으며, 따라서 고객이 절대적으로 틀렸음을
   명확히 전한다.

3. 회사 측은 고객보다 차를 훨씬 잘 안다는 사실을 넌지시 알린다. 그러
   니 말다툼할 일이 아니다.

4. 결과: 말다툼을 벌인다.

이런 방법이 고객과 화해하고 미결제 건을 처리하는 데 도움이 됐을까? 당신은 답을 알 것이다. 일이 이렇게 된 상황에서 채권부장은 법적 공방을 벌일 채비에 나섰다. 그때 다행히 총무부장이 해당 사안을 알게 됐다. 그는 문제 고객을 조사한 뒤, 그들 모두 이전에는 대금을 제때 냈다는 사실을 확인했다. 그렇다면 뭔가 잘못된 게 분명했다. 수금 방식에 문제가 있었다. 그는 토머스를 불러 이 '수금 불가' 건을 처리하라고 지시했다. 다음은 토머스가 취한 단계를 설명한 내용이다.

....

1. 제가 각 고객을 방문한 이유는 장기 연체 대금을 받아내는 것이었습니다. 우리는 청구 내역이 맞는다는 걸 분명히 알았지만, 저는 이에 대해 한마디도 하지 않았습니다. 그냥 저희 회사가 어떻게 했는지, 제대로 하지 못한 일은 무엇인지 확인하기 위해 왔다고 말했습니다.

2. 고객의 이야기를 듣기 전에는 아무 의견도 제시하지 않았습니다. 저희 회사가 틀릴 일이 없다고 주장하지 않았습니다.

3. 저는 고객의 차에 관심이 있으며, 고객이 세상 누구보다 그 차를 잘 아는 권위자라고 했습니다.

4. 고객이 하고 싶은 말을 하도록 했으며, 그가 원하고 기대한 대로 관심을 쏟고 공감하면서 들었습니다.

5. 마침내 이성적인 대화가 가능해졌을 때, 공정한 처리에 대한 고객의 생각을 기준으로 모든 문제를 설명했습니다. 저는 고귀한 동기에 호소했습니다. "먼저 저는 저희가 이 문제에 잘못 대처했다고 생각한다는 점을 말씀드리고 싶습니다. 저희 직원이 고객님께 불편과 분노와 짜증을 초래했습니다. 그런 일은 결코 일어나선 안 됩니다. 회사를 대표해 사과드립니다. 고객님의 이야기를 들어보니 대단히 공정하고 인내심 있는 분이라는 인상을 받았습니다. 그래서 부탁드리고 싶은 게 있습니다. 고객님께서 누구보다 잘하실 수 있고, 누구보다 잘 아시는 일입니다. 여기 청구서가 있습니다. 고객님을 믿으니까 보시고 대금을 조정해주셨으면 합니다. 고객님이 저희 회사 대표라 생각하고 해주시면 됩니다. 모든 걸 고객님께 맡기고, 고객님이 정하시는 대로 하겠습니다."

고객이 대금을 조정했을까요? 물론입니다. 그리고 대단히 흡족해했습니다. 대금은 150~400달러 수준이었습니다. 고객이 최대한 이득을 취했을까요? 한 명은 그랬습니다! 그는 아예 한 푼도 못 내겠다고 했습니다. 하지만 나머지 다섯 명은 모두 회사 측에 최대한 이득을 줬습니다! 그보다 대단한 사실은 이후 2년 안에 여섯 명 모두 우리 차를 새로 샀다는 겁니다!

이 경험은 제게 교훈을 줬습니다. 고객에 대한 정보를 전혀 확보할 수 없을 때 일을 진전시키는 유일하게 타당한 방법은 그 고객이 진실하고, 솔직하고, 정직하며, 대금이 제대로 청구됐다는 확신이 들면 기꺼이 지불할 의사가 있다고 가정해야 한다는 것입니다. 달리 말해 사람들은 정직하고, 자기 의무를 이행하고 싶어 합니다. 이 규칙의 예외는 비교적 소수입니다. 저는 상대를 정직하고, 올바르며, 공정한 사람으로 여기는 태도를 보이면 남을 속이는 성향이 있는 사람도 우호적인 반응을 보일 거라고 믿습니다.

....

따라서 다음의 원칙을 명심하라.

| 원칙 10 | 고귀한 동기에 호소하라. |

11

영화도 하고, TV도 하는데,
당신은 왜 하지 않는가

오래전, 《필라델피아이브닝불리틴Philadelphia Evening Bulletin》은 위험한 악선전에 시달렸다. 악의적인 소문이 돌았다. 광고주들은 이 신문이 광고를 너무 많이 싣고 뉴스는 너무 적어서, 독자에게 매력적이지 않다는 말을 들었다. 즉각적인 대응이 필요했다. 풍문을 잠재워야 했다.

하지만 어떻게? 그들은 평일에 발행한 신문의 모든 읽을거리를 추려서 분류한 다음 《하루 분량One Day》이라는 책으로 펴냈다. 분량은 307쪽으로 양장본만큼 두꺼웠다. 그들은 하루치 뉴스와 주요 기사를 모아서 몇 달러가 아니라 몇 센트에 팔았다. 이 책은 그들이 신문에 흥미로운 읽을거리를 많이 싣는다는 사실을 극적으로 드러냈다. 여러 쪽에 걸친 그림과 단순한 말보다 훨씬 생생하고 흥미롭게, 인상적으로 사실을 전달했다.

지금은 극적 표현의 시대다. 단순히 진실을 말하는 것으로 불충분

데일 카네기 인간관계론

하다. 진실을 생생하고 흥미롭게, 극적으로 만들어야 한다. 쇼맨십을 발휘해야 한다. 영화는 그렇게 한다. TV도 그렇게 한다. 당신도 주의를 끌고 싶다면 그래야 한다.

쇼윈도 디스플레이 전문가는 극적 표현의 힘을 안다. 예를 들어 새로운 쥐약을 만든 회사는 대리점에 살아 있는 쥐 두 마리를 포함한 진열창 디스플레이를 제공했다. 쥐들이 전시된 날, 매출이 평소보다 다섯 배 늘었다.

제임스 보인턴은 잠재 고객에게 긴 시장조사 보고서를 제시해야 했다. 그의 회사는 콜드크림 부문의 주요 브랜드를 위해 포괄적인 시장조사를 막 끝낸 참이었다. 해당 시장의 경쟁 상황에 대한 데이터가 즉시 필요했다. 잠재 고객은 광고 시장의 큰손 가운데 한 명이었다. 보인턴이 처음 취한 접근법은 설명을 시작하기도 전에 실패했다. 그가 당시 상황을 설명했다.

....

처음에는 시장조사 방식에 대한 쓸모없는 논쟁 때문에 샛길로 빠지고 말았습니다. 저와 잠재 고객이 자기주장을 앞세웠습니다. 그는 제가 틀렸다고 말했고, 저는 제가 옳다는 걸 증명하려고 애썼습니다. 마침내 제가 논쟁에서 이겼습니다. 저는 만족스러웠지만, 시간이 다 돼 자리가 끝나버렸습니다. 제가 얻은 건 여전히 하나도 없었습니다.

두 번째 갔을 때는 수치와 데이터를 따로 정리하지 않고, 알리고 싶은 사실을 극적으로 표현했습니다. 사무실로 들어가니 그는 한창 통화 중이었습니다.

그가 통화를 끝낼 무렵, 저는 서류 가방을 열어서 콜드크림 32통을 그의 책상에 부었습니다. 모두 그가 아는 경쟁사 제품이었죠. 각 통에는 조사 결과를 정리한 꼬리표가 붙어 있었습니다. 꼬리표에는 관련 내용을 간략하게, 극적으로 요약했습니다.

그래서 어떻게 됐을까요? 더는 논쟁이 벌어지지 않았습니다. 제가 새로운 걸 제시했으니까요. 그는 한 통씩 들어 꼬리표에 담긴 정보를 읽었습니다. 뒤이어 친근한 분위기에서 대화가 오갔습니다. 그는 추가적인 질문을 던졌고, 깊은 관심을 보였습니다. 원래 제게 할애된 시간은 10분이었지만, 한 시간이 지나도록 대화가 이어졌습니다. 저는 이전에 제시한 것과 같은 사실을 제시했지만, 극적 표현과 쇼맨십을 활용해 결과가 크게 달라졌습니다.

....

원칙 11

당신의 생각을 극적으로 표현하라.

12

아무런 방법이 통하지 않을 때
이걸 시도하라

찰스 슈와브가 소유한 한 제철소의 직원들이 생산 할당량을 채우지 못했다. 그가 공장장에게 물었다. "자네처럼 유능한 공장장이 왜 공장을 제대로 돌리지 못하나?"

"잘 모르겠습니다. 직원들을 구슬리고, 압박하고, 욕하고, 저주하고, 해고하겠다고 협박해봤습니다. 그래도 소용이 없었습니다. 아무리 말해도 일을 하지 않습니다." 야간 작업조가 출근하기 직전인 늦은 오후에 오간 대화였다. 슈와브는 공장장에게 분필을 달라고 한 다음 가장 가까이 있는 직원에게 물었다. "오늘 몇 개나 생산했나?"

"여섯 개입니다."

슈와브는 아무 말 없이 바닥에 크게 '6'이라고 쓴 다음 자리를 떠났다. 야간 작업조는 그 숫자를 보고 무슨 의미인지 물었다. 주간 작업조 직원이 답했다. "오늘 회장님이 여기 왔는데, 몇 개나 생산했냐고 물어서 여섯 개라고 대답했지. 그랬더니 저렇게 써놓고 가셨어."

다음 날 아침, 슈와브가 다시 공장에 왔다. 야간 작업조는 '6'을 지우고 크게 '7'이라고 썼다. 아침에 출근한 주간 작업조는 바닥에 쓰인 숫자를 보고 생각했다. '야간 작업조가 우리보다 낫다는 거야? 우리 실력을 보여줘야겠군.' 그들은 일에 매달렸고, 그날 일을 마쳤을 때 바닥에 크고 뽐내는 듯한 '10'을 남겼다. 이후 생산량이 계속 늘었다. 얼마 지나지 않아 생산량이 뒤처지던 이 제철소는 다른 어떤 제철소보다 많은 철강을 생산했다.

이런 변화를 끌어낸 원칙은 무엇일까? 찰스 슈와브의 말을 들어보자. "일을 이루는 방법은 경쟁을 촉진하는 겁니다. 야비하고 돈만 바라는 경쟁이 아니라 앞서고자 하는 욕구에 따른 경쟁입니다." 앞서고자 하는 욕구를 자극하는 것, 도전 의욕을 불러일으키는 것, 도전장을 던지는 것은 열정에 호소하는 확실한 방법이다.

시어도어 루스벨트는 도전 정신이 아니었다면 미국 대통령이 되지 못했을 것이다. 쿠바에서 의용 기병대를 이끌고 막 돌아온 그는 뉴욕 주지사 후보로 선출됐다. 상대편은 그가 법적으로 뉴욕 주민이 아니라는 사실을 발견했다. 루스벨트는 이에 놀라서 출마를 철회하려고 했다. 그때 뉴욕주 상원의원 토머스 플랫Thomas Collier Platt이 도전을 제기했다. 루스벨트를 향해 몸을 돌리고 쩌렁쩌렁한 목소리로 소리쳤다. "산후안San Huan 언덕의 영웅이 겁쟁이였나요?" 루스벨트는 결국 싸움을 계속했고, 익히 알려진 역사를 써 내려갔다. 도전은 그의 삶만 바꾼 게 아니라 나라의 미래에 실질적인 영향을 미쳤다.

고대 그리스 왕실 수비대의 구호다. '모든 사람은 두려움이 있으나 용맹한 자는 두려움을 억누르고 나아가며, 때론 죽음에 이르지만 언제나 승리한다.' 두려움을 극복할 기회보다 큰 도전이 있을까?

앨 스미스Al Smith는 뉴욕 주지사 시절, 도전에 직면했다. 당시 악마의 섬Devil's Island 서쪽의 악명 높은 싱싱교도소에는 소장이 없었다. 추문이 교도소를 떠돌았다. 스미스에게는 싱싱교도소를 다스릴 강한 사람, 강철 같은 사람이 필요했다. 도대체 누구를 앉혀야 할까? 그는 뉴햄프턴New Hampton 교도소에서 근무하던 루이스 로스Lewis E. Lawes를 불렀다.

로스가 왔을 때 스미스는 유쾌하게 말했다. "싱싱교도소를 맡아보는 게 어떤가? 경험 있는 사람이 필요해." 로스는 깜짝 놀랐다. 그는 싱싱교도소가 위험한 곳임을 알았다. 게다가 싱싱교도소장은 갑작스런 정치적 외풍에 휘말릴 수 있는 자리였다. 소장이 여러 번 바뀌었고, 불과 3주 만에 물러난 소장도 있었다. 그는 경력을 고려해야 했다. 위험을 감수할 가치가 있는지 고민하지 않을 수 없었다.

머뭇거리는 로스를 본 스미스는 의자에 몸을 기대며 미소 지었다. "젊은 친구, 자네가 겁먹는 걸 탓하고 싶지 않아. 힘든 자리니까. 그런 자리를 맡아서 지키려면 큰 인물이어야 해." 이 말을 들은 로스는 '큰' 인물이 필요한 자리를 맡아보고 싶어졌다. 그래서 맡았고, 당대 가장 유명한 교도소장이 될 때까지 지켜냈다. 그가 쓴 《싱싱교도소에서 보낸 2만 년20,000 Years in Sing Sing》은 수십만 권이나 팔렸다. 그의 방송 인터뷰와 감옥 생활에 관한 이야기는 영화 십여 편에 영감을 줬다. 범죄자도 '인간'임을 알린 그의 활동은 교도소 개혁이라는 기적을 일으켰다.

파이어스톤타이어앤드러버컴퍼니Firestone Tire and Rubber Company
를 창립한 하비 파이어스톤Harvey S. Firestone은 말했다. "돈만으로 좋
은 사람들을 한데 모으거나 오래 붙잡은 적은 한 번도 없다. 중요한
건 게임 그 자체다." 뛰어난 행동과학자 프레더릭 허츠버그Frederic
Herzberg도 이 말에 동의했다. 그는 공장노동자부터 고위 임원까지
수천 명의 근로 태도를 심층 분석했다. 그가 찾아낸 최고의 동기부여
요소, 가장 의욕을 불러일으키는 직업적 측면은 무엇일까? 돈? 좋은
근무 여건? 복리 후생? 아니다. 사람들에게 동기를 부여하는 주요소
는 일 그 자체다. 일이 흥미롭고 재미있으면 노동자는 그 일을 하고
자 기대하며, 일을 잘하려는 동기를 품었다.

그게 성공한 모든 사람들이 사랑하는 것이다. 게임 말이다. 자신
을 표현할 기회, 자기 가치를 증명하고 앞서가고 승리할 기회 말이
다. 그 때문에 달리기 경주와 고함 지르기 대회와 파이 먹기 대회가
열리는 것이다. 남보다 뛰어나고 싶은 욕구, 자신이 중요한 존재라고
느끼고 싶은 욕구 말이다.

**원칙
12**

도전 의욕을 불러일으켜라.

데일 카네기 인간관계론

사람들에게 당신의 생각을 설득하는 방법

* 원칙 1_논쟁에서 이기는 유일한 방법은 논쟁을 피하는 것이다.

* 원칙 2_상대의 의견을 존중하는 태도를 보여라. 절대 "당신이 틀렸어요"라고 말하지 마라.

* 원칙 3_틀렸으면 빠르게, 확실하게 인정하라.

* 원칙 4_우호적인 태도로 시작하라.

* 원칙 5_상대가 바로 "네, 네"라고 말하도록 만들어라.

* 원칙 6_상대가 많이 말하게 하라.

* 원칙 7_당신이 설득하려는 생각을 상대의 생각이라 느끼게 만들어라.

* 원칙 8_상대의 관점에서 상황을 보려고 진심으로 노력하라.

* 원칙 9_상대의 생각과 욕구에 공감하라.

* 원칙 10_고귀한 동기에 호소하라.

* 원칙 11_당신의 생각을 극적으로 표현하라.

* 원칙 12_도전 의욕을 불러일으켜라.

PART 4

불쾌감이나 반발심을 자극하지 않고 변화시키는 방법

NINE WAYS TO CHANGE PEOPLE
WITHOUT GIVING OFFENCE OR
AROUSING RESENTMENT

01

잘못을 지적해야 하면
이렇게 시작하라

내 친구는 캘빈 쿨리지Calvin Coolidge 대통령 시절, 주말 동안 백악관에 초대받은 적이 있다. 우연히 대통령의 개인 사무실로 가다가 쿨리지가 비서에게 하는 말을 들었다. "오늘 아침에 자네가 입은 드레스, 예쁘더군. 자네는 참 매력적인 여성이야." 아마도 이는 '과묵한 칼Silent Cal'이 평생 비서에게 한 가장 야단스러운 칭찬이었을 것이다. 너무나 드물고 예상치 못한 일이라 비서는 어쩔 줄 몰랐다. 쿨리지가 덧붙였다. "그렇다고 우쭐하지 말게. 그냥 기분 좋으라고 한 말이야. 앞으로 구두점에 좀 더 신경 쓰도록 해."

쿨리지의 방법이 뻔해 보일 수 있다. 그러나 심리적 측면에서 탁월했다. 장점에 대한 칭찬을 들은 뒤 불쾌한 말을 듣는 게 언제나 더 쉽다.

이발사는 면도하기 전에 비누 거품을 칠한다. 매킨리는 1896년 대선에 출마했을 때, 바로 그런 일을 했다. 당시 한 유력 공화당원이 연설 원고를 썼다. 자신이 보기에 키케로Marcus Tullius Cicero와 패트릭 헨리Patrick Henry, 대니얼 웹스터를 합친 것보다 조금 나은 수준이었다. 그는 흡족해하면서 자신이 쓴 불멸의 연설문을 매킨리에게 크게 읽어줬다. 실제로 그의 연설문에는 좋은 부분이 있었지만, 그것으로 부족했다. 거센 비판이 제기될 것이 분명했다. 매킨리는 그에게 상처를 주고 싶지 않았다. 그의 대단한 의욕을 꺾지 않으면서도 "이건 안 된다"고 말해야 했다.

"아주 훌륭해. 정말 멋진 연설문이야. 누구도 이보다 잘 쓰지는 못할 거야. 다만 올바른 말을 하는 부분이 많은데, 그 자리에서 하는 게 맞을지 모르겠어. 자네 관점에서 보면 합당하고 냉철한 말이겠지만, 나는 당의 관점에서 그 영향을 고려해야 해. 그러니 집에 가서 내 말을 참고해 다시 써서 사본을 보내주게."

그는 매킨리가 시킨 대로 했다. 매킨리는 파란색 연필로 수정하면서 연설문을 다시 쓰도록 도왔다. 덕분에 매킨리는 효과적인 유세 연설을 할 수 있었다.

다음은 링컨이 쓴 두 번째로 유명한 편지다. (가장 유명한 편지는 전투에서 다섯 아들을 잃은 빅스비 부인에게 자신의 슬픔을 전한 편지다.) 링컨은 아마 이 편지를 5분도 안 되는 시간에 급히 썼을 것이다. 그런데도 이 편지는 1926년에 열린 공개 경매에서 1만 2000달러에 팔렸다. 이 금액은 링컨이 반세기 동안 열심히 일하면서 모은 돈보다 많다. 남북전쟁에서 가장 암울하던 1863년 4월 26일에 쓴 이 편지는 조지프 후커 장군에게 보낸 것이다. 당시 북군 장성들은 연이

데일 카네기 인간관계론

은 비극적 패배를 당했다. 그것은 무의미하고 어리석은 병력 소모에 지나지 않았다. 국민은 경악했고, 수천 명이 탈영했다. 심지어 공화당 상원의원들은 링컨을 백악관에서 쫓아내고 싶어 했다. 링컨은 말했다. "현재 우리는 파멸의 위기에 직면했습니다. 하느님조차 우리를 저버리신 것 같습니다. 전혀 희망이 보이지 않습니다." 이 편지는 암울한 슬픔과 혼돈의 시기에 쓰였다.

이 편지를 여기에 싣는 이유는 후커 장군의 행동에 국운이 걸린 상황에서 다루기 힘든 그를 링컨이 어떻게 바꾸려고 애썼는지 볼 수 있기 때문이다. 이는 아마 대통령이 된 후 링컨이 쓴 가장 날 선 편지일 것이다. 그럼에도 엄청난 과오를 지적하기 전에 후커 장군을 칭찬한 걸 알 수 있다.

실제로 후커 장군은 엄청난 과오를 저질렀다. 하지만 링컨은 그렇게 말하지 않았다. 그는 온건하고 외교적이었다. "내가 그다지 만족할 수 없는 몇 가지 일이 있습니다"라고 썼다. 실로 노련하고 외교적인 말이 아닌가!

나는 당신을 포토맥 부대의 지휘관으로 앉혔습니다. 그럴 만한 이유가 충분하다고 여겨서 그렇게 한 것입니다. 하지만 내가 그다지 만족할 수 없는 몇 가지 일이 있다는 걸 당신에게 알리는 게 좋다고 생각했습니다.

당신이 용맹하고 유능한 군인이라 믿습니다. 당연히 나는 그런 군인을 좋아합니다. 당신이 정치와 당신의 일을 뒤섞지 않을 거라 믿으며,

그 점에서 당신은 옳습니다. 당신은 자신을 믿습니다. 그것은 귀중하고 불가결한 자질입니다.

당신은 야망이 있습니다. 야망은 적절한 한계에서는 해를 끼치기보다 도움이 됩니다. 하지만 당신은 번사이드 장군이 부대를 지휘하는 동안 당신의 야심 때문에 갖은 수를 써서 그를 방해했습니다. 그것은 이 나라와 칭송받을 자격이 있는 훌륭한 동료 지휘관에 대한 크나큰 잘못입니다.

나는 믿을 만한 소식통에게 당신이 근래에 군과 정부에 독재자가 필요하다는 말을 했다고 들었습니다. 그럼에도 나는 당신에게 지휘권을 맡겼습니다. 성공한 장군만이 독재자로 자리매김할 수 있습니다. 지금 당신에게 군사적 성공을 요구하는 동시에, 독재자가 나올 위험을 감수할 것입니다.

정부는 지금까지 그랬듯이 더도 덜도 없이 최대한 당신을 지원할 것이며, 모든 지휘관을 위해 그렇게 할 것입니다. 당신이 퍼뜨린 지휘관을 비판하고 불신하는 풍조가 이제 당신의 발목을 잡을 것 같아 걱정스럽습니다. 그런 풍조가 사라지도록 최대한 당신을 돕겠습니다.

당신은 물론이고 나폴레옹이 살아난대도 그런 풍조에 물든 군대로는 좋은 성과를 거둘 수 없습니다. 앞으로 경솔하게 행동하지 않도록 주의하십시오. 주의하되 열의와 부단한 경계심으로 나아가 우리에게 승리를 안겨주십시오.

당신은 쿨리지나 매킨리, 링컨 같은 사람이 아니다. 그래서 이런 철학이 비즈니스를 위한 일상적 접촉에서 당신에게 도움이 될지 알고 싶을 것이다. 필라델피아에 있는 워크컴퍼니Wark Company에서 일하는 W. P. 고의 사례로 알아보자.

워크컴퍼니는 특정한 날짜까지 필라델피아에 대형 사무용 빌딩을 짓는 계약을 맺었다. 모든 일이 순조로웠다. 그러나 빌딩이 거의 완공됐을 무렵, 외벽에 붙일 청동 장식물을 제작하던 하청 업체가 갑자기 납품 기한을 맞출 수 없다고 통보했다. 큰일이었다. 전체 공정이 중단됐다. 완공 날짜를 어기면 거액의 위약금을 물어야 했다. 속 터지는 손실이었다. 이 모든 게 한 사람 때문이었다.

장거리 통화로 언쟁이 오갔다. 살벌한 대화가 이어졌다. 그러나 모두 헛된 일이었다. 담판을 짓기 위해 고가 뉴욕에 파견됐다.

고는 서로 소개가 끝나자마자 하청 업체 대표에게 물었다. "브루클린에서 당신과 이름이 같은 사람이 한 명도 없다는 걸 아세요?" 하청 업체 대표는 뜻밖의 말에 놀라며 대답했다. "아뇨, 몰랐습니다."

"오늘 아침 기차에서 내려 여기 주소를 확인하려고 전화번호부를 봤어요. 그랬더니 브루클린에 당신 이름이 하나뿐이었어요."

하청 업체 대표는 흥미롭게 전화번호부를 확인하고 자랑스럽다는 듯 말했다. "특이한 이름이긴 하죠. 저의 가문은 거의 200년 전에 네덜란드에서 건너와 뉴욕에 자리 잡았어요." 그는 자신의 가문과 조상에 관한 이야기를 몇 분 동안 이어갔다. 그가 이야기를 마쳤을 때, 고는 공장이 아주 크다고 감탄했다. "제가 방문한 청동 공장 가운데 제일 깨끗하고 깔끔해요." 하청 업체 대표가 말했다. "이 사업을 일구는 데 평생을 바쳤습니다. 그래서 자부심이 있어요. 한 번 공장을 살펴보시겠습니까?"

고는 공장을 둘러보는 동안 가공 시스템을 칭찬하며 경쟁사보다 우월한 점과 그 이유를 말했다. 특이한 기계도 언급했다. 그러자 하청 업체 대표는 자신이 직접 고안한 기계라고 말했다. 그는 상당한 시간을 들여 기계를 작동하는 법과 우월한 결과물을 보여줬다. 그는 공장을 함께 둘러본 뒤 고에게 점심을 대접하겠다고 고집했다. 지금까지 고가 방문한 진짜 목적은 한마디도 안 했다는 점에 주목하라.

점심 식사를 마치고 하청 업체 대표가 말했다. "이제 일 이야기를 하죠. 당신이 왜 왔는지 알고 있습니다. 그래서 이렇게 즐거운 자리가 되리라곤 전혀 예상 못했습니다. 다른 주문을 미루더라도 그쪽에 납품할 물건을 만들어서 보낼 테니 안심하고 돌아가세요."

고는 한마디 요구도 없이 모든 것을 얻었다. 물건은 제때 도착했고, 건물은 계약서에 명시된 날짜에 완공됐다. 고가 이런 경우에 일반적인 공격법을 썼어도 이렇게 풀렸을까?

불쾌감 없이 사람을 변화시키는 첫 번째 원칙은 다음과 같다.

> **원칙 1**
>
> **칭찬과 진정한 인정으로 대화를 시작하라.**

데일 카네기 인간관계론

02

비판해도 미움을 사지 않는 법

찰스 슈와브는 어느 날 정오 무렵 한 제철소를 지나다가 직원들이 담배를 피우는 모습을 목격했다. 그들 바로 위에는 '금연' 표지판이 걸려 있었다. 슈와브가 표지판을 가리키며 "자네들은 글을 읽을 줄 모르나?"라고 말했을까? 아니다. 그는 그들에게 걸어가 담배를 건네 며 말했다. "이건 밖에서 피워주면 고맙겠네." 그들은 자신들이 규칙을 위반한 사실을 슈와브가 안다는 걸 알았다. 그런데 아무 말도 하지 않고 작은 선물을 주면서 자신들이 중요한 존재라고 느끼게 해준 것에 존경심이 생겼다. 그런 사람을 어떻게 좋아하지 않을 수 있을까?

존 워너메이커도 같은 기법을 썼다. 그는 매일 필라델피아에 있는 자신의 백화점을 시찰했다. 한번은 고객이 계산대에서 기다리는 모습을 봤다. 아무도 그 손님에게 신경 쓰지 않았다. 판매원은 반대편 카운터에 모여서 자기들끼리 웃고 떠들었다. 워너메이커는 한마디도

하지 않고 조용히 계산대에 들어가 직접 그 손님을 응대했다. 그리고 손님이 산 물건을 판매원이 포장하도록 넘겨준 뒤 자리를 떠났다.

공직자는 흔히 주민이 접근하기 어렵다는 비판을 받는다. 그들은 바쁜 사람이며, 때로는 상사가 너무 많은 방문자에게 시달리지 않도록 지나치게 보호하는 비서들이 문제이기도 하다. 디즈니랜드가 자리한 플로리다주 올랜도Orlando의 장수 시장 칼 랭퍼드Carl Langford는 누구나 자신을 만날 수 있게 하라고 보좌진을 혼내는 일이 잦았다. 그는 '열린 문' 정책을 지향한다고 공표했는데, 보좌진이 자꾸 주민을 차단했다.

마침내 그는 해결책을 찾았다. 바로 사무실 문을 없애는 것이었다! 그제야 보좌진은 그의 뜻을 알아차렸다. 문을 없애는 상징적인 조치를 내린 뒤 그는 진정한 개방적 시정 활동을 이어갔다.

세 글자로 된 단어 하나를 바꾸기만 해도 불쾌감이나 반발심 없이 사람을 바꾸는 일의 성패가 달라지는 경우가 많다. 많은 사람은 진실한 칭찬 뒤에 '하지만'이라 하고 비판적인 말을 덧붙인다. 예를 들어 우리는 공부에 대한 자녀의 부주의한 태도를 바꾸려고 이런 식으로 말한다. "조니, 이번 학기에 성적이 올라서 네가 자랑스러워. 하지만 대수학을 좀 더 열심히 공부했다면 성적이 더 좋았을 거야." 조니는 '하지만'이라는 말을 듣기 전에 한껏 고무됐을 것이다. 그러나 그 다음부터 앞에 한 칭찬의 진정성을 의심할 것이다. 실패를 에둘러 비판하려고 꾸며낸 도입부로 보지 않을까? 결국 신뢰가 무너져 공부에 대한 조니의 태도를 바꾸는 목적을 달성하지 못할 것이다.

이런 문제는 '하지만'을 '그리고'로 바꾸면 극복하기 쉽다. "조니, 이번 학기에 성적이 올라서 네가 자랑스러워. 그리고 다음 학기에 계속 노력하면 대수학 점수도 다른 과목처럼 잘 나올 거야." 이러면 조니는 칭찬을 있는 그대로 받아들일 것이다. 실패를 암시하는 말이 뒤따르지 않기 때문이다. 우리는 간접적인 방식을 통해 바꾸고자 하는 행동으로 그의 주의를 끌었다. 따라서 조니가 우리의 기대를 충족하기 위해 노력할 가능성이 크다.

간접적으로 실수에 대해 주의를 환기하는 것은 직접적인 비판에 강한 반발심을 품는 예민한 사람에게 아주 잘 통한다. 로드아일랜드주 운소컷Woonsocket에 사는 마지 제이콥은 집을 증축할 때 대충 일하는 인부들이 작업 후 청소하게 만든 일을 이야기했다.

공사 초기 며칠 동안 제이콥 부인은 퇴근 후 마당에 널린 원목 쪼가리를 봤다. 그녀는 일을 잘하는 인부들의 반감을 사고 싶지 않았다. 그래서 그들이 돌아간 뒤 아이들과 함께 원목 쪼가리를 주워서 구석에 깔끔하게 쌓았다. 다음 날 아침 그녀는 반장을 따로 불러서 말했다. "엊저녁에 마당이 깔끔하게 치워져서 정말 기뻤어요. 보기좋고 깨끗해서 이웃들이 불쾌해할 일이 없겠어요." 이후 인부들은 원목 쪼가리를 구석에 쌓아뒀다. 반장은 매일 그녀를 찾아와 전날 작업 후 마당 청소를 잘했다는 점을 인정받고 싶어 했다.

예비군과 현역 조교 사이에 갈등을 빚는 주된 문제 중 하나가 두발이다. 예비군은 자신을 일반인(대다수 시간 동안 그렇다)이라고 여기기 때문에 머리를 짧게 깎는 걸 싫어한다. 542 예비군 훈련소의 할리 카이저 상사는 비임관 예비군 장교를 상대할 때 이 문제를 직접 해결했다. 구세대 육군 상사인 그는 교육생에게 소리치고 위협할 것처럼 보였다. 하지만 그는 간접적으로 자기 의도를 전달하는 쪽을 택했다.

"여러분은 리더입니다. 리더는 모범을 보일 때 부하를 가장 잘 이끌 수 있습니다. 여러분은 부하들이 따를 모범이 돼야 합니다. 여러분은 육군의 두발 규정을 알고 있습니다. 나는 아직 여러분보다 머리가 훨씬 짧지만, 오늘 이발할 겁니다. 여러분도 거울을 보고 좋은 모범이 되기 위해 머리를 잘라야겠다는 생각이 들면 우리가 부대 이발소에서 자를 수 있도록 준비하겠습니다."

그 결과는 쉽게 예측할 수 있다. 예비군 간부 여러 명이 거울을 보고 그날 오후 이발소로 가서 '정규' 이발을 했다. 카이저 상사는 다음 날 아침, 일부 간부의 리더십 자질이 벌써 개발되는 게 보인다고 말했다.

1887년 3월 8일, 달변가 헨리 워드 비처가 사망했다. 그 주 일요일, 라이먼 애벗은 비처의 죽음으로 빈 설교단에서 설교해달라는 요청을 받았다. 그는 최선을 다하고 싶어서 플로베르Gustave Flaubert처럼 꼼꼼하게 고치고 또 고치면서 원고를 다듬었다. 그는 완성한 내용을 아내에게 읽어줬다. 하지만 글로 쓴 연설이 대부분 그렇듯 내용이 좋지 않았다. 아내가 분별력이 부족했다면 이렇게 말했을 것이다. "형편없어. 이걸로는 안 돼. 사람들이 졸 거야. 사전을 읽는 것 같아. 그렇게 오래 설교를 했으면 이걸로 안 된다는 정도는 알아야지. 왜 인간적으로 말하지 못해? 왜 자연스럽게 행동하지 못해? 그걸 읽었

데일 카네기 인간관계론

다가는 망신을 당하고 말 거야."

그랬다면 어떤 일이 생겼을지 당신은 알 것이다. 그녀도 알았다. 그래서 《노스아메리칸리뷰North American Review》에 실으면 좋을 글이라고 말했다. 다시 말해 남편의 글을 칭찬하는 한편, 설교로 하기에는 부족하다고 은근히 알렸다. 애벗은 아내의 말뜻을 이해하고 꼼꼼히 준비한 원고를 찢어버렸다. 그리고 메모도 보지 않고 설교했다.

다른 사람의 실수를 바로잡는 효과적인 방법은 이것이다.

> **원칙 2**
>
> **다른 사람의 실수에 대해 간접적으로 주의를 환기하라.**

03

당신의 실수부터 말하라

조카 조세핀 카네기가 나의 비서로 일하기 위해 뉴욕으로 왔다. 당시 열아홉 살이던 그녀는 3년 전에 고등학교를 졸업했고, 업무 경험은 거의 없었다. 그래도 조세핀은 수에즈 서쪽에서 손꼽히는 비서가 됐다. 처음에는 실수가 잦았다. 어느 날 조카를 질책하던 나는 문득 생각했다. '잠깐, 너는 조카보다 나이가 두 배나 많아. 업무 경험은 1만 배나 많고. 어떻게 조카한테 너와 같은 관점, 판단력, 진취성을 기대할 수 있지? 그게 그리 대단하지 않아도 말이야. 너는 그 나이 때 어땠는지 알아? 네가 저지른 터무니없는 실수와 잘못을 기억해? 이런 저런 짓을 한 걸 기억해?'

나는 정직하고 공정하게 따져본 뒤, 열아홉 살인 조세핀의 타율이 그 나이 때 나보다 낫다는 결론을 내렸다. 고백하기 미안하지만, 그게 조세핀에게 칭찬은 아니었다. 그다음부터 실수에 대해 주의를 환기할 때는 먼저 이렇게 말했다. "실수했구나. 그래도 내가 저지른 많은 실수보다 나아. 사람은 판단력을 갖고 태어나지 않아. 경험을 쌓아야 판단력이 생기지. 네 나이 때 나보다 네가 나아. 나는 멍청하고 어리석은 짓을 많이 했어. 그래서 너나 다른 사람을 비판하고 싶은 마음이 별로 없어. 그래도 이러저러하게 했으면 더 낫지 않을까?" 당신을 비판하는 사람이 자기도 결점이 없지 않다고 겸손하게 인정하고 시작하면, 당신의 잘못에 대해 듣는 일이 그리 어렵지 않다.

캐나다 매니토바주 브랜던Brandon에서 엔지니어로 일하는 E. G. 딜리스톤은 새로 온 비서와 여러 문제를 겪었다. 구술로 작성시킨 편지는 페이지마다 두세 개 오자와 함께 그의 책상에 올라왔다. 딜리스톤은 이 문제를 어떻게 해결했는지 이야기했다.

....

저는 많은 엔지니어처럼 문장이나 철자법에 뛰어나지 않습니다. 그래서 철자를 잘 모르는 단어를 모은 작은 수첩을 오랫동안 갖고 있었습니다. 새 비서의 실수를 지적하는 방법으로는 교정과 사전 확인을 더 잘하도록 만들 수 없다는 게 명백했습니다. 다른 접근법을 취해야겠다고 생각했습니다. 그녀가 다시 오자가 있는 편지를 들고 왔을 때 말했습니다.

"이 단어는 철자가 틀린 것 같아. 나도 이 단어를 쓸 때 자꾸 틀려. 그래서 이런 철자 수첩을 만든 거야. (해당 단어가 있는 페이지를 펴고) 여기 있네. 나는 철자를 많이 신경 써. 사람들이 편지를 보고 우리를 판단하거든. 편지에 오자가 있으면 허술하게 보여."

그녀가 제 방식을 따라 했는지 모르지만, 이후 오자가 크게 줄었습니다.

....

세련된 베른하르트 폰 뷜로Bernhard von Bülow 후작은 1909년, 자신의 실수를 먼저 인정해야 할 필요성을 절감했다. 당시 그는 독일제국의 수상이고, 황제는 빌헬름Wilhelm 2세였다. 거만하고 오만하기로 악명 높은, 독일제국 마지막 황제였다. 그는 육군과 해군을 육성해 어느 나라도 이길 수 있다고 자랑했다.

그러던 와중에 놀라운 일이 일어났다. 빌헬름 2세가 유럽 대륙을 뒤흔들고 전 세계에 울려 퍼질 파열음을 촉발하는 믿기 힘든 말을 해버렸다. 그는 공적인 자리에서 어리석고, 자기중심적이고, 말도 안 되는 발언을 해 문제를 악화시켰다. 그는 영국을 국빈 방문하는 동안 그런 발언을 했는데, 그 내용을《데일리텔레그래프Daily Telegraph》에 실어도 좋다고 허락했다. 자신이 영국에 우호적인 유일한 독일인이고, 일본의 위협에 맞서 해군을 육성하고 있으며, 자신이 러시아와 프랑스에 굴복하지 않도록 영국을 구해줬으며, 자신의 전투 계획 덕분에 영국의 로버츠 경Lord Roberts이 남아프리카의 보어인을 물리칠 수 있었다는 따위의 발언이었다.

그토록 놀라운 말이 평시에 유럽 군주의 입에서 나온 것은 100년 동안 없던 일이다. 유럽 대륙이 분노로 들끓었고, 영국은 격분했다. 독일 정치인들은 경악했다. 자신의 발언으로 난리가 나자, 당황한 빌헬름 2세는 폰 뷜로 후작에게 대신 비난의 화살을 맞아달라고 했다. 그렇다, 그는 폰 뷜로가 모든 게 자기 책임이며, 자신이 그런 엄청난 발언을 하도록 황제에게 조언했다고 발표하기를 원했다. 폰 뷜로는 "하지만 폐하, 독일이나 영국의 아무도 제가 폐하에게 그런 발언을 하도록 조언했다고 생각지 않을 겁니다"라고 말한 순간, 자신이 큰 실수를 저질렀음을 깨달았다. 황제는 분통을 터뜨렸다. "내가 공은 결코 저지르지 않을 실수나 하는 멍청이라는 말인가!"

폰 뷜로는 황제를 비판하기 전에 칭송부터 해야 했다는 걸 알았다. 하지만 때는 늦었기에 차선책을 택했다. 즉 비판한 뒤에 칭송했는데, 그게 기적처럼 통했다. 그는 공손한 태도로 말했다.

"절대 그런 뜻이 아닙니다. 폐하께서는 모든 면에서 저보다 뛰어나십니다. 군사적 지식은 물론이거니와 자연과학도 아주 잘 아십니다. 폐하께서 기압계나 무선 전신, 뢴트겐선 같은 걸 설명하실 때 자주 감탄하며 들었습니다. 저는 부끄럽게도 자연과학의 모든 분야에 무지해 화학이나 물리학에 대해 아는 게 없으며, 단순한 자연현상도 설명하지 못합니다. 다만 저는 부족한 부분을 보완하기 위해 약간의 역사적 지식과 정치, 특히 외교에 유용한 자질이 있습니다."

그 말에 황제의 표정이 밝아졌다. 폰 뷜로는 그를 띄우고 자신을 낮췄다. 황제는 이후 모든 걸 용서했다. 그는 열띤 목소리로 소리쳤다. "널리 알려진 대로 우리가 서로를 보완한다고 내가 항상 말하지 않았나? 우리는 같이 있어야 하고, 앞으로도 그럴 걸세!" 그는 폰 뷜로와 길게 악수했고, 그날 늦은 시간에도 흥분을 가라앉히지 못한 나머지 두 주먹을 쥐고 외쳤다. "누구든 내게 폰 뷜로 후작을 헐뜯는 말을 하면 얼굴을 후려갈기겠어!"

폰 뷜로는 제때 자신을 구했다. 하지만 약삭빠른 외교관인 그도 실수를 저질렀다. 그는 먼저 자신의 결점과 빌헬름 2세의 우월성을 말해야 했다. 황제가 후견인이 필요한 바보임을 암시하지 말아야 했다. 자신을 낮추고 상대를 띄우는 몇 마디 말이 모욕을 당했다고 느낀 거만한 황제를 굳건한 우군으로 바꿨다. 그렇다면 겸손과 칭찬이 일상적 접촉에서 우리에게 어떤 일을 해줄 수 있을지 상상해보라. 겸손과 칭찬은 적절히 활용하면 인간관계에서 기적을 일으킨다.

자신의 실수를 인정하는 일은 (설령 바로잡지 않았다 해도) 상대가 행동을 바꾸도록 설득하는 데 도움을 준다. 메릴랜드주 티모니엄Timonium에 사는 클래런스 제르후센이 근래에 겪은 일이 그런 예다. 그는 열다섯 살 난 아들이 담배를 피우기 시작했다는 사실을 알게 됐다. 다음은 그가 수강생들에게 들려준 당시 이야기다.

....

당연히 저는 아들이 담배 피우는 걸 원치 않았습니다. 하지만 저와 아내는 담배를 피웠습니다. 아들에게 줄곧 안 좋은 모습을 보인 거죠. 아들에게 나도 네 나이 때 담배를 피우기 시작했으며, 그 바람에 니코틴에 중독되어 지금은 담배를 끊기가 거의 불가능하다고 설명했습니다. 아들이 내가 자꾸 기침하는 것에 짜증을 냈고, 얼마 전만 해도 나더러 담배를 끊으라고 말했다는 사실을 상기시켰습니다.

저는 담배를 끊으라고 애원하거나 협박하지 않았습니다. 담배가 얼마나 해로운지 경고하지도 않았습니다. 그저 제가 니코틴에 중독됐고, 그게 어떤 의미인지 알려줬을 뿐입니다. 아들은 한동안 생각하더니 고등학교를 졸업할 때까지 담배를 피우지 않기로 했습니다. 아들은 시간이 지난 뒤에도 담배를 피우지 않았고, 그럴 생각도 없습니다. 아들과의 대화를 계기로 저도 담배를 끊기로 결심했고, 가족이 도와준 덕분에 금연에 성공했습니다.

....

세 번째 원칙은 다음과 같다.

원칙 3

상대를 비판하기 전에 자신의 실수부터 이야기하라.

04

아무도 명령을 좋아하지 않는다

나는 미국의 원로 전기 작가 아이다 타벨Ida Tarbell과 식사하는 기쁨을 누린 적이 있다. 나는 그녀에게 이 책을 쓰고 있다고 말했다. 이후 우리는 사람을 상대하는 법이라는 중요한 주제로 토론을 시작했다. 그녀는 오언 영의 전기를 쓸 때 3년 동안 그와 같은 사무실에서 일한 사람을 인터뷰한 이야기를 들려줬다. 그 사람은 영이 누구에게도 직접 지시하는 걸 들어본 적이 없다고 했다. 영은 언제나 요청했다. "이런저런 일을 하라"거나 "이런저런 일을 하지 말라"고 말하지 않고, "이걸 고려해보라"거나 "그렇게 하면 되지 않을까"라고 말했다. 편지를 구술한 뒤에는 자주 "이거 어떻게 생각해?"라고 물었고, 비서가 작성한 편지를 검토할 때는 "이걸 이렇게 바꾸면 더 좋을 것 같군"이라고 말했다. 그는 언제나 직원들이 스스로 일할 기회를 제공했다. 절대 지시하지 않고, 그들이 스스로 해보고 실수를 통해 배우도록 해줬다.

데일 카네기 인간관계론

이런 방식은 상대가 실수를 바로잡기 쉽게 만들어준다. 상대의 자존심을 살리고, 자신이 중요하다는 느낌을 주며, 반발 대신 협력을 촉진한다. 강압적인 명령이 초래하는 반발심은 오래갈 수 있다. 그 명령이 명백히 잘못된 상황을 바로잡기 위한 것이라 해도 말이다.

펜실베이니아주 와이오밍Wyoming에 있는 직업학교에서 교사로 일하는 댄 샌터렐리는 우리 수강생들에게 한 학생이 불법 주차로 실습실 앞을 막았을 때 일어난 일을 이야기했다. 다른 교사는 실습실에 뛰어들어가 위압적인 태도로 물었다. "입구에 있는 차 누구 거야?" 차 주인이 자기라고 말하자 그가 소리쳤다. "당장 차 옮겨. 안 그러면 체인으로 묶어서 끌어낼 거야." 그 학생은 차를 그곳에 대지 말아야 했다. 하지만 그날 이후 그 학생은 자신에게 소리친 교사의 행동에 적개심을 품었다. 다른 모든 학생도 그 교사를 힘들게 하고, 일을 어렵게 만들려고 기를 썼다.

교사가 그 상황에서 다르게 대처할 수 있었을까? "입구에 있는 차 누구 거지?"라고 친근하게 묻고 나서 다른 차들이 드나들 수 있게 치워주면 좋겠다고 말했다면, 학생은 기꺼이 치웠을 것이다. 다른 학생들도 분노하거나 적개심을 품지 않았을 것이다. 질문의 형태로 바꾸면 지시를 받아들이기 한결 쉬울 뿐 아니라, 흔히 요청받는 사람의 창의성을 자극한다. 지시로 이어진 결정에 참여할 때 사람들이 그 지시를 받아들일 가능성이 더 크다.

남아프리카공화국 요하네스버그Johannesburg에 사는 이언 맥도널드는 정밀기계 부품을 전문적으로 제조하는 작은 회사의 총무부장이다. 그는 대규모 주문을 받을 기회가 생겼을 때, 약속한 납품 일자를 맞추지 못할 것을 알았다. 이미 공장의 생산 일정이 잡혀 있었고, 짧은 납품 기한 때문에 주문을 받기 어려워 보였다. 그는 직원들을 다그치면서 주문을 서둘러 처리하는 쪽을 택하지 않았다. 대신 전 직원을 불러 모아 상황을 설명하고, 주문을 제때 처리할 수 있다면 회사뿐 아니라 그들에게도 큰 도움이 될 거라고 말했다. 뒤이어 다음과 같이 질문했다.

"이 주문을 처리하기 위해 우리가 할 수 있는 게 뭘까요?", "주문을 받을 수 있는 다른 작업 방식이 생각나는 사람 있나요?", "근무시간이나 업무를 조정해서 도움이 될 만한 방법이 있을까요?"

직원들은 수많은 아이디어를 제시하면서 주문을 받으라고 말했다. 그들은 할 수 있다는 태도로 임했다. 덕분에 맥도널드는 주문을 받아서 제때 납품할 수 있었다.

네 번째 원칙은 다음과 같다.

원칙 4

직접적으로 지시하기보다 질문하라.

데일 카네기 인간관계론

05

상대의 체면을 살려줘라

몇 년 전에 제너럴일렉트릭GE은 찰스 스타인메츠Charles Steinmetz를 부장 자리에서 좌천해야 하는 민감한 문제에 직면했다. 그는 전기 분야의 천재지만, 계산부장으로서 적합하지 않았다. 그래도 회사는 감히 그의 기분을 상하게 할 수 없었다. 그는 필수적인 존재고, 성격이 대단히 예민했다. GE는 그에게 새로운 직책을 맡겼다. 자문엔지니어는 그가 하던 일에 이름만 새로 붙인 것이었다. 이후 GE는 다른 사람을 계산부장에 앉혔다. 스타인메츠는 흡족해했다. GE의 다른 간부들도 마찬가지였다. 그들은 성미가 급한 스타를 조심스레 다뤘으며, 그의 체면을 살려줌으로써 큰 소란 없이 문제를 해결했다.

체면을 살려줘라! 이게 얼마나 중요한지 모른다. 그런데 제대로 고려하는 사람이 드물다. 우리는 상대의 마음을 짓밟으면서 우리가 원하는 대로 하고, 잘못을 지적하고 위협하며, 다른 사람들 앞에서 자녀나 직원을 비판한다. 상대의 자존심이 다치는 것은 전혀 고려하지 않는다. 약간의 생각, 배려하는 한두 마디 말, 상대의 태도에 대한 진정한 이해는 아픔을 줄이는 데 아주 큰 도움을 준다. 앞으로 직원을 좌천하거나 견책해야 하는 불편한 상황에 직면하면 이 점을 기억하자. 다음은 공인회계사 마셜 그레인저가 내게 보낸 편지의 일부 내용이다.

직원을 해고하는 일은 달갑지 않습니다. 해고되는 일은 더욱 달갑지 않죠. 저희가 하는 일은 대개 주기적으로 생깁니다. 그래서 바쁜 소득세 신고 기간이 끝나면 많은 직원을 내보내야 합니다.

우리 업계에는 '아무도 도끼를 휘두르는 일을 좋아하지 않는다'는 말이 있습니다. 그래서 최대한 빨리 해고를 마무리하는 관례가 생겼습니다. 대개 다음과 같이 말했죠. "소득세 신고 기간이 끝나서 더 맡길 일이 없습니다. 물론 바쁜 기간에만 고용됐다는 걸 아실 겁니다."

이런 방식은 해고 대상자에게 실망감과 '버림받았다'는 느낌을 줬습니다. 그들 중 대부분은 평생 회계 분야에 종사할 것이고, 자신을 쉽게 내보내는 회사에 딱히 애정을 갖지 않았습니다.

저는 임시직 직원을 내보낼 때 조금 더 수완과 배려를 보이기로 했습니다. 그래서 겨울 동안 그들이 일한 내역을 꼼꼼히 살핀 뒤에 한 명씩 불러서 말했습니다. "지금까지 일을 잘했어요(실제로 그랬다면 말입니다). 뉴어크 파견 때는 쉽지 않은 일을 해줬어요. 어려운 문제를 능숙하게 처리해줬죠. 그 부분에 대해 우리가 대견하게 생각한다는 점을 알아줬으면 해요. 당신은 재능이 있어요. 어디서 일하든 크게 성공할 겁니

데일 카네기 인간관계론

다. 우리 회사는 당신이 잘될 거라 믿고 응원하겠습니다. 그 점을 잊지 말아주세요."

그 효과가 어땠을까요? 사람들은 해고됐지만 훨씬 나은 감정으로 회사를 떠났습니다. 그들은 '버려졌다'고 느끼지 않았습니다. 일감이 있다면 계속 고용됐으리란 것을 알았습니다. 실제로 우리에게 그들이 다시 필요할 때, 특별한 애정을 갖고 다시 와줬습니다.

한번은 수업 시간에 두 수강생이 잘못을 지적하는 데 따른 부정적인 효과와 체면을 살려주는 데 따른 긍정적인 효과에 대해 논의했다. 펜실베이니아주 해리스버그Harrisburg에 사는 프레드 클라크는 자신의 회사에서 일어난 일을 이야기했다.

....

생산 회의에서 부사장이 한 관리자에게 생산과정에 대해 날 선 질문을 던졌습니다. 그의 말투는 공격적이었고, 질문의 의도는 그 관리자의 부진한 실적을 지적하는 것이었습니다. 그 관리자는 동료들 앞에서 창피당하지 않으려고 대답을 얼버무렸습니다. 부사장은 분노를 터뜨리며 그 관리자를 질책했고, 거짓말한다고 비난했습니다.

그 짧은 순간에 모든 관계가 무너졌습니다. 원래 일을 잘하던 그 관리자는 이후 쓸모없는 사람이 됐습니다. 그는 몇 달 뒤 우리 회사를 떠나 경쟁사에 들어갔고, 현재 일을 잘하고 있습니다.

....

다른 수강생 애나 마조니는 자신의 회사에서도 비슷한 일이 있었다고 밝혔다. 다만 접근법과 결과가 너무나 달랐다! 식품 회사에서 마케팅 전문가로 일하는 마조니는 처음으로 주요 업무를 맡았다. 신제품에 대한 시험 마케팅이었다. 그녀는 수강생들에게 당시 일을 이야기했다.

....

시험 결과가 나왔을 때, 저는 큰 충격을 받았어요. 기획 단계에서 심각한 실수를 저지르는 바람에 전체 시험 마케팅을 다시 해야 했거든요. 더 큰 문제는 해당 프로젝트의 결과를 보고할 회의 이전에 상사와 의논할 시간이 없다는 점이었어요.

보고 시간이 됐을 때 저는 두려움에 떨었어요. 무너지지 않으려고 애쓰면서 절대로 울지 않겠다고 다짐했어요. 남자들이 여자는 너무 감정적이라 경영직을 감당할 수 없다고 말할 빌미를 주고 싶지 않았거든요. 저는 간략하게 보고하면서 실수 때문에 다음 회의 전까지 시장조사를 다시 하겠다고 말했어요. 그리고 상사가 분통을 터뜨릴 것이라 예상하며 자리에 앉았어요.

그런데 그는 오히려 수고했다면서 새로운 프로젝트에서 실수하는 게 드문 일이 아니며, 다음에는 정확하고 의미 있는 시장조사를 할 수 있을 거라 믿는다고 말했어요. 그는 모든 동료 앞에서 능력 부족이 아니라 경험 부족 때문에 실패한 거라고 저를 안심시켰어요. 저는 너무나 기쁜 마음과 함께 다시는 상사를 실망시키지 않겠다고 결심하며 회의실에서 나왔어요.

....

데일 카네기 인간관계론

우리가 옳고 상대가 확실히 틀렸어도 상대의 체면을 깎아내리는 것은 자존심을 다치게 할 뿐이다. 프랑스의 전설적인 항공 선구자이자 소설가 생텍쥐페리Antoine de Saint-Exupéry는 썼다. "내게는 다른 사람이 자격지심을 갖게 만들 말이나 행동을 할 권리가 없다. 중요한 것은 내가 그들을 어떻게 생각하느냐가 아니라 그들이 자신을 어떻게 생각하느냐. 다른 사람의 존엄을 손상하는 것은 범죄다."

항상 다음의 원칙을 따르자.

원칙 5	상대의 체면을 살려줘라.

06

성공을 향해 다른 사람을 북돋는 법

피트 발로는 내 오랜 친구다. 그는 개와 조랑말을 조련했으며, 서커스단이나 보드빌 공연단과 함께 여행하며 평생을 보냈다. 나는 피트가 새로운 개를 훈련하는 모습을 지켜보기 좋아했다. 피트는 개가 조금이라도 나아지면 쓰다듬고 칭찬하고, 고기를 주면서 호들갑 떨었다. 이는 새로운 게 아니다. 조련사들은 수백 년 동안 같은 기법을 활용했다.

나는 사람의 행동을 바꾸려 할 때도 개의 행동을 바꾸려 할 때와 같은 상식적인 방법을 활용하지 못할 이유가 있는지 궁금했다. 채찍이 아니라 고기를 활용하면 어떨까? 비난이 아니라 칭찬을 활용하면 어떨까? 아주 사소한 개선이라도 칭찬하자. 그러면 상대는 계속 나아지려는 의욕이 넘칠 것이다. 심리학자 제스 레어Jess Lair는 《대단하진 않지만 내게는 나 자신이 전부야I Ain't Much—Baby But I'm All I Got》에서 다음과 같이 말했다.

데일 카네기 인간관계론

....

칭찬은 따뜻한 인간 정신에 비치는 햇살과 같다. 우리는 칭찬 없이는 꽃을 피우지도, 자라나지도 못한다. 그럼에도 대다수 사람은 다른 사람들에게 비판의 차가운 바람을 너무나 쉽게 불어댄다. 어쩐 이유인지 우리는 같은 사람들에게 칭찬의 따뜻한 햇살을 비춰주기를 망설인다.

....

내 삶을 돌아보면 칭찬 몇 마디가 미래를 크게 바꿔놓았다. 당신도 그렇지 않은가? 역사는 칭찬이 순전한 마법을 부린 놀라운 사례로 가득하다. 오래전, 열 살 난 소년이 나폴리에 있는 공장에서 일했다. 소년은 가수가 되고 싶었지만, 그의 첫 선생님은 그를 낙담하게 했다. "넌 노래를 못해. 소리가 너무 작아. 마치 덧문으로 새어드는 바람 소리 같아."

하지만 가난한 농민인 그의 엄마는 아들을 포용하고 칭찬했다. 그가 노래할 수 있으며, 벌써 나아진 걸 알 수 있다고 말했다. 그녀는 아들의 교습비를 내기 위해 돈을 아끼려고 맨발로 다녔다. 엄마의 칭찬과 격려가 소년의 삶을 바꿔놓았다. 소년의 이름은 엔리코 카루소Enrico Caruso다. 그는 당대 가장 위대하고 유명한 오페라 가수가 됐다.

19세기 초, 런던의 한 소년은 작가가 되기를 꿈꿨다. 그러나 모든 것이 그의 앞길을 막는 듯 보였다. 그는 학교를 4년밖에 다니지 못했다. 그의 아버지는 빚을 갚지 못해서 감옥에 갇혔다. 소년은 자주 굶주림의 고통에 시달렸다. 마침내 그는 쥐가 들끓는 창고에서 구두약 통에 라벨을 붙이는 일자리를 얻었다. 그는 런던 빈민가 출신 부랑아인 다른 두 소년과 궁색한 다락방에서 잤다. 그는 자신의 글에 너무 자신이 없어서, 남들의 비웃음을 사지 않으려고 한밤중에 몰래 빠져나와 첫 원고를 투고했다. 원고는 번번이 거부당했다. 그러다가 한 출판사에서 그의 원고를 받아주는 엄청난 날이 찾아왔다. 원고료는 한 푼도 받지 못했지만, 편집자는 그를 칭찬했다. 글이 좋다고 인정한 것이다. 그는 너무나 기뻐서 눈물을 흘리며 하염없이 거리를 돌아다녔다.

소설 한 편을 발표하는 과정에서 그가 받은 칭찬과 인정이 삶을 바꿔놓았다. 그런 격려가 없었다면 그는 쥐가 들끓는 창고에서 일하며 평생을 보냈을 것이다. 당신은 이 소년의 이름을 들어봤을 것이다. 그의 이름은 찰스 디킨스Charles J. H. Dickens다.

런던의 또 다른 소년은 포목점 점원으로 생계를 이어갔다. 그는 5시에 일어나 가게를 청소하고 하루에 14시간을 일했다. 고역이었다. 그는 일이 싫었다. 2년 뒤 어느 날 아침, 소년은 식사도 거른 채 24킬로미터를 터벅터벅 걸어 가정부로 일하는 엄마를 찾아갔다. 소년은 제정신이 아니었다. 그 가게에서 더 일해야 한다면 차라리 죽어버리겠다고 말했다.

소년은 옛 선생님에게 길고 애처로운 편지를 썼다. 그는 마음이 너무 아파서 더는 살고 싶지 않다고 털어놓았다. 선생님은 그가 아주 똑똑하니 더 나은 일에 잘 맞을 거라며 교사 자리를 제안했다. 그 칭찬은 소년의 미래를 바꿨으며, 영국 문학사에 긴 여파를 남겼다. 소년이 수많은 베스트셀러를 써서 100만 달러가 넘는 돈을 벌었기 때문이다. 소년의 이름은 허버트 조지 웰스Herbert George Wells다.

비판 대신 칭찬을 활용하는 것은 스키너의 가르침에서 근본적인 개념이다. 이 뛰어난 심리학자는 동물과 사람을 대상으로 한 실험을 통해, 비판을 최소화하고 칭찬을 강조하면 좋은 행동이 강화되고 나쁜 행동은 주의를 끌지 못해 위축된다는 것을 보여줬다.

노스캐롤라이나주 로키마운트Rocky Mount에 사는 존 링겔스포는 자녀에게 이 방식을 활용했다. 아주 많은 가정이 그렇듯이 링겔스포 부부는 고함으로 자녀와 소통했고, 그 자녀들은 매번 그런 충돌을 겪은 뒤에는 오히려 더 나쁘게 행동했다. 그 점은 링겔스포 부부도 마찬가지였다. 이 문제를 해결할 방법은 없어 보였다. 링겔스포는 문제를 해결하기 위해 우리 강좌에서 배운 원칙을 활용하기로 마음먹었다.

....

우리 부부는 아이들이 잘못한 일을 지적하기보다 잘한 일을 칭찬하기로 했습니다. 하지만 온통 아이들의 잘못만 눈에 보여서 칭찬할 일을 찾기가 쉽지 않았어요. 우리는 칭찬할 거리를 겨우 찾아냈습니다. 그러자 하루 이틀 사이에 아이들이 우리를 정말 짜증 나게 만들던 일을 그만뒀어요. 뒤이어 다른 잘못도 사라지기 시작했죠. 아이들은 칭찬을 변화의 수단으로 삼았어요. 심지어 착한 일을 하려고 애썼습니다. 우리 부부로서는 믿을 수 없는 일이었죠. 물론 그런 일이 영원히 계속되진 않았지만, 상황이 안정된 후 찾아온 일상은 훨씬 나아졌습니다. 이제 과거처럼 반응할 필요가 없었어요. 아이들은 잘못된 일보다 올바른 일을 훨씬 많이 했습니다.

....

이 모든 것은 아이들의 잘못을 일일이 야단치기보다 아무리 사소해도 개선된 점을 칭찬한 결과다. 이 원칙은 직장에서도 통한다. 캘리포니아주 우드랜드힐스Woodland Hills에 사는 키스 로퍼는 이 원칙을 회사에서 맞닥뜨린 상황에 적용했다. 인쇄소를 운영하는 그는 어느 날 대단히 품질 좋은 인쇄물이 나온 것을 확인했다. 해당 작업을 한 기사는 신입 직원으로, 인쇄소 일에 적응하는 데 어려움을 겪었다. 상사는 그 직원의 부정적인 태도를 못마땅하게 여겼으며, 해고를 진지하게 고민하고 있었다.

로퍼는 이런 상황을 알고 직접 인쇄소로 가서 그 직원과 대화를 나눴다. 그는 방금 확인한 인쇄물이 대단히 흡족하며, 한동안 보지 못한 최고의 작업이라고 말했다. 정확히 어떤 부분이 뛰어난지 알려주면서 회사에 그 직원의 기여가 정말 중요하다고도 했다.

이 말이 회사에 대한 그 직원의 태도에 영향을 미쳤을까? 며칠 만에 완전한 반전이 일어났다. 그 직원은 동료들에게 로퍼와 나눈 대화에 대해, 회사가 뛰어난 작업을 높이 평가한다는 사실에 대해 이야기했다. 그날 이후 그는 충성스럽고 헌신적인 직원이 됐다.

로퍼는 "일을 잘했다"며 입에 발린 말을 하지 않았다. 어떤 부분을 잘했는지 구체적으로 제시했다. 그의 칭찬은 두루뭉술하게 입에 발린 말이 아니라 구체적인 성과를 나열했기에, 상대에게 훨씬 큰 의미가 됐다. 모두가 칭찬 받기를 좋아한다. 다만 칭찬은 구체적이어야 기분 좋으라고 하는 말처럼 들리지 않고 진실하게 다가온다.

우리는 인정과 인식을 갈망하며, 이를 위해 거의 모든 일을 한다는 사실을 명심하라. 다만 가식을 원하는 사람은 없다. 아무도 아첨을 원치 않는다. 이 책에서 가르치는 원칙은 마음에서 나오는 말과 행동으로 적용할 때 통한다. 나는 잡다한 수법을 선전하려는 게 아니다. 새로운 삶의 방식을 이야기하고 있다.

사람을 변화시키는 일에 관해 이야기해보자. 우리가 우리와 만나는 사람들이 내면에 숨겨진 보물을 깨닫도록 북돋는다면 그냥 변화시키는 것보다 훨씬 많은 일을 할 수 있다. 말 그대로 그들을 탈바꿈할 수 있다. 과장된 말처럼 들리는가? 그렇다면 미국이 낳은 가장 탁월한 심리학자이자 철학자 윌리엄 제임스William James의 현명한 말을 들어보라.

....

마땅한 수준과 비교하면 우리는 절반만 깨어 있다. 우리는 육체적·정신적 자원의 작은 부분만 활용한다. 따라서 폭넓게 보면 개개인은 자신의 한계보다 훨씬 작은 영역에서 살아간다. 그들은 다양한 능력이 있지만, 그 능력을 좀처럼 활용하지 못한다.

....

맞다. 이 글을 읽는 당신은 다양한 능력이 있지만, 그 능력을 좀처럼 활용하지 못한다. 당신이 활용하지 못하는 능력 중 하나는 아마도 다른 사람을 칭찬하고 그들이 잠재된 가능성을 실현하도록 북돋는 마법 같은 능력일 것이다.

비판하면 능력이 쇠퇴한다. 격려가 능력을 꽃피운다. 더 효과적으로 사람을 이끌고 싶다면 다음 원칙을 따르라.

원칙
6

아무리 사소해도 나아진 모든 점을 칭찬하라.
"진심으로 인정하고 후하게 칭찬하라."

데일 카네기 인간관계론

07

좋은 평판을 제시하라

당신은 일을 잘하던 직원이 부실한 성과를 내기 시작하면 어떻게 하는가? 그 직원을 해고할 수도 있지만, 그런다고 해서 진정으로 해결되는 것은 없다. 그 직원을 질책할 수 있지만, 그러면 대개 분노를 유발한다. 인디애나주 로웰Lowell에 있는 대형 트럭 판매점의 정비과장헨리 헨크는 한 수리공이 이전보다 만족스럽지 못한 작업을 하는 걸보았다. 그는 수리공에게 소리치거나 위협하는 대신 사무실로 불러서 마음을 터놓고 대화를 나눴다.

"자네는 실력이 좋아. 이 일을 오래 했고, 많은 차를 고객이 만족할 만한 수준으로 고쳤어. 실제로 자네가 일을 잘한다는 칭찬을 많이들었어. 그런데 요즘은 작업을 마치는 시간이 길어졌고, 작업 결과도자네의 과거 기준에 미치지 못해. 이전에 일을 잘했기 때문에 내게이런 상황이 탐탁지 않다는 걸 분명 자네도 알기를 원할 거야. 문제를 해결할 방법을 같이 찾아보자고."

그 수리공은 자신이 일을 제대로 하지 않고 있다는 걸 깨닫지 못했다고 했다. 그리고 자신이 맡은 일을 충분히 감당할 수 있으며, 앞으로 더 잘하겠다고 약속했다.

수리공이 실제로 그렇게 했을까? 당연히 그랬을 것이다. 그는 이전처럼 신속하면서도 꼼꼼해졌다. 헨크는 그에게 부응해야 할 평판을 제시했다. 그러니 과거처럼 그 평판에 걸맞은 일을 하지 않고 배길 수 있을까?

볼드윈로코모티브웍스Baldwin Locomotive Works 대표 새뮤얼 보클레인은 말했다. "대개 존중심을 얻어내고 그 사람의 능력을 존중하는 모습을 보이면 쉽게 이끌 수 있다." 요컨대 특정한 측면에서 다른 사람의 능력을 개선하고 싶다면 그 사람이 해당 속성에 뛰어난 것처럼 대하라. 셰익스피어는 "미덕을 갖추지 못했다면 갖췄다고 생각하라"고 했다. 다른 사람이 갖추기를 바라는 미덕을 그 사람이 갖췄다고 생각하고 공개적으로 말하라. 그들에게 부응해야 할 좋은 평판을 제시하라. 그러면 그들은 당신을 실망시키지 않으려고 엄청나게 노력할 것이다.

조르제트 르블랑Georgette Leblanc은 《선물: 마테를링크와 함께한 나의 삶Souvenirs: My Life with Maeterlinck》에서 초라하던 벨기에 출신 신데렐라의 눈부신 변신에 대해 다음과 같이 썼다.

....

옆 호텔에서 일하는 하녀가 식사를 가져왔다. 그녀는 '설거지 소녀 마리'로 불

데일 카네기 인간관계론

렸다. 주방에서 일을 시작했기 때문이다. 그녀는 사시에 안짱다리여서 외모가 약간 흉했으며, 심신이 빈약했다.

어느 날, 나는 빨개진 손에 마카로니 접시를 들고 있는 그녀에게 단도직입적으로 말했다. "마리, 넌 모르겠지만 네 안에는 보물이 들어 있어." 감정을 감추는 데 익숙한 마리는 큰일이라도 난 것처럼 꼼짝 않고 잠시 기다렸다. 그리고 접시를 식탁에 놓고 한숨을 쉬며 천진한 표정으로 말했다. "그런 줄은 정말로 몰랐어요." 그녀는 내 말을 의심하지 않았고, 의문도 제기하지 않았다. 그냥 주방으로 가서 내가 한 말을 반복했다. 그 말을 굳게 믿었기에 아무도 그녀를 놀리지 않았다. 그날 이후 사람들은 그녀를 배려했다. 가장 흥미로운 변화는 마리 자신에게서 일어났다. 자기 내면에 보이지 않는 경이로움이 깃들었다고 믿은 그녀는 얼굴과 몸을 세심하게 돌보기 시작했다. 그 결과 굶주린 그녀의 청춘은 꽃을 피웠으며, 못생긴 모습은 얌전히 감춰졌다.

두 달 뒤, 그녀는 요리사의 조카와 결혼하게 됐다고 알렸다. 그녀는 "부인이 될 거예요"라며 내게 고맙다고 말했다. 몇 마디 말이 그녀의 삶을 바꾼 것이다.

....

조르제트 르블랑은 '설거지 소녀 마리'에게 부응해야 할 평판을 제시했으며, 그 평판이 그녀를 변신시켰다.

플로리다주 데이토나비치Daytona Beach에 있는 식품 회사에서 영업 담당으로 일하는 빌 파커는 새로 출시할 제품에 큰 기대를 품었다. 그러나 당황스럽게도 대형 개인 식료품점 점장이 신제품 진열을 거부했다. 빌은 종일 고민하다가 퇴근하기 전에 그 식료품점에 가서 다시 시도해보기로 마음먹었다.

"오전에 들렀을 때 저희 신제품을 제대로 소개 못 한 것 같습니다. 제가 빠뜨린 부분을 말씀드릴 수 있도록 시간을 내주시면 감사하겠습니다. 점장님이 항상 제 말에 귀 기울이고, 사실에 근거해 타당한 이유가 있을 때는 대범하게 생각을 바꾸는 점을 존경스럽게 생각했습니다."

점장이 그의 말을 다시 듣지 않을 수 있었을까? 자신이 부응해야 할 평판이 주어진 상황에서는 그럴 수 없다.

아일랜드 더블린에서 치과 의사로 일하는 마틴 피츠휴는 어느 날 아침, 금속 컵 홀더가 깨끗하지 않다는 환자의 지적에 충격을 받았다. 물론 환자들은 종이컵에 물을 마셨다. 그래도 더러운 물품을 쓰는 것은 분명 의사로서 적절치 않았다.

환자가 돌아간 뒤 피츠휴는 사무실로 들어가 일주일에 두 번 와서 청소해주는 브리짓에게 쪽지를 썼다.

> 브리짓 씨,
>
> 얼굴을 볼 일이 드물어 지금까지 청소를 잘해주신 것에 이렇게라도 감사 인사를 하고 싶었습니다. 일주일에 두 번씩 두 시간은 그리 길지 않으니 컵 홀더 닦기처럼 '가끔' 추가 작업이 필요할 때는 언제든 30분 더 일하셔도 됩니다. 당연히 추가 시간에 대한 급료를 지불하겠습니다.

피츠휴는 다음과 같이 결과를 알려줬다.

....

다음 날 사무실에 가보니 책상이 거울처럼 닦여 있었습니다. 의자도 무척 깨끗
해서 거의 미끄러질 정도였어요. 치료실에는 내가 본 어떤 컵 홀더보다 깨끗하
게 반짝이는 컵 홀더가 받침대에 놓여 있었습니다. 저는 그녀에게 부응해야 할
좋은 평판을 제시했습니다. 이 작은 제스처는 그녀가 이전보다 청소를 잘하도
록 만들었습니다. 그래서 청소 시간이 늘어났을까요? 네, 전혀 늘어나지 않았
습니다.

....

'나쁜 개라고 욕하는 것은 그 개를 죽이는 일이나 마찬가지다'라는
속담이 있다. 반대로 착한 개라고 말하면 어떤 일이 생기는지 보라!

뉴욕 브루클린에서 초등학교 4학년 담임으로 일하는 루스 홉킨스
는 개학 날 학급 명부를 살폈다. 어느 순간, 새 학기를 시작하는 흥분
과 기쁨이 불안으로 물들었다. 그녀의 반에 학교에서 유명한 '악동',
토미가 배정됐기 때문이다. 토미의 3학년 담임은 동료와 교장은 물
론, 자기 이야기를 들어줄 모든 사람에게 토미 때문에 힘들다고 호소
했다. 토미는 장난만 심한 게 아니라 학급에 심각한 규율 문제를 일
으키고, 싸움을 벌이고, 여자아이들을 놀리고, 교사를 무시했다. 게
다가 나이가 들수록 행실이 나빠지는 것 같았다. 토미의 유일한 장점
은 빨리 배우고 수업 내용을 쉽게 터득한다는 것이었다.

홉킨스는 '토미 문제'를 즉시 해결하기로 마음먹었다. 그녀는 학생들과 처음 인사를 나눌 때 "드레스가 참 예쁘구나", "그림을 잘 그린다고 들었어"처럼 간단한 말을 건넸다. 토미 차례가 됐을 때 홉킨스는 눈을 똑바로 바라보며 말했다. "토미, 나는 네가 타고난 리더라고 생각해. 올해 우리 반을 4학년 최고 반으로 만들 수 있도록 많이 도와줘." 그녀는 개학 초반 며칠 동안 이런 인식을 강화했다. 토미가 한 모든 일을 칭찬하면서 이건 그가 좋은 학생임을 말해준다고 언급했다. 아홉 살 난 토미조차 부응해야 할 평판이 주어지자, 선생님을 실망시킬 수 없었다. 그는 실망시키지 않았다.

사람들의 태도나 행동을 바꾸고 싶다면 다음 원칙을 활용하라.

원칙 7

부응해야 할 좋은 평판을 제시하라.

데일 카네기 인간관계론

08

잘못을 쉽게 바로잡을 수 있는 것처럼 보여라

마흔쯤 된 내 미혼 친구가 약혼했다. 그의 약혼녀는 늦었지만 댄스 레슨을 받으라고 내 친구를 설득했다. 그가 내게 댄스 레슨을 받은 이야기를 들려줬다.

....

댄스 레슨이 필요한 건 사실이야. 20년 전에 처음 배울 때보다 별로 나아진 게 없거든. 첫 댄스 강사가 한 말이 사실인 것 같아. 그녀는 전부 틀렸으니까 모조리 잊어버리고 처음부터 다시 배워야 한다고 했어. 그 말을 들으니까 배울 의욕이 사라졌고, 계속할 동기가 없어서 그만뒀지.

그다음 강사는 거짓말한 것 같은데 그래도 좋았어. 그녀는 내가 약간 구식으로 추지만, 기본은 잘 갖춰졌다고 태연하게 말했어. 두어 가지 새 스텝을 아무 문제 없이 배울 수 있을 거라고 장담도 했어. 첫 번째 강사는 내 실수를 강조해서 의욕을 꺾었지만, 새 강사는 정반대였어. 그녀는 내가 제대로 추면 계속 칭찬했고, 실수를 별것 아니라는 듯 넘겼어. "리듬감을 타고났네요. 천생 춤꾼 같아요"라며 나를 북돋웠지. 내 춤 실력이 과거나 지금이나 형편없다는 걸 알아. 그래도 마음 깊은 곳에서는 그녀가 하는 말이 진심이었으면 좋겠다고 생각해. 그녀는 돈을 받았으니 그런 말도 해주는 거겠지만, 굳이 그렇게 생각할 필요가 있을까?

어쨌든 나는 그녀에게 리듬감을 타고났다는 말을 듣지 않았을 때보다 춤을 잘 추게 됐어. 그 말이 나를 북돋우고, 희망을 안기고, 더 잘 추고 싶게 만들었어.

....

자녀나 배우자, 직원에게 어떤 일에 서툴다거나, 소질이 없다거나, 모조리 틀렸다고 하면 잘하려는 의욕이 거의 사라진다. 정반대 기법을 활용하라. 한껏 격려하고, 쉽게 할 수 있는 것처럼 말하고, 해낼 수 있다는 믿음을 전하고, 아직 개발되지 않은 재능이 있다고 하라. 그러면 더 잘하기 위해 새벽이 밝아올 때까지 연습할 것이다.

인간관계에 탁월한 로웰 토머스는 이 방식을 활용했다. 그는 사람들에게 신뢰를 전하고, 용기와 믿음을 불어넣었다. 나는 토머스 부부와 주말을 보낸 적이 있다. 토요일 밤에 벽난로 앞에서 친목 브리지를 하자는 제안을 받았다. 브리지? 내게는 맞지 않았다. 브리지에 대해 아는 게 없었다. 언제나 내게 불길한 수수께끼 같았다. 절대 할 수 없었다.

로웰이 말했다. "하나도 어렵지 않아요. 기억력과 판단력만 있으면 돼요. 당신은 기억력만으로 글도 쓰잖아요. 브리지는 아주 쉬울 거예요. 당신에게 딱 맞는 게임이에요." 정신을 차리고 보니 내가 난생처음 브리지를 하고 있었다. 모두 내게 타고난 재능이 있다면서 브리지가 쉬워 보이게 만든 로웰 덕분이었다.

브리지 이야기를 하다 보니 엘리 컬버트슨Ely Culbertson이 생각난다. 그가 쓴 브리지 책은 약 10개 국어로 번역됐으며, 100만 권이 넘게 팔렸다. 그는 한 여성이 자신에게 재능 있다는 말을 해주지 않았다면 브리지로 먹고살지 못했을 거라고 했다. 그는 1922년에 미국으로 와서 철학과 사회학을 가르치려 했으나, 일자리가 없었다. 뒤이어 석탄 파는 일을 시도했다가 실패했다. 그다음에는 커피 영업에 도전했고, 다시 실패했다.

그는 브리지를 했지만, 나중에 자신이 브리지를 가르치게 될 줄은 꿈에도 몰랐다. 그는 실력이 뛰어나지 않았으며 고집이 아주 셌다. 질문과 복기를 너무 많이 해서 아무도 같이하려고 하지 않았을 정도다. 그러다가 예쁜 브리지 강사 조세핀 딜런을 만났다. 그는 그녀와 사랑에 빠져 결혼했다. 그녀는 그가 패를 꼼꼼히 분석하는 모습을 보고 천재적인 능력이 있다는 믿음을 심어줬다. 컬버트슨이 내게 말한 바에 따르면, 오직 그녀의 격려 덕분에 브리지를 직업으로 삼을 수 있었다.

오하이오주 신시내티Cincinnati에서 우리 강사로 일하는 클래런스 존스는 격려하고 잘못을 쉽게 바로잡을 수 있는 것처럼 한 말이 아들의 삶을 완전히 바꿔놓았다고 한다.

....

1970년에 열다섯 살이던 아들 데이비드는 저랑 살기 위해 신시내티로 왔습니다. 데이비드는 힘들게 살았습니다. 1958년에 교통사고로 머리를 다쳐서 이마에 큰 흉터가 남았습니다. 저는 1960년에 아내와 이혼했고, 데이비드는 엄마와 같이 텍사스주 댈러스로 갔습니다. 이후 열다섯 살이 될 때까지 특수학급에서 학창 시절을 대부분 보냈습니다. 학교에서는 그의 흉터를 보고 뇌를 다쳐서 정상적인 학업을 할 수 없을 거라고 판단한 모양입니다. 데이비드는 또래보다 2년이나 뒤처져서 아직 중학교 1학년인데 구구단을 모르고, 손가락으로 덧셈을 했으며, 책도 거의 못 읽었습니다.

그나마 긍정적인 부분이 하나 있었습니다. 라디오와 TV 고치기를 좋아했습니다. 그는 TV 수리공이 되고 싶어 했습니다. 저는 데이비드를 격려하면서 수리 교육을 받으려면 수학을 알아야 한다고 말했습니다. 저는 데이비드가 수학을 잘할 수 있도록 도와주기로 마음먹었습니다. 우리는 덧셈·뺄셈·곱셈·나눗셈 학습 카드를 네 세트 샀습니다. 데이비드가 정답을 말하면 카드를 넘겼습니다. 오답을 말하면 정답을 알려주고 카드를 복습용 카드 묶음에 넣었습니다. 그런 식으로 카드가 한 장도 남지 않을 때까지 계속했습니다. 저는 데이비드가 정답을 맞힐 때마다 야단스레 칭찬했고, 이전에 틀린 문제를 맞힐 때는 더 그랬습니다. 우리는 매일 밤 복습용 카드가 한 장도 남지 않을 때까지 공부했습니다.

그때마다 초시계로 시간을 쟀습니다. 저는 8분 안에 오답 없이 모든 카드를 넘기면 매일 밤 공부하지 않아도 된다고 약속했습니다. 하지만 데이비드에게 불가능한 목표처럼 보였습니다. 첫날 밤에는 52분이 걸렸고, 둘째 날 밤에

데일 카네기 인간관계론

는 48분이 걸렸습니다. 그다음에는 45분, 44분, 41분에 이어 40분 이하로 줄 었습니다. 우리는 시간이 줄어들 때마다 축하했습니다. 저는 아내를 불렀고, 우리는 데이비드를 안아주며 함께 춤췄습니다. 월말이 되자 데이비드는 모든 카드를 8분 안에 넘겼습니다. 데이비드는 작은 개선을 이루면 다시 하자고 말 했습니다. 배움이 쉽고 재미있다는 발견을 한 거죠.

당연히 데이비드의 수학 성적은 크게 올랐습니다. 곱셈을 할 줄 알면 수학 이 훨씬 쉬워집니다. 데이비드는 수학에서 B학점을 받고 무척 놀랐습니다. 이 전에는 한 번도 없던 일이죠. 다른 변화도 믿을 수 없는 속도로 뒤따랐습니다. 읽기 능력도 빠르게 향상됐습니다. 그림에 대한 타고난 재능도 활용하기 시작 했습니다. 고학년이 됐을 때는 과학 교사가 데이비드에게 전시물을 만드는 과 제를 맡겼습니다. 데이비드는 지레 효과를 증명하는 일련의 복잡한 모형을 만 들기로 했습니다. 이 작업에는 그림 실력과 모형 제작 능력, 응용수학 능력이 필요했습니다. 데이비드의 전시물은 과학 대회에서 1등 상을 받았고, 신시내 티시에서 3등에 올랐습니다.

그게 결정적인 계기였습니다. 데이비드는 두 번이나 유급하고, '뇌가 손상 됐다'는 말을 듣고, 친구들에게 '프랑켄슈타인'이라 불리면서 머리를 다쳤을 때 뇌가 빠져나갔을 거라는 놀림을 받았습니다. 그런데 어느 날 갑자기 자신 도 제대로 배우고 성취할 수 있다는 사실을 깨달았습니다. 그 결과가 어땠을 까요? 중학교 2학년 마지막 학기부터 고등학교를 졸업할 때까지 한 번도 우 등상을 놓친 적이 없습니다. 고등학생 때는 내셔널 아너 소사이어티의 회원이 됐습니다. 배움이 쉽다는 사실을 안 뒤 데이비드의 삶이 바뀌었습니다.

....

다른 사람들이 더 나아지도록 돕고 싶다면 이 원칙을 기억하라.

> **원칙 8**
>
> 격려를 활용하고,
> 잘못을 쉽게 바로잡을 수 있는 것처럼 보여라.

데일 카네기 인간관계론

09

당신이 원하는 일을
사람들이 기꺼이 하게 만드는 법

1915년에 미국은 경악했다. 유럽 국가들은 1년이 넘도록 피로 얼룩진 인류의 연대기에서도 유례를 찾을 수 없는 규모로 서로를 학살했다. 다시 평화를 이룰 수 있을지 아무도 몰랐다. 우드로 윌슨은 노력해보기로 했다. 그는 유럽의 군주들과 협의하도록 대리인을 평화 사절로 보낼 생각이었다.

국무부 장관이자 평화주의자인 윌리엄 브라이언은 본인이 가고 싶어 했다. 그에게는 위대한 역사적 기여를 통해 자기 이름을 영원히 남길 기회였다. 그러나 윌슨은 가까운 친구이자 자문 에드워드 하우스 대령을 사절로 임명했다. 하우스는 브라이언이 불쾌해하지 않도록 이 소식을 전할 까다로운 임무를 맡았다.

하우스 대령은 일기에 썼다. "브라이언은 내가 평화 사절로 유럽에 가게 됐다는 말을 듣고 확연히 실망하는 기색을 보였다. 그는 자신이 갈 채비를 하고 있었다고 말했다. 나는 대통령께서 공식적으로 사절을 파견하는 것은 현명하지 않다고 생각했으며, 그가 가면 상당한 주목을 받아서 모두 그가 온 이유를 궁금해할 것이라고 설명했다."

하우스의 설명에 담긴 의미를 알겠는가? 그는 브라이언이 사절로 가기에는 너무나 중요한 인물이라고 말한 셈이다. 이 말에 브라이언은 만족했다. 노련하고 세상일에 경험이 많은 하우스 대령은 인간관계의 중요한 규칙 하나를 따랐다. 그것은 항상 당신이 제안하는 일을 다른 사람들이 기꺼이 하도록 만들라는 것이다.

우드로 윌슨 역시 윌리엄 매카두William Gibbs McAdoo에게 내각의 일원이 돼달라고 제안할 때 같은 규칙을 따랐다. 그것은 그가 누구에게라도 줄 수 있는 최고의 영예지만, 윌슨은 매카두에게 아주 중요한 존재라는 느낌을 주는 방식으로 제안했다. 다음은 매카두가 직접 들려준 당시 이야기다.

....

그(윌슨)는 내각을 구성하는 중인데 내가 재무부 장관을 맡아주면 아주 기쁘겠다고 했다. 그는 듣는 사람이 기분 좋게 말하는 법을 알았다. 그는 내가 이 대단한 영예를 수락하는 게 오히려 자신의 부탁을 들어주는 것이라는 분위기를 조성했다.

....

안타깝게도 윌슨이 항상 그런 재치를 발휘한 것은 아니다. 그랬다면 역사가 달라졌을지 모른다. 윌슨은 미국을 국제연맹 회원으로 만

데일 카네기 인간관계론

드는 과정에서 상원과 공화당의 불만을 샀다. 그는 엘리후 루트Elihu Root나 찰스 휴스Charles Evans Hughes, 헨리 로지Henry Cabot Lodge 같은 공화당 유력 인사 대신 자기 당의 무명 인사를 평화 회담에 데려 갔다. 그는 공화당 의원을 무시했고, 국제연맹 가입이 자신의 아이디어인 동시에 그들의 아이디어처럼 느끼도록 만들지 않았으며, 그들이 개입할 여지도 주지 않았다. 이처럼 인간관계를 등한시한 결과, 그는 정치 경력과 건강을 망쳤고 수명까지 단축했다. 미국은 국제연맹에 가입하지 못했고, 세계의 역사가 바뀌었다.

자신이 원하는 일을 상대가 기꺼이 하게 만드는 접근법을 정치가와 외교관만 쓰는 게 아니다. 인디애나주 포트웨인Fort Wayne의 데일 페리어는 자녀가 집안일을 기꺼이 하도록 만든 이야기를 들려줬다.

....

제프가 맡은 일 중 하나는 잔디를 깎을 때 멈출 필요가 없도록 배나무 아래 떨어진 배를 줍는 것이었습니다. 제프는 그 일을 아예 하지 않거나, 너무 대충 해서 잔디를 깎다가 배를 몇 개씩 주워야 하는 일이 잦았습니다. 그래도 저는 그 문제에 대해 제프와 정면으로 충돌하지 않았습니다. 어느 날 제가 말했습니다. "제프, 배를 한 양동이 주울 때마다 1달러를 줄게. 하지만 네가 주운 뒤 내가 남은 배를 하나씩 찾아낼 때마다 1달러를 가져갈 거야. 어때?" 예상했겠지만 제프는 배를 모두 주웠습니다. 게다가 저는 제프가 양동이를 채우려고 나무에서 배를 몇 개씩 따지 않는지 지켜봐야 했습니다.

....

내가 아는 한 사람은 강연 요청을 많이 거절했다. 그중에는 친구들의 요청도 있었고, 그가 신세 진 사람들의 요청도 있었다. 그래도 너무나 노련하게 거절했기에 상대가 불만을 품지 않았다. 어떻게 그럴 수 있었을까? 그는 너무 바쁘거나, 이러저러하다는 사실을 말하지 않았다. 그는 강연 요청에 감사하고 수락할 수 없는 점에 안타까움을 표한 뒤, 다른 강연자를 제안했다. 다시 말해 상대가 거절에 불만을 품을 시간을 주지 않았다. 강연 요청을 수락할 수 있는 다른 강연자에게로 상대의 생각을 즉시 돌렸기 때문이다.

서독에서 우리 강좌를 들은 군터 슈미트는 자신이 관리하는 식료품점의 직원 이야기를 들려줬다. 이 직원은 선반에 전시한 상품에 가격표를 제대로 붙이지 않아서 혼란과 고객 불만을 야기했다. 상기시키고 훈계하고 말다툼을 벌여도 효과가 없었다. 슈미트는 최후의 수단으로 그녀를 사무실로 불러서 전체 매장의 가격표 붙이기 책임자로 임명했다. 그녀는 모든 선반에 가격표가 제대로 붙도록 만들 책임을 지게 됐다. 새로운 책임과 직책은 그녀의 태도를 완전히 바꿨다. 그녀는 이후 자기 의무를 만족스럽게 수행했다.

유치하다고? 그럴지도 모른다. 하지만 나폴레옹이 레지옹도뇌르 훈장을 만들어 병사 1만 5000명에게 수여하고, 장성 18명에게 '프랑스 원수' 칭호를 부여하면서 자신의 군대를 '대군'이라 불렀을 때도 그런 말이 나왔다. 나폴레옹은 참전 용사에게 장난감을 준다는 비판에 "남자는 장난감으로 다스리는 것"이라고 대꾸했다.

나폴레옹은 직책과 권위를 부여하는 방식으로 효과를 봤다. 여러

데일 카네기 인간관계론

분도 그럴 수 있다. 뉴욕주 스카스데일Scarsdale에 사는 내 친구 어네스트 젠트는 아이들이 앞마당을 뛰어다니며 잔디를 망쳐놓는 바람에 속이 상했다. 훈계하고 구슬려보기도 했지만, 소용이 없었다. 그녀는 최악의 골칫덩어리에게 직책과 권위에 대한 인식을 주는 방법을 시도했다. 그녀는 그 아이를 '형사'로 임명하고, 아이들이 앞마당을 침입하지 못하도록 막는 책임을 맡겼다. 그러자 문제가 해결됐다. 이 '형사'는 뒷마당에 불을 피워 쇠를 달군 다음, 다른 아이들에게 앞마당에 들어오면 지져버리겠다고 위협했다.

이렇듯 다음 원칙을 활용하면 사람들이 기분 상하지 않게 당신이 원하는 일을 할 가능성이 커진다.

원칙 9

사람들이 당신이 원하는 일을 기꺼이 하게 만들어라.

불쾌감이나 반발심 없이
사람들을 변화시키는 방법

* 원칙 1_칭찬과 진정한 인정으로 대화를 시작하라.

* 원칙 2_다른 사람의 실수에 대해 간접적으로 주의를 환기하라.

* 원칙 3_상대를 비판하기 전에 자신의 실수부터 이야기하라.

* 원칙 4_직접적으로 지시하기보다 질문하라.

* 원칙 5_상대의 체면을 살려줘라.

* 원칙 6_아무리 사소해도 나아진 모든 점을 칭찬하라. "진심으로 인정하고
  후하게 칭찬하라."

* 원칙 7_부응해야 할 좋은 평판을 제시하라.

* 원칙 8_격려를 활용하고, 잘못을 쉽게 바로잡을 수 있는 것처럼 보여라.

* 원칙 9_사람들이 당신이 원하는 일을 기꺼이 하게 만들어라.

데일 카네기 인간관계론

PART 5

기적적인
결과를 낳은 편지

LETTERS THAT PRODUCED
MIRACULOUS RESULTS

당신이 지금 무슨 생각을 할지 안다. 아마 '기적적인 결과를 낳은 편지라니, 말도 안 돼! 돌팔이 약 광고 냄새가 나!'라고 생각할 것이다. 그래도 당신을 욕하지 않겠다. 이 책을 15년 전에 읽었다면 아마 나도 같은 생각을 했을 것이다. 회의적이라고? 나는 회의적인 사람을 좋아한다. 나는 인생의 첫 20년을 미주리에서 살았다. 나는 증명해야 믿는 사람을 좋아한다(미주리주의 별칭이 '증명해봐 주show me state'다.—옮긴이). 인간 사상의 거의 모든 진전은 의심하는 도마(예수의 부활을 의심한 제자 도마를 말한다.—옮긴이), 의문과 이의를 제기하는 사람들, 증명해보라고 요구하는 사람들이 이뤘다.

'기적적인 결과를 낳은 편지'라는 제목이 정확할까? 아니다. 솔직히 말하면 그렇지 않다. 이 제목은 의도적으로 실제보다 약하게 말한 것이다. 이 장에 소개하는 일부 편지는 기적을 능가한다고 평가받았다. 누가 그런 평가를 했냐고? 미국에서 가장 유명한 홍보인으로 존 스맨빌Johns-Manville의 영업이사를 지내고, 지금은 콜게이트팜올리브피트컴퍼니Colgate-Palmolive Peet Company의 광고이사이자 전미광고주협회Association of National Advertisers 이사회 의장 켄 다이크Ken R. Dyke다.

다이크는 도매상에 정보를 요구하는 편지의 응답률이 5~8퍼센트를 넘는 경우가 드물다고 말한다. 그는 응답률 15퍼센트를 대단히 예외적으로 간주하고, 20퍼센트가 넘으면 기적이나 마찬가지라고 했다. 하지만 아래 소개하는 편지는 응답률 42.5퍼센트를 기록했다. 다시 말해 이 편지는 기적적인 수준보다 두 배나 높은 성과를 냈다. 이는 그냥 웃어넘길 일이 아니다. 게다가 이 편지는 장난이나 요행 혹은 우연의 산물이 아니다. 다른 여러 편지도 비슷한 성과를 거뒀다. 어떻게 그럴 수 있었을까? 켄 다이크의 설명을 들어보자.

....

편지의 효과가 강력해진 것은 제가 카네기 씨의 '효과적인 화술과 인간관계' 강좌를 들은 직후입니다. 저는 이전에 활용하던 접근법이 완전히 틀렸다는 사실을 깨달았습니다. 그래서 이 책에서 가르치는 원칙을 시도했습니다. 그러자 정보를 요청하는 편지의 효과가 500~800퍼센트나 커졌습니다.

....

다음은 그 내용이다. 이 편지는 수신자에게 자신이 중요한 존재라는 느낌을 주는 작은 부탁으로 기쁨을 안긴다. 편지 내용에 대한 나의 논평은 괄호 안에 적었다.

인디애나주 블랭크빌의 존 블랭크 씨에게

안녕하십니까.

제가 작은 문제를 해결할 수 있도록 도와주시겠습니까?

(상황을 명확하게 이해할 필요가 있다. 인디애나주에 있는 목재 도매상이 존스맨빌 임원이 보낸 편지를 받았는데, 뉴욕에 있는 이 유명한 기업인이 첫 줄에서 도움을 요청한다고 상상해보라. 아마 도매상은 이렇게 생각할 것이다. '도움을

구하는 편지라면 제대로 보냈네. 나는 항상 관대하게 사람들을 도와주려고 하니까. 무슨 문제인지 한번 볼까?')

작년에 저는 도매상 여러분이 지붕 수리용 자재 매출을 늘리는 데 가장 도움을 주는 것은 회사에서 전액 비용을 대는 연중 DM 캠페인이라고 회사를 설득하는 데 성공했습니다.

(도매상은 아마 이렇게 생각할 것이다. '당연히 자재 회사에서 비용을 대야지. 자기들이 가장 큰 이익을 챙기잖아. 나는 임대료를 내느라 허덕이는데 자기들은 수백만 달러를 벌어. 도대체 뭐가 문제라는 거야?')

저는 얼마 전에 저희 회사의 DM 캠페인을 활용하는 도매상 1600명에게 설문지를 발송했습니다. 이후 답신을 수백 통 받아서 아주 기뻤습니다. 답신에는 이런 협력의 가치를 인정하며, 큰 도움이 된다는 의견이 있었습니다. 저희는 이런 성과를 발판으로 여러분이 더욱 좋아할 새로운 DM 캠페인을 막 시작했습니다.

오늘 아침에 작년 캠페인 보고서를 놓고 사장님과 이야기를 나눴습니다. 모든 경영자가 그렇듯이 사장님은 DM을 통한 판매가 얼마나 되는지 물었습니다. 당연히 그 질문에 답하려면 여러분의 도움을 받아야 합니다.

("그 질문에 답하려면 여러분의 도움을 받아야 합니다"는 좋은 구절이다. 뉴욕의 거물 기업인이 사실을 있는 그대로 전하면서 인디애나의 도매상에게 도움을 받아야 한다는 사실을 정직하고 진실하게 인정했다. 켄 다이크는 자신의 회

사가 얼마나 중요한지 이야기하느라 시간을 낭비하지 않았다는 점에 주목하라. 대신 그는 자신이 도매상에게 얼마나 많이 기대야 하는지 밝히고, 그들의 도움이 없으면 사장에게 보고서도 쓸 수 없다고 인정한다. 당연히 인디애나의 도매상도 인간인지라 이런 말을 좋아한다.)

여러분에게 부탁드리고자 하는 일은 첫째, 동봉한 엽서에 작년 DM 캠페인을 통해 지붕 설치·보수용 자재가 얼마나 판매됐는지 알려주시고 둘째, 매출액(전체 공사비 기준)을 최대한 정확하게 추정해주시는 것입니다. 이렇게 해주시면 정말로 큰 도움이 될 것이며, 해당 정보를 친절하게 알려주신 것에 감사드립니다.

(마지막 구절에서 자신을 낮추고 상대를 높이는 점에 주목하라. "정말로 큰 도움이 될 것"이라거나 "친절하게 알려주신 것에 감사드립니다"라는 표현을 후하게 쓰는 것에 주목하라.)

안녕히 계십시오.

영업이사 켄 다이크

단순한 편지 아닌가? 하지만 이 편지는 상대에게 자신이 중요한 존재라는 느낌을 주는 작은 부탁을 함으로써 '기적'을 낳았다. 이런 심리는 석면 지붕을 팔든, 포드를 타고 유럽을 여행하든 관계없이 작용한다.

예를 들어보자. 나는 호머 크로이와 프랑스 내륙 지방을 자동차로 여행하다가 길을 잃은 적이 있다. 우리는 구식 모델 T를 멈추고 농부들에게 다음 큰 도시로 가는 길을 물었다. 이 질문의 효과는 대단했다. 나무 신발을 신은 이 농부들은 모든 미국인이 부자라고 생각했고, 그 지역에는 자동차가 드물었다. 그런데 자동차로 프랑스를 여행하는 미국인이라니! 그들이 보기에 우리는 백만장자가 분명했다. 어쩌면 헨리 포드의 사촌일지도 몰랐다. 그런데 그들은 우리가 모르는 것을 알았다. 우리는 돈이 많아도 모자를 손에 들고 그들에게 가서 다음 도시로 가는 길을 물어야 했다. 이는 그들에게 자신이 중요한 존재라는 느낌을 줬다. 그들은 동시에 이야기하기 시작했다. 이 드문 기회에 흥분한 한 농부가 다른 농부들에게 조용히 하라고 명령했다. 그는 우리에게 길을 가르쳐주는 짜릿한 기분을 혼자 만끽하고 싶어 했다.

당신도 한번 해보라. 다음에 낯선 도시에 가면 당신보다 경제적·사회적 지위가 낮은 사람에게 부탁하라. "조금만 도와주실 수 있을까요? ○○에 가려면 어떻게 해야 하는지 알려주세요."

벤저민 프랭클린은 이 기법을 활용해 자신을 헐뜯던 적을 평생 친구로 만들었다. 당시 청년이던 그는 그동안 모은 돈을 전부 작은 인쇄소에 투자했다. 프랭클린은 필라델피아 의회 서기로 선출돼, 공문서 인쇄를 도맡았다. 이 일은 높은 수익을 안겨줬다. 그는 서기 자리를 지키고 싶었지만, 앞길에 위험이 도사리고 있었다. 돈 많은 유력 의원 중 하나가 프랭클린을 싫어했다. 그냥 싫어하는 데 그치지 않고 공적인 자리에서 그를 비난할 정도였다.

이는 아주 위험한 상황이었다. 프랭클린은 그 의원이 자신을 좋아하게 만들기로 작정했다. 하지만 어떻게 해야 할까? 그에게 호의를 베풀어야 할까? 아니다. 그러면 의심을 사거나 경멸당할지도 모른다. 프랭클린은 그런 함정에 빠지기에는 너무나 현명하고 노련했다. 그는 정반대로 그 의원에게 부탁을 들어달라고 요청했다.

프랭클린은 10달러를 빌려달라고 부탁하지 않았다. 그 의원을 기쁘게 해줄 부탁, 허영심을 자극하는 부탁, 그 의원의 위상을 인정하는 부탁, 그의 지식과 성취를 존경하는 마음을 은근히 드러내는 부탁을 했다. 다음은 그가 직접 들려주는 나머지 이야기다.

....

나는 그가 희귀한 책을 소장하고 있다는 말을 들었다. 그래서 그 책을 한번 구경하고 싶으니 며칠만 빌려줄 수 있는지 묻는 편지를 썼다. 그는 즉시 그 책을 보내줬다. 나는 일주일쯤 뒤에 부탁을 들어줘서 감사하다는 마음을 강하게 표현하는 편지와 함께 그 책을 돌려줬다.

다음에 의회에서 만났을 때, 그가 정중하게 말을 걸었다(이전에는 한 번도 그런 적이 없다). 이후 그는 언제든 내게 도움을 주겠다는 태도를 보였다. 우리는 아주 좋은 친구가 됐으며, 우리의 우정은 그가 죽을 때까지 계속됐다.

....

프랭클린이 사망한 지 150년이 지났다. 하지만 그가 활용한 (부탁하는) 심리적 방법은 지금도 유효하다. 우리 수강생 가운데 앨버트

데일 카네기 인간관계론

암셀은 이 방법을 대단히 성공적으로 활용했다. 배관과 난방 자재 영업을 하는 그는 브루클린의 한 배관 업체와 거래하고 싶었다. 그 업체는 규모가 크고 신용이 대단히 좋았다. 하지만 암셀은 처음부터 냉대받았다. 그 업체의 대표는 억세고 거칠고 못되게 구는 데서 자긍심을 느끼는 난처한 사람이었다. 그는 암셀이 문을 열 때마다 커다란 시가를 삐뚤게 물고 앉아 소리쳤다. "오늘은 아무것도 필요 없소! 시간 낭비하지 말고 나가요!"

그러던 어느 날, 암셀은 새로운 방법을 시도했다. 그는 이 방법 덕분에 그 업체와 거래를 텄고, 대표와 친구가 됐으며, 많은 주문을 받았다. 암셀의 회사는 롱아일랜드 퀸즈빌리지Queens Village에 있는 새 매장을 매입하기 위해 협상 중이었다. 배관 업체 대표는 이 지역을 잘 알았으며, 이 지역에서 많은 일을 했다. 암셀은 그를 찾아가 말했다. "오늘은 영업하려고 온 게 아닙니다. 괜찮다면 부탁을 드리고 싶어서 왔습니다. 잠시만 시간을 좀 내주시겠습니까?" 대표는 시가를 옮겨 물며 말했다. "무슨 부탁인데요? 말해봐요."

"저희 회사가 퀸즈빌리지에 지점을 열려고 합니다. 대표님은 그 지역을 주민들만큼 잘 아시잖아요. 그래서 어떻게 생각하시는지 물어보고 싶어서 왔습니다. 거기에 지점을 여는 게 좋을까요?"

이제 상황이 달라졌다! 그 대표는 오랫동안 영업하러 오는 사람들을 멸시하며 나가라고 소리치는 데서 자신이 중요한 존재라는 느낌을 얻었다. 그런데 이 사람은 자신에게 조언을 구했다. 큰 회사 영업 담당자가 자신들이 어떻게 하면 좋을지 의견을 물어본 것이다.

그 대표는 암셀에게 의자를 내주고, 한 시간 동안 퀸즈빌리지 배관 시장의 장점과 미덕을 자세히 설명했다. 그는 지점의 위치가 좋다고 인정했을 뿐 아니라, 자신이 아는 대로 전체 매입 과정과 재고 비축, 영업 개시에 필요한 사항을 말해줬다. 그는 배관 도매업체에게 사업하는 방법을 알려주는 일에서 자신이 중요한 존재라는 느낌을 얻었다. 그다음부터 개인적인 이야기로 화제를 넓혔다. 그는 친근한 태도로 내밀한 집안 문제와 갈등에 대해 하소연했다.

암셀은 말했다. "그날 저녁 그 자리를 떠날 때 저는 첫 대량 주문을 받았고, 비즈니스를 통해 친분을 나눌 탄탄한 토대를 놓았습니다. 이제 저에게 소리치고 멸시하던 사람과 같이 골프를 칩니다. 그 대표의 태도를 바꾼 것은 자신이 중요한 존재라는 느낌을 주는 작은 부탁이었습니다."

켄 다이크가 쓴 다른 편지를 살펴보자. 이번에도 그가 '부탁'받는 심리를 어떻게 활용하는지 주목하라. 몇 년 전, 다이크는 사업가나 하청 업자, 건축가에게서 정보를 요청하는 자신의 편지에 대한 답신을 받지 못해 속상했다.

당시 건축가와 엔지니어의 응답률은 1퍼센트를 넘기는 경우가 드물었다. 2퍼센트는 아주 좋은 수준, 3퍼센트는 대단한 수준이었다. 10퍼센트는 기적이 일어났다며 만세를 부를 수준이었다. 하지만 다음 편지는 50퍼센트에 가까운 응답률을 끌어냈다. 기적적인 수준보다 다섯 배나 높은 응답률이다. 게다가 내용도 달랐다. 친절한 조언과 협조적 태도가 2~3쪽에 담겨 있었다.

그 내용은 다음과 같다. 이 편지에 사용된 심리적 기법 그리고 부분적으로는 어법도 앞에 인용한 편지와 대단히 비슷하다는 사실을 알 수 있을 것이다. 이 편지에서 행간의 의미를 읽어내고, 수신자의 기분을 분석하려고 노력하라. 이 편지가 기적적인 수준보다 다섯 배나 높은 성과를 낸 까닭을 파악하라.

안녕하십니까,

제가 작은 문제를 해결할 수 있도록 도와주시겠습니까?

저는 1년 전쯤 우리 회사의 건축자재가 주택 개축과 보수에서 맡는 역할에 대한 전체적인 이야기를 담은 카탈로그가 건축가들에게 필요한 것 중 하나라고 회사를 설득했습니다. 그 결과 첨부한 카탈로그를 처음 제작했습니다. 하지만 지금은 수량이 얼마 남지 않았습니다. 그 사실을 보고하자, 사장님은 (모든 경영자가 그렇듯이) 카탈로그가 의도한 성과를 냈다는 만족스런 증거를 제시하면 다시 제작하는 데 이의가 없다고 말했습니다.

그 증거를 제시하려면 여러분의 도움을 받아야 합니다. 그래서 선생님과 전국 각지에서 활동하는 건축가 49명에게 평가위원이 돼달라고 부탁드리고자 합니다. 쉽게 평가할 수 있도록 편지 뒷면에 간단한 질문을 몇 가지 실었습니다. 해당 문항에 대한 답을 표시하고, 원하시는 경우 의견을 덧붙인 다음 동봉한 반송 봉투에 넣어주시면 큰 도움이 될 것입니다.

말할 필요도 없겠지만 절대 답신을 강요하는 것이 아닙니다. 그러면 카탈로그를 그만 만들지, 여러분의 경험과 조언을 토대로 개선해 다시 만들지에 대한 판정을 여러분의 손에 맡깁니다.

어떤 경우든 여러분의 협조에 감사드립니다.

안녕히 계십시오.

영업이사 켄 다이크

또 다른 주의 사항이 있다. 내가 경험한 바에 따르면, 이 편지를 읽고 나서 같은 방법을 기계적으로 활용하려는 사람이 분명히 있을 것이다. 그들은 진실한 인정이 아니라 아첨과 허위를 통해 상대의 허영심을 자극하려 한다. 이런 방법은 통하지 않는다.

우리 모두는 공감과 인정을 갈망하며, 이를 위해 모든 일을 한다는 사실을 명심하라. 하지만 가식을 원하는 사람은 없다. 아무도 아첨을 원치 않는다. 이 책에서 가르치는 원칙은 마음에서 우러나는 말과 행동으로 적용할 때만 통한다. 나는 잡다한 수법을 선전하려는 게 아니다. 새로운 삶의 방식을 이야기하고 있다.

PART 6

행복한
가정을 만드는
7가지 규칙

SEVEN RULES FOR
MAKING YOUR HOME LIFE HAPPIER

01

결혼 생활을 가장 빠르게
파탄내는 방법

75년 전, 나폴레옹 보나파르트의 조카 나폴레옹 3세는 세상에서 가장 아름다운 여인이자 테바Teba 백작의 딸 외제니 드 몽티조Eugénie de Montijo와 사랑에 빠져서 결혼했다. 보좌관들은 그녀가 보잘것없는 스페인 백작의 딸에 불과하다는 점을 지적했다. 하지만 나폴레옹은 "그게 뭐가 문제요?"라고 반박했다. 그녀의 우아함과 젊음, 매력, 아름다움은 더할 나위 없는 행복으로 그를 채웠다. 그는 국왕 교서로 국민적 반감에 맞섰다. "짐은 내가 모르는 여자보다 내가 사랑하고 존중하는 여자가 좋소."

나폴레옹과 그의 신부는 건강, 부, 권력, 명성, 아름다움, 사랑, 흠모 등 완벽한 로맨스의 모든 조건을 갖췄다. 결혼이라는 신성한 불꽃이 그보다 눈부시게 타오를 순 없었다.

안타깝게도 그 성스러운 불꽃은 곧 깜박거렸고, 빛은 희미해져서 결국 깜부기불만 남았다. 나폴레옹은 외제니를 황후로 만들 수 있었다. 그러나 아름다운 프랑스의 그 어느 것도, 그가 품은 사랑의 힘도, 황제의 권위도 그녀의 잔소리를 막을 순 없었다. 질투와 의심에 사로 잡힌 그녀는 나폴레옹의 말을 무시했고, 프라이버시도 존중하지 않 았다. 그가 정무를 보는 중에 집무실로 쳐들어갔고, 중요한 논의를 하는 중에 말을 끊었다. 그가 다른 여자와 어울릴까 봐 항상 두려워 하면서 혼자 두지 않았다.

외제니는 자주 언니에게 달려가 남편의 흉을 봤다. 그녀는 불평하 고, 울고, 잔소리하고, 위협했다. 무작정 서재에 들어가 그에게 달려 들어서 괴롭혔다. 10여 개나 되는 호화로운 궁전의 주인이자, 프랑스 의 황제인 나폴레옹은 어디에서도 영혼의 안식처를 찾을 수 없었다.

이 모든 행동으로 외제니가 얻은 것은 무엇일까? 다음은 에밀 라 인하르트Emil Alphons Rheinhardt가 쓴《나폴레옹과 외제니: 제국의 희 비극Napoléon and Eugénie: The tragicomedy of an empire》에서 인용한 것 이다.

···················

그리하여 나폴레옹은 밤에 자주 중절모를 눌러쓰고 측근 한 명만 대동한 채 작은 옆문으로 몰래 빠져나갔다. 그는 자신을 기다리는 아름다운 여성에게 가 거나, 황제로서 동화 밖에서는 접하기 힘든 거리를 지나고, 다를 수도 있던 삶 의 공기를 마시며 그 옛날의 거대한 도시를 산책했다.

···················

데일 카네기 인간관계론

이것이 외제니가 잔소리로 얻은 전부다. 그녀는 프랑스의 황후가 됐고, 세상에서 가장 아름다운 여인이었다. 그러나 황족의 지위나 미모도 잔소리의 독기에서 애정을 살려내지 못했다. 외제니는 구약성경의 욥처럼 소리 높여 통곡했을지도 모른다. "너무나 두려워하던 일이 내게 닥쳤구나." 그녀에게 닥쳤다고? 가련한 외제니는 질투와 잔소리로 그 일을 자초했다. 지옥의 모든 악마가 사랑을 파괴하기 위해 고안한 확실하고 지독한 수단 중에서 잔소리가 가장 치명적이다. 잔소리는 결코 실패하는 법이 없다. 잔소리는 킹코브라의 독처럼 언제나 파괴하고 죽인다.

톨스토이의 아내는 그 사실을 너무 늦게 깨달았다. 그녀는 죽기 전, 딸들에게 고백했다. "나 때문에 너희 아버지가 죽었어." 딸들은 대구하지 않고 울기만 했다. 그들은 어머니가 끝없는 불평과 비판, 잔소리로 아버지를 죽음에 이르게 했음을 알았다. 톨스토이와 그의 아내는 행복했어야 마땅하다. 그는 역사상 손꼽히는 소설가다. 《전쟁과 평화》와 《안나 카레니나》는 지상의 문학적 영광 속에 영원히 빛날 것이다.

톨스토이는 너무나 유명해서 추종자들이 밤낮으로 따라다녔다. 그들은 그가 하는 모든 말을 받아 적었다. 심지어 "자러 가야겠어"라는 사소한 말도 기록했다. 현재 러시아 정부는 그가 쓴 모든 글을 책으로 펴내고 있다. 분량은 100권에 이를 것이다.

톨스토이와 그의 아내는 명성에 부, 사회적 지위, 자녀까지 얻었다. 어떤 결혼도 그보다 좋은 여건에서 꽃피지 못했을 것이다. 초기에 그들의 행복은 너무나 완벽하고 강렬해 보였다. 그들은 무릎을 꿇고 자신들이 누리는 황홀경이 계속되게 해달라고 신에게 기도했다. 뒤이어 놀라운 일이 일어났다. 톨스토이는 점차 변하더니 완전히 다른 사람이 됐다. 그는 자신이 쓴 위대한 작품들을 부끄럽게 여겼다. 이후 그는 전쟁과 빈곤의 철폐, 평화를 설파하는 소책자를 쓰는 데 여생을 바쳤다.

젊은 시절에 살인을 비롯해 상상할 수 있는 모든 죄를 저질렀다고 고백한 톨스토이는 예수의 가르침을 따르려 애썼다. 그는 모든 땅을 내주고 빈곤하게 살았다. 밭에서 일하며 장작을 패고 풀을 베어 말렸다. 직접 신발을 만들고, 자기 방을 청소하고, 나무 그릇에 밥을 먹고, 원수를 사랑하려고 노력했다.

톨스토이의 삶은 비극이었다. 그 비극의 원인은 결혼이었다. 아내는 호사를 좋아했지만, 그는 혐오했다. 그녀는 명예와 사회적 갈채를 갈망했지만, 그에게 이런 하찮은 것은 아무 의미가 없었다. 그녀는 돈과 부를 원했지만, 그는 부와 재산 모으기는 죄악이라고 믿었다. 그가 저작권료를 받지 않고 자신의 책을 무료로 출판할 권리를 줘야 한다고 고집하는 바람에 그녀는 오랫동안 잔소리하고 꾸짖고 소리쳤다. 그녀는 책이 안겨줄 돈을 원했다. 그가 반대하자 그녀는 히스테리를 부렸다. 그녀는 아편이 든 병을 물고 바닥을 구르며 자살하겠다고 하거나 우물에서 뛰어내리겠다고 협박했다.

그들의 삶에서 내가 보기에 가장 처량한 장면이 있다. 앞서 말한 대로 그들은 결혼 초기에 찬란할 정도로 행복했다. 그러나 48년이 지난 뒤, 그는 아내의 모습을 보는 일조차 견디지 못했다. 어느 날 저녁, 늙고 상심한 아내는 애정에 굶주린 나머지 그의 앞에 무릎을 꿇고 50년 전에 그가 일기에 쓴 아름다운 사랑의 표현을 읽어달라고 간청했다. 그가 영원히 지나간 아름답고 행복하던 나날에 대한 구절을 읽는 동안 두 사람은 흐느꼈다. 그들의 현실은 오래전 함께 꾸던 낭만적인 꿈과 너무나 달랐다.

82세가 되던 1910년, 마침내 톨스토이는 집안의 비극적인 불행을 견디지 못했다. 그는 눈 내리는 10월 밤에 어디로 가야 할지도 모른 채 아내를 떠나 추위와 어둠 속으로 도망쳤다. 그는 11일 뒤 기차역에서 폐렴으로 죽었다. 그는 죽어가면서 아내가 자기 곁에 오지 못하게 해달라고 말했다. 톨스토이의 아내는 잔소리와 불평, 히스테리에 그토록 비싼 대가를 치렀다.

독자들은 그녀가 잔소리할 만한 이유가 충분했다고 생각할 수도 있다. 당연한 일이었다고 말이다. 그러나 그건 요점을 벗어난 이야기다. 문제는 잔소리가 그녀에게 도움을 주었는가, 나쁜 상황을 훨씬 악화시켰는가 하는 점이다. "정말 내가 미쳤던 것 같아요." 이는 그녀가 너무 늦게 한 말이다.

링컨을 힘들게 한 불행도 결혼이었다. 암살당한 게 아니라 결혼한 게 불행이었다는 말이다. 부스가 총을 쏘았을 때, 링컨은 자신이 총에 맞았다는 사실도 깨닫지 못했다. 그는 법률사무소 파트너 헌든이 말한 "불행한 부부 관계의 쓰디쓴 뒷맛"에 23년 동안 거의 매일 시달렸다. '불행한 부부 관계'는 완곡한 표현이다. 링컨 부인은 거의 25년 동안 잔소리를 퍼부으며 그를 괴롭혔다.

그녀는 언제나 불평하고 남편을 비난했다. 그녀가 보기에 남편은 제대로 된 게 하나도 없었다. 어깨가 축 처지고, 원주민처럼 발을 위아래로 곧게 움직이며 어색하게 걸었다. 그녀는 남편이 걸음에 활기가 없고, 동작이 우아하지 않다고 트집을 잡았다. 그의 걸음걸이를 흉내 내면서 자신이 렉싱턴Lexington에 있는 멘텔 부인의 기숙학교에서 배운 대로 발가락이 아래로 향하게 걸으라고 잔소리했다.

그녀는 링컨의 큰 귀가 머리에서 수직으로 튀어나온 것도 못마땅했다. 심지어 그에게 코가 곧지 않고, 아랫입술이 튀어나왔으며, 폐결핵 환자처럼 보이고, 손발이 너무 크며, 머리가 너무 작다고 말하기도 했다.

에이브러햄 링컨과 메리 토드 링컨Mary Todd Lincoln은 교육, 배경, 기질, 취향, 정신적 태도 등 모든 면에서 상극이었다. 그들은 서로를 끝없이 짜증 나게 했다.

우리 세대의 가장 탁월한 링컨 권위자인 고 앨버트 베버리지Albert J. Beveridge 상원의원은 다음과 같이 썼다. "링컨 부인의 크고 새된 목소리는 거리 맞은편에서도 들렸고, 그녀가 끝없이 분통을 터뜨리는 소리는 근처에 사는 모든 사람에게 들렸다. 그녀의 분노는 자주 말이 아닌 형태로 표출됐다. 그녀가 폭력을 행사한 일화는 아주 많고 의심할 여지가 없다."

링컨 부부는 결혼 직후 제이콥 얼리 부인과 살았다. 얼리 부인은 의사의 미망인으로 스프링필드에서 하숙을 쳤다. 어느 날 아침, 식사

데일 카네기 인간관계론

하던 링컨은 아내의 불같은 성질을 자극하는 행동을 했다. 어떤 행동이었는지는 아무도 모른다. 분노한 링컨 부인은 뜨거운 커피가 담긴 컵을 남편의 얼굴에 던졌다. 그것도 다른 하숙인들이 있는 앞에서. 얼리 부인이 물수건을 가져와 얼굴과 옷을 닦아주는 동안 링컨은 수치와 침묵 속에 아무 말 없이 있었다.

링컨 부인의 질투심은 너무나 어리석고, 사납고, 믿기 힘든 정도였다. 그녀가 사람들에게 보인 한심하고 볼썽사나운 모습에 대한 글을 읽다 보면 75년이 지난 지금도 경악을 금할 수 없다. 그녀는 결국 미쳐버리고 말았다. 그녀에 대해 할 수 있는 가장 너그러운 말은 그녀의 기질이 항상 잠재된 광기의 영향을 받았으리라는 것이다.

그 모든 잔소리와 질책과 분노가 링컨을 변화시켰을까? 어떤 측면에서는 그랬다. 그녀에 대한 링컨의 태도는 확실히 바뀌었다. 그는 불운한 결혼을 후회했고, 아내를 최대한 피했다.

스프링필드에는 변호사가 열한 명 있었다. 그들 모두가 거기서 생계를 유지할 순 없었다. 그들은 여러 지역에서 재판을 주재하는 데이비드 데이비스 판사를 따라 말을 타고 각 군청 소재지를 돌아다녔다. 그들은 그런 식으로 8사법 구역에 걸친 모든 군청 소재지에서 일감을 얻었다.

다른 변호사는 토요일이면 스프링필드로 돌아와 가족과 함께 주말을 보냈다. 하지만 링컨은 집에 들어가기를 두려워했다. 그래서 봄 가을에는 석 달씩 순회 법원이 열리는 곳에 머무르며 스프링필드 근처에도 가지 않았다. 이 일은 해마다 반복됐다. 지방 호텔의 생활 여건은 열악한 경우가 많았지만, 링컨은 아무리 열악해도 아내가 끝없이 잔소리를 퍼붓고 분통을 터뜨리는 집보다 낫다고 생각했다.

링컨 부인, 외제니 황후, 톨스토이 부인은 잔소리로 이런 결과를 얻었다. 잔소리는 삶에 비극 외에 아무것도 가져오지 않았고, 그들이 가장 소중히 여기던 모든 것을 파괴했다.

뉴욕시 가정법원에서 11년 동안 일한 베시 햄버거는 유기 사건 수천 건을 검토했다. 그녀는 남자들이 가정을 버리는 주된 이유 중 하나가 아내의 잔소리라고 말한다. 《보스턴포스트Boston Post》는 이를 "많은 아내가 자기 손으로 조금씩 결혼의 무덤을 판다"고 표현한다.

행복한 가정을 유지하고 싶다면 따라야 할 첫 번째 규칙은 이것이다.

규칙 1

절대로 잔소리하지 마라!

데일 카네기 인간관계론

02

배우자를 사랑하고,
있는 그대로 받아들여라

디즈레일리는 말했다. "지금까지 살면서 어리석은 짓을 많이 저질렀지만, 절대로 사랑을 이유로 결혼할 생각은 없다." 그는 서른다섯 살때까지 독신으로 살다가 열다섯 살 연상의 돈 많은 과부 메리 앤에게 청혼했다. 쉰이 넘은 그녀는 머리가 하얗게 세었다. 디즈레일리가 그녀를 사랑해서 청혼했을까? 아니다. 그녀는 그가 자신을 사랑하지 않는다는 사실을 알았다. 그가 돈 때문에 자신과 결혼한다는 걸 알았다! 그래서 그녀는 한 가지 조건을 걸었다. 그의 성격을 알아볼 수 있게 1년 동안 기다려달라는 것이었다. 1년이 지나 그녀는 그와 결혼했다.

시시하고 계산적인 이야기로 들리지 않는가? 하지만 역설적이게도 디즈레일리의 결혼은 너덜너덜해지고 얼룩진 결혼 생활의 역사서에서 눈부신 성공 사례 중 하나였다.

디즈레일리가 선택한 돈 많은 과부는 젊지도, 예쁘지도, 똑똑하지도 않았다. 그녀의 대화는 실소를 자아내는 문학적·역사적 무지로 넘쳐났다. 예를 들어 그녀는 "그리스 문명과 로마 문명 가운데 어느 쪽이 먼저인지 몰랐다". 옷에 대한 그녀의 취향은 기이했다. 가구에 대한 취향도 괴상했다. 하지만 그녀는 결혼 생활에서 가장 중요한 남자를 다루는 능력은 천재적이었다.

메리 앤은 디즈레일리와 지적 대결을 벌이지 않았다. 그가 오후 내내 재치 있는 공작부인들과 재담을 나누고 권태와 피로를 느끼며 집에 왔을 때, 그녀의 가벼운 수다는 마음을 다독였다. 집은 그가 정신적 긴장을 풀고 아내의 따스한 보살핌을 누릴 수 있는 곳으로, 갈수록 큰 기쁨을 줬다. 늙어가는 아내와 집에서 보내는 시간은 그의 삶에서 가장 행복한 시간이었다. 그녀는 디즈레일리의 배우자이자 친구, 자문이었다. 그는 매일 밤 하원에서 급히 집으로 돌아와 그날의 뉴스를 아내에게 전했다. 메리 앤은 남편이 무슨 일을 하든 실패하지 않을 거라고 믿었다(이는 중요한 부분이다).

메리 앤은 30년 동안 디즈레일리를 위해, 오직 그를 위해 살았다. 그녀는 자신의 부조차 그의 삶을 더 편하게 해주기 때문에 가치 있다고 여겼다. 그 답례로 디즈레일리도 그녀를 경애했다. 그는 그녀가 죽은 뒤 백작이 됐지만, 평민이던 때도 메리 앤을 귀족 신분으로 격상해달라고 빅토리아 여왕을 설득했다. 그녀는 1868년에 비콘스필드Beaconsfield 자작부인이 됐다.

메리 앤이 아무리 다른 사람들 앞에서 멍청하고 덜렁대는 모습을 보여도 디즈레일리는 절대 그녀를 비판하지 않았다. 나무라는 말도

하지 않았다. 누가 그녀를 조롱하면 맹렬한 기세로 변호했다. 메리 앤은 완벽하지 않았다. 그러나 그녀는 30년 동안 지치지 않고 남편에 관해 이야기하고, 칭찬하고, 흠모했다. 그 결과는 어땠을까? 디즈레일리는 말했다. "30년 동안 같이 살았지만 한 번도 아내가 지겨운 적이 없었다." (그런데도 어떤 사람들은 그녀가 역사를 모르니 분명 멍청할 거라고 생각했다!)

디즈레일리도 나름의 몫을 했다. 그는 아내가 자기 삶에서 가장 중요한 존재라고 공공연히 말하고 다녔다. 그 결과는 어땠을까? 메리 앤은 친구들에게 말했다. "다정한 남편 덕분에 내 삶이 길고 행복한 이야기가 됐어." 두 사람은 그들만의 농담을 즐겼다. 디즈레일리가 "당신도 알겠지만 나는 당신 돈만 보고 결혼했어"라고 말하면 메리 앤은 웃으며 "그렇지. 하지만 다시 옛날로 돌아간다면 사랑해서 나랑 결혼할 거잖아?"라고 대꾸하는 식이었다. 그는 인정했다. 메리 앤은 완벽하지 않았지만, 디즈레일리는 그녀가 자기 모습대로 살도록 둘 만큼 현명했다.

헨리 제임스는 말했다. "사람들과 교류할 때 가장 먼저 배워야 할 점은 그들이 행복을 얻는 나름의 방식에 간섭하지 말아야 한다는 것이다. 그 방식이 다른 사람에게 위해를 가하지 않는다면 말이다."

이 말은 중요하니 한 번 더 반복하겠다. "사람들과 교류할 때 가장 먼저 배워야 할 점은 그들이 행복을 얻는 나름의 방식에 간섭하지 말아야 한다는 것이다…." 릴랜드 우드Leland Foster Wood는《가족으로서 함께 성장하기Growing Together in Family》에 썼다. "결혼 생활의 성

공은 단지 자신에게 맞는 사람을 찾는 데서 그치지 않고 서로에게 맞
는 사람이 되려고 애쓰는 데 달려 있다."

그러니 행복한 가정생활을 하고 싶다면 다음 규칙을 따르라.

규칙 2

배우자를 바꾸려고 들지 마라.

데일 카네기 인간관계론

03

이혼으로 가는 지름길

공적인 삶에서 디즈레일리의 최대 라이벌은 윌리엄 글래드스턴William Gladstone이었다. 두 사람은 대영제국 시기에 논쟁거리가 되는 모든 문제에서 충돌했다. 하지만 두 사람에게는 공통점이 있었다. 사적인 삶에서 더할 나위 없는 행복을 누렸다는 것이다.

윌리엄 글래드스턴과 캐서린 글래드스턴은 59년 동안 함께 살았다. 이 기간은 두 사람의 변치 않는 헌신으로 아름답게 빛났다. 나는 영국에서 가장 위엄 있는 총리인 글래드스턴이 아내의 손을 잡고 벽난로 앞에서 이런 노래를 부르며 춤추는 모습을 상상하는 것이 재미있다.

> 우리는 개구쟁이 남편과 말괄량이 아내,
> 인생의 우여곡절을 같이 헤쳐 나가네.

글래드스턴은 공적인 자리에서 무시무시한 상대였지만, 집에서는 절대 가족을 비판하지 않았다. 그는 아침에 식사하러 아래층으로 내려왔다가 다른 가족이 아직 자는 걸 보면 부드러운 방식으로 훈계했다. 그는 목소리를 살짝 높여 영국에서 가장 바쁜 사람이 혼자 아침식사를 기다리고 있음을 알리는 이상한 주문을 읊조렸다. 외교적이고 사려 깊은 그는 가족을 비판하는 일을 삼갔다.

예카테리나 대제도 흔히 그랬다. 그녀는 세상에 알려진 제국을 다스렸다. 그녀에게는 수백만에 이르는 백성의 생사를 좌우할 권력이 있었다. 그녀는 잔인한 폭군으로서 쓸데없이 전쟁을 일으키고, 수많은 정적을 총살했다. 하지만 요리사가 고기를 태워도 아무 말 하지 않았다. 그저 평범한 미국의 남편이 본받아야 할 관용으로 웃으며 먹었다.

미국에서 가정불화의 원인에 대한 권위자 도로시 딕스는 전체 결혼의 50퍼센트 이상이 실패한다고 밝힌다. 그녀는 너무나 많은 낭만적인 꿈이 이혼으로 끝나는 원인 중 하나가 비판, 헛되이 마음에 상처를 주는 비판임을 안다. 그러니 행복한 가정생활을 하고 싶다면 다음 규칙을 따르라.

규칙 3

비판하지 마라.

데일 카네기 인간관계론

그리고 자녀를 훈계하고 싶다면 내가 "그러지 마세요"라고 말하리라 예상할 것이다. 하지만 이렇게 말하고 싶다. "훈계하기 전에 미국 저널리즘의 고전 가운데 하나인 〈아빠는 잊어버린다Father Forgets〉를 읽어보세요." 이 글은 원래 《피플스홈저널People's Home Journal》의 사설란에 실렸다. 저자의 허락을 받아 《리더스다이제스트Reader's Digest》의 축약판을 여기에 싣는다.

진솔한 감정이 깃드는 순간에 일필휘지로 쓴 이 글은 수많은 독자의 심금을 울렸다. 그래서 계속 전재되며 사랑받고 있다. 저자 라니드W. Livingston Larned에 따르면, 〈아빠는 잊어버린다〉는 처음 발표된 이래 "전국 수백 개 잡지와 사보, 신문에 실렸고, 거의 그만큼 폭넓게 여러 외국어로 번역됐다. 나는 학교와 교회, 강연장에서 수천 명에게 이 글을 읽도록 허락했다. 이 글은 수많은 행사와 프로그램에서 '방송'됐다. 대학과 고등학교 학보도 이 글을 실었다. 때로는 짧은 글이 신비롭게 마음을 '사로잡는' 것 같다. 이 글은 분명히 그랬다".

아빠는 잊어버린다

아들아, 들어보렴. 나는 지금 네가 잠든 동안 이 말을 하고 있단다. 작은 한쪽 손이 뺨 아래에 눌렸고, 곱슬한 금발은 촉촉한 이마에 젖은 채로 달라붙었구나. 나는 몰래 네 방에 들어왔어. 아까 서재에서 신문을 볼 때 뼈저린 후회가 나를 덮쳤어. 미안한 마음에 이렇게 잠든 네 곁으로 왔어.

아들아, 몇 가지 생각나는 게 있구나. 내가 너무 모질었어. 네가 등교하려고 옷을 입고 있을 때 세수를 대충 했다고 꾸짖었지. 신발을 제대로 닦지 않았다고 지적했어. 물건을 바닥에 던졌을 때도 크게 화를 냈어.

아침을 먹을 때도 잘못을 지적했지. 네가 음식을 쏟고, 급하게 먹고, 팔꿈치를 식탁에 올리고, 빵에 버터를 너무 두껍게 발랐다고 말이야. 너는 놀러 가는 길에 출근하는 나를 돌아보고 손을 흔들며 "아빠, 잘 다녀오세요!"라고 했어. 나는 그런 네게 인상을 쓰며 "어깨 똑바로 펴!"라고 했지.

늦은 오후에도 같은 일이 반복됐다. 집에 오는 길에 네 모습을 몰래 지켜봤어. 너는 무릎을 꿇은 채 구슬치기를 하고 있었지. 그런데 양말에 구멍이 났더구나. 나는 친구들 앞에서 널 앞세워 집으로 돌아오며 창피를 줬어. "양말이 얼마나 비싼지 아니? 네 돈으로 샀으면 그렇게 함부로 신지 않을 거다"라면서 말이야. 아빠라는 사람이 그런 말을 하다니!

기억하니? 나중에 서재에서 신문을 볼 때 너는 상처 받은 눈빛으로 소심하게 들어왔어. 내가 방해를 받은 게 짜증 나서 고개를 들자, 너는 문간에서 머뭇거렸지. 나는 "왜 왔어?"라고 쏘아붙였어.

너는 아무 말도 하지 않고 갑자기 달려와서 내 목을 감싸 안고 입맞춤했어. 네 작은 팔은 하느님이 네 마음속에 꽃피웠고 무관심에도 시들지 않는 애정으로 날 포옹했어. 그리고 너는 콩콩 발소리를 내며 방으로 돌아갔지.

데일 카네기 인간관계론

아들아, 네가 돌아간 뒤에 나는 들고 있던 신문을 떨궜어. 끔찍하고 고통스러운 두려움이 나를 덮쳤지. 왜 그런 습관이 들었을까? 잘못을 지적하는 습관, 질책하는 습관. 너는 아이답게 행동했을 뿐인데 내가 그런 대우를 한 거야. 내가 널 사랑하지 않아서 그런 게 아니란다. 내가 아이한테 너무 많은 걸 바랐어. 어른의 기준으로 널 재단하고 있었지.

너는 착하고, 반듯하고, 진솔한 면이 아주 많아. 네 작은 가슴은 드넓은 언덕 위로 비치는 여명만큼이나 넓은 마음을 품고 있어. 그건 네가 충동적으로 내게 달려와 입을 맞추며 인사한 것만 봐도 알 수 있지. 오늘 밤에는 아무것도 중요치 않단다, 아들아. 나는 지금 어둠 속에서 네 곁에 무릎을 꿇고 있어. 너무나 부끄럽구나!

말로만 반성하는 건 부족해. 네가 깨었을 때 말해줘도 너는 이해하지 못하겠지. 하지만 내일 나는 아빠다운 아빠가 될 거야! 너와 친구가 되고, 네가 아플 때 같이 아파하고, 네가 웃을 때 같이 웃어줄게. 성급하게 튀어나오는 말은 집어삼킬게. '아이일 뿐이야. 아직 어린아이일 뿐이야!'라고 주문처럼 외울게.

나는 네가 다 컸다고 착각한 것 같아. 하지만 지금 작은 침대에 웅크린 채 곤히 자는 네 모습을 보니 여전히 아이구나. 얼마 전만 해도 너는 엄마에게 안겨서 엄마 어깨에 머리를 얹고 있었지. 그런 네게 내가 너무 많은 걸 바랐어.

W. 리빙스턴 라니드

04

모두를 행복하게 만드는 간단한 방법

로스앤젤레스에 있는 가족관계연구소Institute of Family Relations의 폴 포페노Paul Popenoe 소장은 말한다.

....

대다수 남성은 배우자감을 찾을 때 사회적으로 성공한 여성이 아니라 매력적인 여성, 자신의 허영심을 채워줄 여성, 자신에게 우월감을 안겨줄 여성을 원합니다. 기업 간부로 일하는 여성은 점심 식사 자리에 한 번 초대받을 수 있습니다. 그러나 그녀는 '현대 철학의 핵심 조류'에 대해 대학에서 배운 내용을 재탕해 늘어놓고, 심지어 자신이 밥값을 내겠다고 고집합니다. 그 결과 그녀는 이후로 혼자 점심을 먹게 됩니다.

반면 대학에 다니지 않은 타자수는 점심 초대를 받았을 때 반짝이는 눈빛으로 상대를 바라보며 동경하는 표정으로 말합니다. "당신에 대해 더 말해줘요." 그 결과 상대는 다른 동료들에게 "그녀는 대단한 미인은 아니지만, 누구보다 대화를 잘해"라고 합니다.

....

남자들은 예쁘게 보이고 어울리게 입으려는 여자들의 노력을 인정할 줄 알아야 한다. 남자들은 여자들이 옷에 얼마나 관심이 많은지 잘 모르고, 안다 해도 잊어버린다. 예를 들어 남자와 여자가 거리에서 다른 남자와 여자를 만나면 여자는 다른 남자를 보는 일이 드물다. 그녀는 대개 다른 여자가 옷을 얼마나 잘 입었는지 살핀다.

내 할머니는 몇 년 전에 98세로 돌아가셨다. 우리는 그 직전에 할머니에게 30여 년 전에 찍은 사진을 보여드렸다. 할머니는 시력이 나빠 사진을 잘 보지 못하면서도 한마디 하셨다. "내가 어떤 옷을 입었니?" 생각해보라! 생의 마지막을 앞두고 몸져누운 노인이, 100년 가까이 살면서 노환에 시달리는 노인이, 딸들조차 알아보지 못할 정도로 기억이 빠르게 사라지는 노인이 30여 년 전에 어떤 옷을 입었는지 여전히 궁금해했다! 그때 나는 침대 옆에 있었다. 할머니의 질문은 내게 사라지지 않을 인상을 남겼다.

이 글을 읽은 남자들은 5년 전에 어떤 정장이나 셔츠를 입었는지 기억하지 못한다. 기억하려는 생각도 없다. 하지만 여자들은 다르다. 프랑스 상류층 소년들은 저녁 동안 여자들의 드레스와 모자에 감탄하는 법을 여러 번 배운다.

내가 수집한 이야기 중에서 실제로 일어난 일은 아니지만, 진실을 드러내는 것이 있다. 그래서 여기에 소개한다.

한 농장 여성이 고된 하루 일을 끝내고 남자들 앞에 저녁 식사로 건초를 내놨다. 그들이 미쳤냐고 화를 내자 그녀가 대꾸했다. "이게 건초라는 걸 알 줄은 몰랐네. 20년 내내 밥을 해 먹였는데 건초보다 나은 걸 줘서 고맙다는 말을 한마디도 못 들었거든." 모스크바와 상트페테르부르크의 응석받이 귀족들은 이보다 나은 매너를 보여줬다. 제정러시아 시대에는 맛있는 만찬을 즐긴 뒤 요리사를 불러서 칭찬하는 것이 상류층의 관습이었다. 왜 아내는 그만큼 배려하지 않는가? 다음에 아내가 닭고기를 부드럽게 잘 튀겼다면 그렇다고 말하라. 건초를 먹지 않아도 돼 고맙게 생각한다는 사실을 알려라. 텍사스 기넌Texas Guinan(여배우 출신으로 금주법 시대에 무희들이 나오는 무허가 클럽을 운영했다.—옮긴이)이 말한 대로 "작은 소녀에게 큰 박수를 보내라". 하는 김에 주저하지 말고 그녀가 당신의 행복에 얼마나 중요한지 알려라. 디즈레일리는 영국이 낳은 최고의 정치가인데도 앞서 본 대로 아내에게 큰 빚을 졌다고 세상에 알리기를 부끄러워하지 않았다.

얼마 전 잡지를 보다 에디 캔터Eddie Cantor의 인터뷰를 읽었다.

....

저는 세상 그 누구보다 아내에게 많은 빚을 졌습니다. 그녀는 어린 시절에 최고의 친구로서 제가 올바로 나아가도록 도와줬습니다. 저와 결혼한 뒤에는 최대한 아껴서 모은 돈을 투자하고 재투자했습니다. 그렇게 저를 위해 큰돈을 모아줬습니다. 우리 부부는 사랑스런 다섯 아이를 키우고 있습니다. 아내는 언제나 저를 위해 집을 훌륭하게 가꿔줬습니다. 제가 이룬 일이 있다면 모두 아

데일 카네기 인간관계론

내 덕입니다.

....

할리우드에서는 결혼이 런던의 보험사도 받아주지 않을 만큼 위험한 일이다. 그런데도 워너 백스터 부부는 드물게 대단히 행복한 결혼 생활을 누렸다. 결혼 전 이름이 위니프리드 브라이슨인 백스터 부인은 성공적인 무대 경력을 포기하고 결혼했다. 그녀는 그런 희생이 결코 행복을 가로막게 하지 않았다. 워너 백스터는 말한다.

....

그녀는 성공적인 무대에서 받는 박수를 그리워했습니다. 그래서 저는 그녀가

제 박수를 확실히 인식하도록 노력했습니다. 여자가 조금이라도 남편에게서

행복을 찾으려면, 남편의 인정과 헌신에서 찾아야 합니다. 그 인정과 헌신이 진

실하다면 거기에 남편의 행복에 대한 답도 있습니다.

....

그렇다고 한다. 그러니 행복한 가정생활을 유지하고 싶다면 중요한 원칙 가운데 하나는 이것이다.

규칙 4

진심으로 인정해줘라.

아내에게 너무나 의미 있는 것

아주 오래전부터 꽃은 사랑의 언어로 여겼다. 꽃은 제철일 때 별로 비싸지 않고, 흔히 거리 모퉁이에서 할인가로 팔린다. 그런데도 남편이 집에 수선화 다발을 가져가는 일이 드물어, 수선화가 난초만큼 비싸거나 알프스의 구름 덮인 골짜기에서 피어나는 에델바이스만큼 구하기 어렵다고 생각하기 쉽다. 왜 아내가 병원에 입원해야 꽃을 가져다 주는가? 내일 밤에 장미꽃 몇 송이를 안겨주면 어떨까? 당신은 실험을 좋아한다. 어떤 일이 생기는지 한번 해보라.

조지 코핸은 브로드웨이에서 바쁘게 일하는 중에도 어머니가 돌아가실 때까지 하루 두 번씩 통화했다. 어머니에게 전할 놀라운 소식이 많아서 그랬을까? 아니다. 작은 관심이 사랑하는 사람에게 당신이 그를 생각하고, 그에게 기쁨을 주고 싶어 하며, 그의 행복과 안녕이 당신에게 대단히 소중하다는 것을 보여준다.

여자들은 생일과 기념일에 많은 의미를 부여한다. 그 이유는 여자

데일 카네기 인간관계론

들의 수수께끼 중 하나로 남을 것이다. 일반적인 남자들은 많은 날을 기억하지 않은 채 살아간다. 그래도 1492년(콜럼버스가 신대륙을 발견한 해—옮긴이), 1776년(미국독립선언이 이뤄진 해—옮긴이), 아내의 생일, 결혼기념일 등 꼭 기억해야 할 것들이 있다. 어쩔 수 없는 경우 앞의 두 개는 잊어도 나머지는 잊으면 안 된다!

시카고의 조지프 사바스 판사는 4만 건에 이르는 부부간 분쟁을 심사했으며, 2000쌍을 화해시켰다. 그는 말한다. "대다수 가정불화는 사소한 문제로 발생합니다. 아침에 남편이 출근할 때 아내가 손을 흔드는 단순한 일로도 많은 이혼을 방지할 수 있습니다."

로버트 브라우닝Robert Browning은 엘리자베스 브라우닝Elizabeth Barrett Browning과 아마도 기록으로 남은 가장 목가적인 삶을 보냈을 것이다. 그는 아무리 바빠도 작은 표현과 관심으로 애정을 유지했다. 그는 허약한 아내를 너무나 잘 배려해서, 그녀는 자매들에게 보낸 편지에 "이제는 어쩌면 내가 진짜 천사가 아닐까 싶은 생각이 들기 시작했어"라고 썼다.

작고 일상적인 관심의 가치를 과소평가하는 남자가 너무 많다. 게이너 매덕스Gaynor Maddox는 《픽토리얼리뷰Pictorial Review》에 실은 글에 다음과 같이 썼다. "미국의 가정에는 몇 가지 새로운 방종이 필요하다. 예를 들어 침대에서 아침을 먹는 것은 많은 여성이 좋아할 다정한 일탈 중 하나다. 여자에게 침대에서 아침을 먹는 것은 남자에게 사교 클럽에 가는 것과 같다."

결혼 생활은 장기적으로 이런 사소한 일로 이뤄진다. 이 사실을 간과하는 부부는 불행할 것이다. 에드나 밀레이Edna St. Vincent Millay 는 간결한 운율로 이를 담아냈다.

"나의 나날을 아프게 하는 건 사랑이 떠나가는 것이 아니라, 사랑이 사소한 일로 떠나가는 것."

이 구절은 암기하면 좋다. 네바다주 리노Reno 법원은 일주일에 6일 동안, 결혼 10건 중 1건의 비율로 이혼을 허가한다. 그중에서 진정한 비극의 암초에 난파된 경우가 얼마나 될까? 장담하건대 아주 적을 것이다. 종일 법원에 앉아 불행한 남편과 아내의 증언을 들어보면 사랑은 "사소한 일로 떠나갔다"는 사실을 알게 될 것이다.

다음 인용구를 잘라서 수시로 보라.

....

이 길을 오직 한 번만 지날 테니 할 수 있는 모든 선행을 지금 하고, 다른 사람에게 보일 수 있는 모든 친절을 지금 보여라. 미루거나 게을리하지 마라. 다시는 이 길을 지나지 않을 테니.

....

그러니 행복한 가정생활을 유지하고 싶다면 다음 규칙을 따르라.

규칙 5

작은 관심을 기울여라.

데일 카네기 인간관계론

06

행복해지고 싶다면
이 규칙을 무시하지 마라

발터 담로슈Watler Damrosch는 미국에서 손꼽히는 연설가이자 대선 후보였던 제임스 블레인James G. Blaine의 딸과 결혼했다. 오래전 스코틀랜드에 있는 앤드루 카네기의 집에서 처음 만난 두 사람은 눈에 띄게 행복하게 살았다. 그 비결이 무엇일까?

담로슈 부인은 말한다. "배우자를 신중하게 골라야 하고, 결혼한 뒤에도 서로 예의를 지키는 게 중요해요. 젊은 아내들은 남편을 모르는 사람처럼 막 대해요! 아내에게 거친 말을 듣는 남편은 누구라도 도망칠 거예요."

무례는 사랑을 좀먹는 암이다. 모두가 이 사실을 안다. 그런데도 우리는 자기 가족보다 모르는 사람에게 정중하기로 악명이 높다. 우리는 모르는 사람의 말을 끊고 "세상에, 그 지겨운 이야기를 또 해?"라고 하지 않을 것이다. 허락 없이 친구의 우편물을 보거나 개인적 비밀을 엿보지 않을 것이다. 우리는 가장 가깝고 사랑하는 가족에게 사소한 잘못으로 창피를 주기도 한다. 도로시 딕스는 말했다. "우리에게 못되고 모욕적이고 상처 주는 말을 하는 유일한 사람이 가족이라는 것은 놀라운 사실이다." 헨리 리스너Henry Clay Risner는 말했다. "예의는 망가진 문을 못 본 척해주고 마당에 핀 꽃에 관심을 주는 고운 마음이다." 예의는 엔진에 오일이 중요한 만큼 결혼 생활에 중요하다.

많은 사랑을 받는 《아침 식탁의 독재자The Autocrat of the Breakfast Table》를 쓴 올리버 홈스는 집에서는 전혀 독재자가 아니다. 오히려 가족을 배려한 나머지 우울한 기분이 들어도 감췄다. 그는 혼자 견디는 게 낫지, 가족을 힘들게 하고 싶지 않다고 했다.

일반적인 사람들은 어떨까? 회사에서 고객을 놓치거나, 상사에게 혼나거나, 심한 두통에 시달리거나, 5시 15분 기차를 놓치는 등 나쁜 일을 겪으면 빨리 집에 가서 가족에게 화풀이하지 못해 안달한다. 네덜란드에서는 집에 들어가기 전에 문밖에 신발을 벗어둔다. 우리도 그들을 본받아 집에 들어가기 전에 일상적인 스트레스를 털어내자.

윌리엄 제임스는 《인간의 특정한 맹점에 대하여On a Certain Blindness in Human Beings》라는 에세이에 "여기서 다룰 인간의 맹점은 다른 사람과 동물의 감정을 보지 못하는 우리 모두의 맹점을 말한다"라고 썼다. 우리는 모두 맹점을 갖고 있다. 이 에세이는 가까운 도서관에서 찾아보기 바란다. 직장에서 고객이나 동료에게는 날카로운 말을 하지 않는 남자들이 아내에게 아무 생각 없이 소리친다. 하지만 그들의 개인적 행복을 위해서는 결혼 생활이 일보다 훨씬 중요하고 필요하다.

행복한 결혼 생활을 하는 평범한 남자가 외롭게 사는 천재보다 행복하다. 러시아의 위대한 소설가 투르게네프Ivan Sergeyevich Turgenev는 문명화된 세계에서 찬사를 받는다. 하지만 그는 말했다. "내가 저녁을 먹으러 집에 늦게 오는 걸 신경 쓰는 여자가 어딘가에 있다면 내 모든 천재성과 모든 책을 포기할 것이다."

행복한 결혼의 확률은 어느 정도나 될까? 앞서 말한 대로 도로시 딕스는 결혼이 절반 이상은 실패로 끝난다고 했다. 하지만 폴 포페노 박사의 생각은 다르다. "남성은 다른 어떤 일보다 결혼에서 성공할 가능성이 높다. 식료품 판매업을 하는 남성 가운데 70퍼센트는 실패한다. 하지만 결혼하는 남성과 여성 가운데 70퍼센트는 성공한다."

도로시 딕스는 다음과 같이 정리한다.

....

결혼에 비하면 출생은 우리 삶에서 단순한 일화이며, 죽음은 사소한 사건일 뿐이다. 어떤 여자도 남자가 왜 사업이나 직업에서 성공하려고 노력하는 만큼 화목한 가정을 유지하기 위해 노력하지 않는지 이해하지 못한다.

만족한 아내와 평화롭고 행복한 가정이 남자에게 100만 달러를 버는 일보다 큰 의미가 있다. 그런데 결혼에 성공하기 위해 진지하게 고민하거나 노력하는 남자는 100명 중 1명도 안 된다. 그들은 인생에서 가장 중요한 일을 우연에 맡겨서 운에 따라 성공하거나 실패한다. 여자들은 남편이 왜 자신을 요령 있게 대하지 않는지 이해하지 못한다. 강압적인 수단보다 부드러운 방식을 활용하면 그들에게 이득이 될 텐데 말이다.

모든 남자는 아내를 기쁘게 하면 어떤 일이든 아무 대가 없이 하게 만들 수 있음을 안다. 아내에게 살림을 잘해서 많은 도움이 된다고 값싼 칭찬을 하면 한 푼이라도 아낄 것임을 안다. 아내에게 작년에 산 드레스가 너무나 아름답고 사랑스럽다고 말하면 파리에서 수입한 최신 드레스와도 바꾸지 않을 것임을 안다. 아내의 감은 눈에 입 맞추면 눈이 멀고, 입술에 입 맞추면 바보가 될 것임을 안다.

모든 아내는 남편이 이런 것을 안다는 사실을 안다. 남편에게 자신을 다루는 방식에 대한 완전한 설명서를 제공했기 때문이다. 그래서 칭찬하거나 아내가 바라는 대로 하지 않고 부부 싸움을 해서 맛없는 밥을 먹거나, 돈을 낭비하거나, 드레스나 리무진 혹은 진주를 사주는 대가를 치르는 남편에게 분노해야 할지, 넌더리를 내야 할지 알지 못한다.

....

행복한 가정생활을 유지하고 싶다면 다음 규칙을 따르라.

규칙 6

부부간에도 예의를 갖춰라.

데일 카네기 인간관계론

07

'결혼 문맹'이 되지 마라

사회위생국Bureau of Social Hygiene의 사무총장 캐서린 데이비스Katherine Bement Davis 박사는 기혼 여성 1000명에게 일련의 내밀한 질문들에 대단히 솔직한 답변을 들었다. 결과는 충격적이었다. 일반적인 미국 성인의 성적 불만에 대해 충격적인 발언이 나왔다. 데이비스 박사는 이들에게 받은 답변 내용을 분석해 미국의 주된 이혼 사유 중 하나는 육체적 부조화라 확신하고 주저 없이 발표했다.

길버트 해밀턴Gilbert Van Tassel Hamilton 박사의 조사도 이 결론을 뒷받침한다. 그는 남성과 여성 각 100명을 대상으로 결혼 생활을 연구했다. 해밀턴 박사는 이들에게 결혼 생활에 대한 400개 질문을 던지고, 이들의 문제를 논의했다. 이 논의는 철저하게 진행됐다. 전체 조사에 4년이 걸렸다. 이 작업은 사회적으로 대단히 중요해, 자선사업가들이 비용을 댔다. 길버트 해밀턴 박사와 케네스 맥고완Kenneth Macgowan이 쓴《무엇이 결혼의 문제인가What's Wrong with Marriage?》

에서 그 연구 결과를 읽을 수 있다.

무엇이 결혼의 문제일까? 해밀턴 박사는 말한다. "대단히 편견이 심하고 신중하지 못한 정신분석의만 대다수 가정불화의 원인이 성적 부적응에 있지 않다고 말한다. 어차피 성관계 자체가 만족스럽다면 많은 경우 다른 어려움에서 기인하는 불화는 무시된다."

가족관계연구소 폴 포페노 소장은 수천 가정의 결혼 생활을 분석했으며, 미국에서 해당 분야의 권위자다. 그에 따르면 결혼이 실패로 끝나는 원인은 대개 네 가지다. 그가 나열한 순서는 다음과 같다.

1. 성적 부적응
2. 여가를 보내는 방식에 대한 의견 차이
3. 금전적 어려움
4. 정신적·신체적·정서적 이상

성性이 가장 먼저 나오는 점에 주목하라. 금전적 어려움은 3위에 불과하다. 이혼 문제에 관한 모든 권위자는 반드시 속궁합이 맞아야 한다는 데 동의한다. 몇 년 전에 신시내티 가정법원의 호프먼 판사는 가정불화에 관한 이야기 수천 건을 듣고 나서 밝혔다. "이혼 10건 중 9건은 성적 문제로 야기된다."

유명한 심리학자 존 왓슨John B. Watson은 말한다. "섹스는 삶에서 가장 중요한 문제다. 남성과 여성의 행복을 파괴하는 주원인이기도 하다." 나는 여러 의사가 우리 수강생들 앞에서 사실상 같은 말을 하는 것을 들었다. 수많은 책이 있고, 수많은 교육을 받는 20세기에 가장 원초적이고 자연스러운 본능에 대한 무지 때문에 결혼이 파탄 나고 삶이 파괴되는 게 안타깝지 않은가?

18년 동안 감리교 목사로 일한 올리버 버터필드는 교회를 떠나 뉴욕시에서 가족문제상담소Family Guidance Service 소장이 됐다. 주례를 누구보다 많이 본 그가 말한다.

....

나는 목회 초기에 결혼식을 올리는 많은 예비부부가 서로에 대한 애정과 선의는 있지만, 결혼 문맹이라는 것을 깨달았다. (그러니까 결혼이 뭔지 모른다는 뜻이다!) 사람들이 결혼 생활에 적응하는 어려운 일을 대부분 운에 맡긴다는 점을 고려하면 이혼율이 16퍼센트밖에 되지 않는 게 놀랍다. 많은 부부가 진정한 결혼 생활이 아니라 단지 이혼하지 않은 상태로 지낸다. 그들은 일종의 연옥에서 살아간다. 행복한 결혼 생활은 우연의 산물인 경우가 드물며, 현명하게 의도적으로 계획된다.

....

버터필드 소장은 오랫동안 자신이 주례를 선 모든 예비부부에게 도움을 주기 위해 미래 계획을 솔직히 의논하자고 했다. 그는 이를 통해 너무나 많은 예비부부가 '결혼 문맹'이라는 결론에 이르렀다. 버터필드 소장은 말한다. "섹스는 결혼 생활이 주는 만족 가운데 하나지만, 성관계가 원만하지 않으면 다른 어느 것도 원만할 수 없다."

그렇다면 어떻게 해야 문제를 바로잡을 수 있을까? 다시 그의 말을 인용한다.

· · · · · · · · · · · · · · · · · · ·

감정적 둔화를 객관적이고 초연한 태도로 의논하는 능력과 결혼 생활의 관행으로 대체해야 한다. 이런 능력을 갖추는 최선의 수단은 적절한 교훈과 좋은 취향을 담은 책을 읽는 것이다. 내가 쓴《결혼과 성적 조화Marriage and Sexual Harmony》를 비롯해 이런 책이 여러 권 있다. 시중에서 일반적으로 만족스러운 세 권은 이사벨 허튼Isabel E. Hutton의《결혼 생활의 섹스 테크닉Sex Technique in Marriage》, 맥스 엑스너Max Exner의《결혼 생활의 성적 측면The Sexual Side of Marriage》, 헬레나 라이트Helena Wright의《결혼 생활의 성적 요소The Sex Factor in Marriage》다.

· · · · · · · · · · · · · · · · · · ·

따라서 가정생활을 더 행복하게 만드는 방법은 이것이다.

규칙 7

결혼 생활의 성적 측면을 다룬 좋은 책을 읽어라.

가정생활을 더 행복하게 만드는 7가지 규칙

* 규칙 1_절대로 잔소리하지 마라!
* 규칙 2_배우자를 바꾸려고 들지 마라.
* 규칙 3_비판하지 마라.
* 규칙 4_진심으로 인정해줘라.
* 규칙 5_작은 관심을 기울여라.
* 규칙 6_부부간에도 예의를 갖춰라.
* 규칙 7_결혼 생활의 성적 측면을 다룬 좋은 책을 읽어라.

결혼 생활 평가 설문

《아메리칸 매거진American Magazine》은 1933년 6월호에 에밋 크로지어Emmett Crozier가 쓴 〈결혼이 잘못되는 이유Why Marriages Go Wrong〉라는 기사를 실었다. 다음은 해당 기사에서 가져온 설문 문항이다. 이 설문은 당신도 답해볼 만하다. 각 질문에 '그렇다'고 답하는 경우 10점을 부여하면 된다.

남편 질문

1	가끔 꽃을 선물하거나, 아내의 생일과 결혼기념일을 기억하거나, 예상치 못한 관심 혹은 바라지 않은 따스한 행동으로 아내에게 '구애'합니까?	그렇다 ☐	아니다 ☐
2	다른 사람들 앞에서 아내를 비판하지 않으려고 조심합니까?	그렇다 ☐	아니다 ☐
3	생활비 외에 아내가 원하는 대로 쓸 수 있는 돈을 줍니까?	그렇다 ☐	아니다 ☐
4	여성으로서 아내의 기분 변화를 이해하면서 피로를 느끼고, 신경이 예민해지고, 쉽게 화내는 시기를 잘 넘기도록 도와줍니까?	그렇다 ☐	아니다 ☐
5	적어도 여가의 절반은 아내와 함께 보냅니까?	그렇다 ☐	아니다 ☐
6	아내가 요리나 집안일을 더 잘한다고 말하는 것을 제외하고 어머니나 다른 사람의 아내와 비교하는 일을 요령 있게 삼갑니까?	그렇다 ☐	아니다 ☐
7	아내의 지적 삶, 모임과 사교 활동, 아내가 읽는 책, 사회문제에 대한 아내의 시각에 분명한 관심을 보입니까?	그렇다 ☐	아니다 ☐

8	질투 섞인 말을 하지 않고 아내가 다른 사람과 춤을 추거나 다른 사람의 친근한 관심을 받도록 할 수 있습니까?	그렇다 ☐	아니다 ☐
9	아내를 칭찬하고 아내에 대한 애정을 표현할 기회를 계속 찾습니까?	그렇다 ☐	아니다 ☐
10	단추를 달아주고, 양말을 꿰매고, 옷을 세탁소에 보내는 것처럼 아내가 당신을 위해 해주는 작은 일에 고맙다는 말을 합니까?	그렇다 ☐	아니다 ☐

아내 질문

1	남편이 일할 때 완전한 자유를 주고, 남편의 동료나 비서 선택, 근무시간에 대한 비판을 자제합니까?	그렇다 ☐	아니다 ☐
2	집을 재미있고 매력적인 곳으로 만들기 위해 최선을 다합니까?	그렇다 ☐	아니다 ☐
3	남편이 식탁에 앉았을 때 무엇이 나올지 모르도록 메뉴를 바꿉니까?	그렇다 ☐	아니다 ☐
4	남편과 일에 대해 상의하면서 도움을 줄 수 있도록 남편의 일을 잘 알고 있습니까?	그렇다 ☐	아니다 ☐
5	남편의 실수를 비판하거나 남편을 다른 성공한 남자들과 비교하지 않고 경제적 어려움에 의연하고 밝게 대처할 수 있습니까?	그렇다 ☐	아니다 ☐
6	시어머니나 다른 시댁 사람들과 잘 지내기 위해 특별히 노력합니까?	그렇다 ☐	아니다 ☐
7	색상과 스타일에 대한 남편의 호불호를 감안해서 옷을 입습니까?	그렇다 ☐	아니다 ☐
8	작은 의견 차이가 생겼을 때 화목을 위해 남편과 타협합니까?	그렇다 ☐	아니다 ☐

결혼 생활 평가 설문

9	남편과 여가를 같이 보낼 수 있도록 남편이 좋아하는 스포츠에 대해 배우려고 노력합니까?	그렇다 □	아니다 □
10	남편의 지적 관심을 끌 수 있도록 그날의 뉴스, 새로 나온 책, 새로운 아이디어를 파악합니까?	그렇다 □	아니다 □

총점: _____

데일 카네기 인간관계론

나의 성공 일지

* 이름, 날짜, 결과 등을 최대한 구체적으로 기록하세요.

_____

_____

_____

_____

_____

_____

_____

_____

_____

_____

_____

_____

_____

_____

데일 카네기 인간관계론

데일 카네기 인간관계론